沉重的肉身

[第八版]

刘小枫 著

目 录

前记
引子：叙事与伦理　　　　　　　　　　　　　　　　1

丹东与妓女　　　　　　　　　　　　　　　　　13
　　思想界的刑事侦探毕希纳
　　丹东之死是因为断头台变成了礼拜堂
　　妓女玛丽昂的感觉
　　道袍的国家还是体现个人身体曲线的国家
　　同一个身体的痛苦和享乐
　　用身体为身体称义引致的绝望
　　丹东之死与毕希纳的伤寒

牛虻和他的父亲、情人和她的情人　　　　　45
　　《牛虻》讲的是革命故事？

宗教、革命与"私人的痛苦"
革命故事的讲法与伦理
我不肯再"把身体借给他用"
误会是生命的自然状态
我其实是个极端的女人
"你不该蔑视一颗破碎的、痛悔的心"
我就是无辜的人民
天亮以后

沉重的肉身 84

卡吉娅身体的丰盈和阿蕾特身体的沉重
托马斯的命运与两个女人的身体
萨宾娜颠覆"美好"的幸福
"美好"意识形态或无数的这一个身体
身体感觉的差异来自灵魂还是身体
特丽莎身体的沉重与托马斯对个体命运的理解
特丽莎身体的哀歌

性感 死感 歌声 120

是否有谁睡在萨宾娜身边
身体与自身的影子
影子的热情与身体的单薄
薇娥丽卡怎样体知自己的已死
薇娥丽卡性感的忧郁
命运中的那根生命细线
从忧伤中偷窃性感

性感的歌声出自孤独的灵魂

永不消散的生存雾霭中的小路　　　　　　**154**

　　小说叙事与现代伦理
　　现代小说兴起之谜
　　自由主义小说伦理
　　人义论的叙事伦理
　　幽默神圣清洗道德归罪
　　在道德相对性中沉醉
　　兴奋的伦理价值
　　行走在生存雾霭之中

一片秋天枯叶上的湿润经脉　　　　　　　**192**

　　卡夫卡的小说和他的婚事
　　卡夫卡为什么要同自己不喜欢的女人订婚
　　卡夫卡的罪与恶及其救与赎

爱的碎片的惊鸿一瞥　　　　　　　　　　**238**

　　深紫色的叙事思想家
　　人民事业生活中极有可能的偶然
　　人民伦理生活中黏液般的双重无奈
　　红色伦理和白色伦理的欠缺
　　蓝色伦理的脆弱
　　只为了一个人一生中仅持续了五分钟的亲吻

艰难的自由伦理

无法追究的个人性情
平安夜我该与谁在一起
偷窃亲情
我想信任却没有能力
虚构的亲情
不可模仿自己没有的激情
谁可以替我选择
人生薄冰上的"除我以外……"
不可冻结的负疚
不可玩耍的情感……

前 记

　　构思这部小品文集有好些年了。

　　九〇年，北岛兄约我给他主编的《今天》写稿。那时我在巴塞尔念书，正临古希腊语和拉丁语考试关，满脑子单词和词尾变化规则。在古典语言课上读了一些古希腊语和拉丁语散文，联想到读过的现代小说，即兴写了《沉重的肉身》，不过为了换换脑筋。这篇几千字的小品刊发后，出我意料，得到文学界一些朋友谬奖，怂恿我再写。打那以后，脑子里就不时冒出些意念——但仅意念而已，功课繁重，没有精力来编织这些纬语，也就搁下了。

　　九三年到香港，老友林道群嫌我的学究文字艰涩难懂，文风变得让人厌烦，问我有没有非学究性的文字，我就把臆想中的这部文集给他，答应半年交稿。谁知四年如烟，学务、编务缠身，全是道问学的学究事，这些小品写得断断续续，总不能如意。写小品比写学术论著费精耗神得多，如今终于成章，算是生命经历的缘分。

　　文集的构思费了一番心思，读者要是留意到各篇顺序的刻意安排就好了。所谓现代性伦理，指的是人民伦理和个体自由伦理。时下人们正身不由己地从人民伦理脱身出来，转向个体自由伦理。本书的叙事纬语从人民伦理转到自由个体伦理，主要围绕中欧两位当代作家的叙事，以探讨两种不同的个体自由伦理的差异。

　　文集做预告已三年多，害得有读者不时徒劳寻问，在此深表歉意。纬语没有写完,想好的意念还有好些——赫尔岑讲的"家庭戏剧"、阿玲讲的自己与米勒的故事、帕斯捷尔纳克讲的拉拉的故事、艾柯讲的修道院故事……都有意思。为了尽快向友人和关心的读者交待,先就此打住。

原刊于《今天》的《沉重的肉身》当时写得仓促,这次重新写过。部分篇章分别在《读书》月刊和《上海文学》刊发过,结集时都有不同程度的修改。

刘小枫

1998年5月于香港

引子：叙事与伦理

> 上帝知道多少人的头发，伦理学就知道多少个人。
>
> ——基尔克果

一九六七年春天……

院子里只剩下我们一群十岁左右的小孩子，父母们和大孩子们都参加文化大革命去了。有的在学习班里背主席语录改造思想，有的在大街上通宵达旦辩论造反还是保皇，有的在不知什么地方彻夜印传单。那个春天的日子，其实是相当激动人心的。

趁大人们不在，院里的小孩子们分成两个阵营，用自制的木头大刀和长矛玩相互厮杀的游戏——从底楼杀到三楼，从三楼杀到底楼，免不了有喊叫、受伤、委屈、流血、哭号。我们每天晚上都玩这种游戏，敌对的两个阵营每天都在分化、重组，有人叛变，有人当奸细，有人当领导核心。

一天——那个激情万端的春天并无特色的一天夜里,敌对阵营的头目和谈失败后,指挥自己的部队(一方番号是"井冈山兵团",另一方番号是"延安纵队")开始厮杀,院子里闹哄哄的。突然停电了,整个院子一下沉入黑洞洞的深渊,厮杀的双方再也看不清对方。世界刹那之间不在了,没有父母在身边,又没有电灯的处境使模仿的革命游戏激情变成了不知身在何处的恐惧。两个阵营之间虚拟的敌对伦理不见了,大家不分政治观点,不分男女界限,牵着手,搂着腰,挤缩在一起,不知如何度过入春后依旧冷冽的这个寒夜。

我们中间有一位刚念初中三年级的大孩子,也许因为高度近视,没有上大街辩论或散传单。他并没有参加我们的革命游戏,只是同时给斗争的双方提供战略和战术指导。只有他在没有电灯的黑暗中显得比较自在。

黑夜静得让我们心惊。

这个大孩子说,我给你们讲个故事。

他坐在破旧的窗台上,讲起了福尔摩斯的故事,故事中的惊险覆盖了我们心中的恐惧。接着,他讲了凡尔纳讲的奇妙的故事、雨果讲的令人感伤的故事、梅里美讲的让人痴想的故事。他叙述的时候,我们不再惊恐地四处张望,不再慌张地想要寻找蜡烛,甚至不再期待电灯重新亮起来。这个大孩子讲的前人讲的故事,像温暖的手臂搂抱着我们,陪伴我们被遗弃的、支离破碎的长夜。时间,若有若无的时间被叙事填满了。

从那以后,我们不再玩分成两个阵营厮杀的游戏,而是要这大孩子讲故事。直到有一天夜里,大街上的革命斗争已经动枪了,院子没有停电但必须关灯,我们围坐在大孩子脚下，他仍旧坐在破旧的窗台上讲故事——讲雨果讲的《笑面人》，大家都忘记了关灯，一颗半自动步枪子弹不知从何处飞来，横穿过大孩子的脸颊，崩掉了他三颗大牙……

据说，人类开始讲第一个故事时，与我们院子停电时的处境差不多：原始穴居人在夜色降临后，感到时间的支离破碎和空间的若有若无，有一天——故事总是从这暧昧的有一天开始，一个年长的穴居人讲了一个故事，讲的是……听过故事以后，穴居人心里暖和起来，明天的艰辛和困苦变得可以承受了。

叙事改变了人的存在时间和空间的感觉。当人们感觉自己的生命若有若无时，当一个人觉得自己的生活变得破碎不堪时，当我们的生活想象遭到挫伤时，叙事让人重新找回自己的生命感觉，重返自己的生活想象的空间，甚至重新拾回被生活中的无常抹去的自我。"当幸福在时，我们便拥有一切，而当幸福不在时，我们便尽力谋求它"。如果伊壁鸠鲁的这话说得恰当，又如果谋得幸福是伦理学的基本主题，那么，叙事对于人们谋求幸福就是必不可少的，它可能既是人们关于幸福（或不幸）的知识，又可能是人们在幸福之中的时间和空间。

"神往往不过是叫许多人看到幸福的一个影子，随后便把他们推上了毁灭的道路"（梭伦）。这个神无处不在，并没有随着现代性的社会进步而隐退，而是不分国家和民族一律平等地尾随每一个人的身体。这个神名叫偶然。人的叙事是与这个让人只看到自己幸福的影子的神的较量，把毁灭退还给偶然。叙事不只是讲述曾经发生过的生活，也讲述尚未经历过的可能生活。一种叙事，也是一种生活的可能性，一种实践性的伦理构想。

什么是伦理？所谓伦理其实是以某种价值观念为经脉的生命感觉，反过来说，一种生命感觉就是一种伦理；有多少种生命感觉，就有多少种伦理。伦理学是关于生命感觉的知识，考究各种生命感觉的真实意义。

伦理学自古有两种：理性的和叙事的。

理性伦理学探究生命感觉的一般法则和人的生活应遵循的基本道德观念，进而制造出一些理则，让个人随缘而来的性情通过教育培育符合这些理则。亚里士多德和康德堪称理性伦理学的大师。有德性的生命感觉，就等于有思辨的才能。

叙事伦理学不探究生命感觉的一般法则和人的生活应遵循的基本道德观念，也不制造关于生命感觉的理则，而是讲述个人经历的生命故事，通过个人经历的叙事提出关于生命感觉的问题，营构具体的道德意识和伦理诉求。叙事伦理学看起来不过在重复一个人抱着自己的膝盖伤叹遭遇的厄运时的哭泣，或者一个人在生命破碎时向友人倾诉时的呻吟，像围绕这一个人的、而非普遍的生命感觉的语言嘘气——通过叙述某一个人的生命经历触摸生命感觉的一般法则和人的生活应遵循的道德原则的例外情形，某种价值观念的生命感觉在叙事中呈现为独特的个人命运。

理性伦理学关心道德的普遍状况，叙事伦理学关心道德的特殊状况，而真实的伦理问题从来就只是在道德的特殊状况中出现的。叙事伦理学总是出于在某一个人身上遭遇的普遍伦理的例外情形，不可能编织出具有规范性的伦理理则。

荷马、索福克勒斯、但丁、莎士比亚是叙事伦理学的古典大师。叙事伦理学从个体的独特命运的例外情形去探问生活感觉的意义,紧紧搂抱着个人的命运,关注个人生活的深渊。叙事伦理学家们坚持:"每个人都是一个深渊,当人们往下看的时候,会觉得头晕目眩"(毕希纳);"每一个人的生命都值得仔细审视,都有属于自己的秘密与梦想"(基斯洛夫斯基)。叙事伦理学在个别人的生命破碎中呢喃,与个人生命的悖论深渊厮守在一起,而不是像理性伦理学那样,从个人深渊中跑出来,寻求生命悖论的普遍解答。理性伦理学的质料是思辨的理则,叙事伦理学的质料是一个人的生活际遇。理性伦理学要想搞清楚,普遍而且一般地讲,人的生活和生命感觉应该怎样,叙事伦理学想搞清楚一个人的生命感觉曾经怎样和可能怎样。这并不等于叙事伦理学根本不理会应然——那样就谈不上伦理的道问学了,它只是不从与具体的人身不相干的普遍理则,而是从一个人曾经怎样和可能怎样的生命感觉来摸索生命的应然。听故事的人为叙事中的"这一个"人的个体命运动了感情,叙事语言的嘘气就不经意地形塑或改变一个人的生命感觉,使他的生活发生了变化。听故事和讲故事都是伦理的事情。如果你曾为某个叙事着迷,就很可能把叙事中的生活感觉变成自己的现实生活的想象乃至实践的行为。叙事伦理学的道德实践力量就在于,一个人进入过某种叙事的时间和空间,他(她)的生活可能就发生了根本的变化。这种道德的实践力量是理性伦理学没有的。

我们听过《红岩》、《烈火金钢》、《苦菜花》、《钢铁是怎样炼成的》那样的故事,才有了分成两个阵营厮杀的游戏。经过那大孩子讲故事的夜晚以后,我发现自己的命运被那些夜晚的叙事决定了。大孩子讲的十九世纪西方古典作家们讲的故事不仅有一种抱慰生命中惊惶时刻的力量,也改变了我对生活的想象和对某种生活品质的信念。

讲个人命运的叙事,是原初的伦理学。人类经历过的被遗弃的长夜数也数不清,与此相伴的是数也数不清的、难以辨认的白日恐怖。在被遗弃的长夜和难以辨认的白日恐怖的时间中,人类讲了好多故事。故事多半是虚构的,但确如亚里士多德说过的,叙事的虚构是更高的生活真实。叙事编织出另一种时间和空间,给个人的生命被遗弃的长夜带来光亮,构造出玻璃般的言语世界将恐怖隔离开。叙事中的现实也不外乎某个人的幸福或不幸(多半是后者)的遭遇。但与现实中的个人遭遇不同,叙事中的遭遇是依照人的自由意志和价值意愿编织起来的。现实的历史脚步夹带着个人的命运走向无何他乡,在叙事的呢喃中,"我"的时间和空间却可以拒绝历史的夹带,整饬属己的生命经纬。叙事伦理学是更高的、切合个体人身的伦理学。

在前现代的社会,规范伦理主要是由宗教提供的。在现代社会,叙事纷然,叙事技巧杂陈。叙事艺术(小说)的发达本身就是一个现代性事件。现代人听故事(小说)、看故事(电影)太多,叙事已与现代人的日常生活伦理分不开。为什么?

每个人都有自己的故事,但非每个人都可以和能够讲自己的故事。在现代社会,随着平等的政治制度和教育制度的发展,有能力、有权利讲故事的人多起来。何况,现代社会中生活的可能性在不断增多——经济、政治生活形式的变化提供了更多生活实践的可能性,文化生活形式的变化也在提供更多的生活想象的可能性。叙事不仅讲述曾经有过的生活,也讲述想象的生活。生活的可能性和多样性的增加，带来叙事的可能性和多样性的增加，反过来说也一样。再说，倘若伦理就是整饬属己的生命经纬，现代伦理就不是像古老的伦理那样，依据一套既定的道德体系来整饬属己的生命经纬，而是依据个人的心性来编织属己的生命经纬。现代性伦理是个体化的，于是，故事就多起来。

现代的叙事伦理有两种：人民伦理的大叙事和自由伦理的个体叙事。在人民伦理的大叙事中，历史的沉重脚步夹带个人生命，叙事呢喃看起来围绕个人命运，实际让民族、国家、历史目的变得比个人命运更为重要。自由伦理的个体叙事只是个体生命的叹息或想象，是某一个人活过的生命痕印或经历的人生变故。自由伦理不是某些历史圣哲设立的戒律或某个国家化的道德宪法设定的生存规范构成的，而是由一个个具体的偶在个体的生活事件构成的。

人民伦理的大叙事的教化是动员、是规范个人的生命感觉，自由伦理的个体叙事的教化是抱慰、是伸展个人的生命感觉。自由的叙事伦理学不提供国家化的道德原则，只提供个体性的道德境况，让每个人从叙事中形成自己的道德自觉。伦理学都有教化作用，自由的叙事伦理学仅让人们面对生存的疑难，搞清楚生存悖论的各种要素，展现生命中各种选择之间不可避免的矛盾和冲突，让人自己从中摸索伦理选择的根据，通过叙事教人成为自己，而不是说教，发出应该怎样的道德指引。

基斯洛夫斯基的《十诫》中讲过一位老太太的故事，她是伦理学教授，她教伦理学的方式就是通过讲故事举出人生中的道德困境，与学生一起分析这种困境的构成，由此形成道德自觉。自由的叙事伦理学不说教，只讲故事，它首先是陪伴的伦理：也许我不能释解你的苦楚，不能消除你的不安，无法抱慰你的心碎，但我愿陪伴你，给你讲述一个现代童话或者我自己的伤心事，你的心就会好受得多了。

自由的叙事伦理学激发个人的道德反省。

弄清道德困境不等于道德问题解决了，每个人终究会面对"我该怎么办？"，这只能由每个人依自己的道德意识做出选择。能够抉择的意识并不总是明朗。别人讲的故事，不仅有助于我明朗自己面临的道德困境，也有助于我搞清楚自己的生存信念。

自由的叙事伦理学更激发个人的伦理感觉，它讲的都是绝然个人的生命故事，深入独特个人的生命奇想和深度情感，以富于创意的、刻下了个体感觉的深刻痕印的语言描述这些经历，一个人经历过这种语言事件以后，伦理感觉就会完全不同了。

我初到香港时，住在一个曲径通幽的旧山村，村民爱养猫，满村是猫，人称隔猫村。邻里有个十五岁光景的女孩子，叫 Yukine。一天我用余食喂猫，有两只小猫来食。一只干瘦，长得不好看，一只长得圆润，特别好看。我驱赶长得不好看的小猫，想只让长得好看的小猫食，不料被 Yukine 看见了。Yukine 趴在围墙上对我说：

我刚学英文时，不懂 I am born 是什么意思。"我出生了"？中文的动词是主动态，英文是被动态，直译成中文应该是"我被出生了"。我觉得英文的意思对。我的生命起点不在我自己手里，不是由我决定的。我不能决定我身体的美或丑、我心性的明朗或忧暗、我意志的坚忍或软弱，我自己的诞生完全是偶然的造化，不是我出生了自己，而是我被出生了。

我读的语文课本中有儒家的道德命令："修身齐家治国平天下。"这充满主动态的九个字令我好生恐惧，觉得像我这样生性弱小的人的生活希望被剥夺了。这样的道德命令没有给被出生就生性脆弱的人有自己的生活想象的余地，比如我天生就没有修身齐家的能力。在这九个字的道德命令面前，丑小猫没有能力去践行一种主动态的道德生活，只有自己倒霉，只有暗自哭泣。丑小猫倒霉全因为自己如此被出生了，它活该？谁会给丑小猫带来安慰？

马太、马可和路加还有约翰讲的故事中有好多麻风病人、妓女，他们都是一些没有能力去践行主动态的道德生活的人，他们只能甘于受歧视，还得怪自己的不是，为什么自己会被出生成这个样子……正当他们绝望时，耶稣突然闯进人间，给麻风病人、妓女和弱小的人带来上帝的国。这确实是不可思议的 event，就像 it is born 降临我。我的生命在主的怀抱里第二次被出生，这种重生对像我这样弱小的人来说非常重要。第一次出生受伤的可能性太大，被出生的我很可能没有能力选择我觉得的美好幸福。在主的怀抱里重新被出生，我没有力气的生命就可能完全不同了。被主出生的生命，不带有要我成为某种理想的道德规定的人的命令，主只是抱着我。

可是，不仅当时的犹太人，就是后来的许多基督徒，都有一种道德主义的圣人追求，要求每个人必须追求道德化的人格，据说道德化人格的实现，就是理想社会的实现，还说这就是上帝的国。我不觉得理想社会的实现就是上帝的国。耶稣说："日子满了，上帝的国近了。"（可1：15）

上帝的国不是我们人建造起来的，而是从人的一切可能性和历史限制的彼岸撞进我们身处的这个世界来的。

我有时想，在主的怀抱中重生后，我的生命究竟是什么意思？主让我仍然活在此时此地究竟是什么意思？我活在此世此刻，既不是为了献身给建设人间天堂的道德事业，也不是随无常的风把我这片落叶般的身子任意吹到哪一个恶心的地方，而是在挚爱、忍耐和温情中拥有我此时此地的生命。读保罗的信，觉得他有时性子急、烦恼不安，为一所罗马的教会因吃何物起纠纷而忧心忡忡。保罗的处境并非充满光润，他满目伤心。但他没有说，吃什么无所谓，更没有论断谁对谁错。他并不泰然，脾气好像也不小，但他……

Yukine 突然停住不说下去了，她看到我正在给长得不好看的干瘦小猫喂食。我知道，她刚才给我讲的是《福音书》中讲的故事。听了后，我羞愧万分。

我经历了一个伦理事件。后来我搬迁，再也没有见过 Yukine，时常想她。Yukine 讲给我听的故事，让我明白了一些生活伦理，也给我留下了温暖的时间和空间，就像母亲给孩子或孩子给母亲讲完故事或老朋友之间讲完故事后，讲的人和听的人都觉得心里明朗或好受多了。

叙事讲的要么好像是自己亲历的事——"我"如何如何，要么好像是自己亲眼看见的事——"他"、"她"或"你"如何如何。那个高度近视的大孩子从前人讲的故事中挑出一些故事来讲，这种叙事的叙事或者复叙事其实与叙事一样，是日常的和古老的叙事方式。我们的亲朋好友不仅常讲他们亲历的事，也常讲听来的事；耶稣的故事有四种经典的讲法（四福音书），以后还有无数讲法；孔子讲春秋故事与左丘明不同，公羊子和穀梁子复述从子夏那里听来的孔子讲的春秋故事，古人称为春秋传言。

我在这里想讲几位现、当代叙事家讲过的故事。并不是所有的现代小说家和电影家都是叙事伦理思想家，大多数叙事家讲的故事都是些随便说说的故事。但现代伦理问题的确尖锐地出现在为数不多的一些现代叙事思想家讲的故事中，探讨现代性伦理不可能绕开这些叙事观望到的个体生命的伦理深渊，而探讨的方式只能是复叙事。现代伦理学思想大师（从舍勒到麦金泰尔）少有懂得叙事与现代伦理之间活生生的关系——据我所知，只有基尔克果、艾柯懂，所以，他们讲过不少故事。

没有叙事，生活伦理是晦暗的，生命的气息也是灰蒙蒙的。

通过这些复叙事，我仅想给几位好友提供一些虚拟的时间和空间，一起涵咏其中的伦理韵味。

丹东与妓女

思想界的刑事侦探毕希纳

毕希纳（Georg Büchner，1813—1837）十六岁时就写过《论自杀》的论文，懂哲学、神学和脑神经学，写小说、剧本，情书也在行，还干秘密革命活动，一个十足的德意志天才。仅从毕希纳写下的文字来看，就可以知道他具有敏锐奇妙的思想才能。

更奇妙的是，二十四岁那年，毕希纳突然患上伤寒，发过一阵高烧死了。

当时，毕希纳卷入的一场革命流产了，警方正通缉革命者。毕希纳东躲西藏，后来终于逃到苏黎世，躲在一位朋友的寓所里啃着面包写"笛卡尔以来的哲学发展"讲稿。在流亡的日子里，毕希纳文思泉涌，一气写了好几部文学作品。

在躲避警方的追捕期间，毕希纳开始研究法国大革命的历史。毕希纳写信给未婚妻说：

> 我研究了革命的历史。我觉得自己仿佛被可怕的历史宿命论压得粉碎。……个人只是波浪上的泡沫，伟大纯属偶然，天才的统治是一出木偶戏，一场针对铁的法律的可笑的争斗，能认识它就到顶了，掌握它是不可能的。……我的眼睛已经看惯了血。不过我并不是断头台的刀。"必须"是应该受到诅咒的词汇之一，人不是用这个词汇来给自己洗礼的。

这些文字显得语无伦次，情绪异常激动。究竟怎么回事？毕希纳不过在研究法国大革命的历史，不是在干历史的革命，思想情绪怎么会被搞成这副样子？

原来，毕希纳在查阅法国大革命遗留下来的历史档案时，发现了一桩思想奇案：丹东之死。

丹东是法国大革命初期的功臣、革命政府公安委员会主席，签署过不少斩贵族人头的手令，可算是老一辈革命家。除了丹东自己，谁也没有想到革命家丹东最终被自己发起的革命和建立的人民民主专政法庭送上了断头台。丹东本来是革命断头台上的斩头刀，谁知他的身子和头也成了斩头刀下的什物。

丹东为谁或为了什么信念而死？

事隔几十年，这宗思想疑案一直没有人搞清楚过。毕希纳凭着二十二岁的青年血气，决意自己来办一次思想侦探案。

思想者大致有两类，一类可以称为思想的作奸犯科者，通过种种论说制造思想奇案；另一类可以称为思想的刑事侦探，专破历史中沉积起来的思想悬案。就拿离我们的生活比较近的十九—二十世纪来说吧，卢梭、黑格尔、马克思、尼采、海德格尔都是些现代思想界的作案要犯，施特劳斯、沃格林、洛维特则是些思想案件的大侦探。思想刑事侦探不是对历史中的思想做道德检察，然后提出政治控罪——那是国家意识形态安全局的侦探干的事，而是侦察在历史社会的大街小巷中发生的把人们的思想和生活搞得鸡犬不宁的思想刑事案件，搞清案情，然后在公共舆论中对思想界的作案要犯提出检控。思想界的作案和社会生活中的作案一样，都是自然而然、永不可能杜绝的事情。

日常生活需要侦探，思想生活也需要侦探。有了侦探，人们的生活才得安宁。

我不敢说毕希纳是现代的思想侦探的第一人，但肯定可以说是前驱之一，或者说是极有智慧的一个。毕希纳仅用五个星期就把"丹东之死"这桩案子搞清楚了，并以索福克勒斯的气度、莎士比亚的文风写出了案情报告《丹东之死》。[①]案情报告写成了一出现代悲剧，足见毕希纳被这案子搞得激动得不可收拾。这篇案情报告不仅在现代文学史上，也在现代思想史上成为一块路碑。一百六十多年来，德国甚至整个欧美思想界不断有人被他尖锐的思想侦探能力吸引，纷纷惋惜他的早逝。的确，要不是因为毕希纳偶然发高烧死了，在十九世纪下半叶的德语思想界，马克思、尼采恐怕就不会那样作案了。

---

① 毕希纳，《丹东之死》，傅惟慈译，见《毕希纳文集》，李士勋、傅惟慈译，北京：人民文学出版社，1986，第21–128页。

在毕希纳的激情之笔下，丹东之死既有苏格拉底的饮鸩气概，又有耶稣的客西马尼园悲情。这些气概和悲情簇拥着一种现代的生存伦理观：一种相当脆弱、但在历史选中的个人身上又相当坚毅的伦理。与苏格拉底和耶稣一样，为了证明一种伦理的正当性，丹东被当时的法律制度合法地审判有罪，被民主地送上断头台。丹东之死属于那种按新理不该死、按旧理又该死一类的历史事件。这类事件在历史上并不多见，总是在新旧伦理的交替时刻发生。

可是，革命家丹东正是为了新的伦理而发动革命，又被新伦理的革命法庭斩掉脑袋的。丹东之死是桩奇案，就奇在这里。

写完《丹东之死》后不到一年，毕希纳就发致命的高烧死了。这场突发性伤寒令我生疑：毕希纳发的致命高烧是否与他侦破这宗疑案有关？不过，这倒是案情之外的事了。

丹东之死是因为断头台变成了礼拜堂

丹东的人头被革命法庭斩掉，是因为他像嘉米叶那样，眼睛"曾经为几个不幸的人湿润过"？是因为他的良心突然发现"往断头台运犯人的马车碾平了一条大道"，觉得罗伯斯庇尔"想把革命变成宣讲道德的大厦，把断头台变成礼拜堂"？总之，是因为他觉得自己领导的人民民主专政公安机关杀人太多，于是开始忏悔，不想继续革命，以致同罗伯斯庇尔发生冲突？

丹东与罗伯斯庇尔的思想冲突，无疑是他的死因。但

▲ 行动中的革命政府：里昂的革命法庭

是，丹东与罗伯斯庇尔究竟在哪一关键问题上发生了不可调和的思想冲突？他们两人不是革命同志？不都在为新的伦理献身？

的确，革命后的丹东变了。在"革命尚未成功，同志仍需努力"的时候，丹东不再革命了，整天不是与同伙发犬儒主义的牢骚，就是与妓女调情，说下流话。罗伯斯庇尔对此觉得不可思议：这同志怎么变得像个花花公子？既然丹东的手和心已经变得肮脏，罗伯斯庇尔觉得，在一个以绝对道德为基础的国家里就不该再有他的位置。这就是史家们通常说的丹东被送上断头台的原因。①

毕希纳对历史学家们的说法不满意。史家至多能收集案情材料，根本没有能力对一件历史案件的内在机理做出

---

① 参 Gerard Walter，《罗伯斯庇尔》，姜靖藩等译，北京：商务印书馆，1993，第 384 – 385 页。

分析。如果按历史学家的说法,丹东之死实在算不上一桩奇案。可是,丹东死后,人们对他的死因一直众说纷纭,历史学家的说法没有解答众人的疑惑,丹东之死仍是一桩奇案。所以,毕希纳起心要来办理这桩案子。

丹东是被人民法庭送上断头台的,人民法庭判他死罪是依法判罪,不是凭罗伯斯庇尔个人的不满。罗伯斯庇尔领导的这个革命后的人民民主国家是法治的国家,并不像好多人说的那样是什么人治国家。其实,任何国家都是人治的,是人依法而治。问题在于依的是什么法。自由民主国家与人民民主国家的区别,不在于一为法治国家,一为人治国家,这两种政体都是人治,差别在于人治所依的法不同。

人民法庭依的是什么法?

一天,罗伯斯庇尔身着布衣和无套裤,只带了一个警卫员,上街视察革命后的形势,迎面撞见一群人民。人民马上认出身穿布衣的革命领袖,激动地围住罗伯斯庇尔,七嘴八舌地说,革命中"流的几滴血还没有把人民的脸蛋染红","断头台工作太慢了",吵吵嚷嚷要为了建立新的道德社会继续革命,加速杀人。

罗伯斯庇尔看到人民身上火热的革命热情,脸上泛起喜悦的红润。他慈祥地看着可爱的人民,语重心长地说:"你们要遵守法律!"

"法律是什么?"人民问。

"法律就是人民的意志。"罗伯斯庇尔回答说。

"我们就是人民,我们不要什么法律;ergo(所以)我们的这种意志就是法律。"人民回答说。

罗伯斯庇尔微笑地点点头，向人民摆了摆手，继续视察。从罗伯斯庇尔背着手远去的样子来看，他对人民的革命意识和热情相当满意。

人民说"我们就是人民，我们的意志就是法律"，是在下意识地背诵罗伯斯庇尔的语录，因为这些话是人民从罗伯斯庇尔的许多演说中听来的。在《关于人权和公民权利宣言》的讲词中，罗伯斯庇尔明确说："法律是人民意志的自由而庄严的表现。"在《关于出版自由》的讲词中，罗伯斯庇尔更具体地说：

> 法律是什么？这是按照它与理智、正义和自然界的永恒法则所具有的相同程度，自由表达或多或少符合于民族权力和利益的共同意志。每一公民在这种共同意志中都有自己的一份，都和自己有利害关系；从而他甚至应当运用自己的全部知识和精力，来阐明、改变和改善这种意志。①

罗伯斯庇尔是个卢梭主义者，这种"主义"主张，法律应该体现具有高尚道德的共同意志。既然高尚道德只会是人民的公意，法律就应该是人民公意的体现。人民公意是人民民主国家的自然法，人民民主专政机关根据这种自然法的正当性订立若干具体的实定法条例。实定法规定最大的政治犯罪就是反对"人民"，要斩某人的头，最简便不过的就是把他说成"人民公敌"，这是再合法不过的了。

---

① 罗伯斯庇尔，《革命法制与审判》，北京：商务印书馆，1997，第138页。

"人民"道德是总体性的或共同体的公意伦理，不是有个体差异的实质伦理脉动。罗伯斯庇尔遵循卢梭的教导，要建立具有公德的国家——人民共和国，要求每个公民都有美德。本来，每一个公民是个体，有自己的价值偏好，但人民是总体或共同体，其道德形式是公意。人民成了美德的公意符号，在人民的公意道德中，个人的价值偏好必须得到矫正。人民共和国的公民必须放弃自己个体的价值偏好，不然就不能成为共和国公民。

人民的国家既然是人民公意的道德体现，国家机器就应当享有完全不受约束的自由，例如设立道德法庭的自由——让那些不道德的个人洗脑或人头落地的自由。这种自由可以称为人民公意的自由，或民主的自由。因为所谓民主，按罗伯斯庇尔的老师卢梭的看法，也就是人民的公意。罗伯斯庇尔说："自由是人所固有的随意表现自己一切能力的权力。它以正义为准则，以他人的权利为限制，以自然为原则，以法律为保障。"这里的所谓"正义"，也是人民道德的公意，所谓法律指人民公义的自然法理衍生的法律秩序，人民公意的自由是在这种法律秩序保障下的自由行为。在人民民主的国家中，法律保障的是人民公意的自由，而不是个人的生活想象的自由。所以，对于罗伯斯庇尔来说，自由就是为了人民公意的道德目的可以做一切事："人民"是道德的化身，人民意志等于道德良心，等于正义。

依据这种自由理念的正当性，罗伯斯庇尔提出了所谓德行的自由恐怖论："革命政府就是自由对暴政的专政"，"共和国的武器是恐怖，共和国的力量是德行"。他在作报告时多次讲：没有德行，恐怖就会带来毁灭；但没有恐怖的德行是软弱无力的。人民德行的恐怖"是迅速、严正、坚毅不屈的正义行动"，人民民主专政无论多么恐怖，都是天理认可的事。这就是罗伯斯庇尔的自由理念和人民民主专政具体的道德意涵。

毕希纳在这里发现了丹东与罗伯斯庇尔不和的第一条重要线索——对自由的理解的歧见。丹东与罗伯斯庇尔本来是志同道合的革命同志，都崇尚人民公意的自由，曾并肩在这面自由的红旗下战斗。他们为了自由而革命，建立起人民民主专政的革命法庭，对每一个不符合人民道德的人采取"迅速、严正、坚毅不屈的正义行动"。

但革命后有一天，丹东和友人德穆兰在夕阳如血的辉光中沿塞纳河散步，丹东突然说：

看！那么多的血！塞纳河在流血！流的血太多了！

丹东开始对人民民主的自由产生了怀疑，怀疑这种自由与妓女一样，"是世界上最无情义的东西，跟什么人都胡搞"。他隐隐约约感到，"自由神的铜像还没有铸好，炉火烧得正旺，我们谁都可能把手指烫焦的"。于是，丹东开始散布反民主的自由言论："人民"公意的"自由"是需要活人献祭的罗马食神，"专吃自己的孩子"。在审判丹东的人民法庭上，丹东对旁听席上的人民指控罗伯斯庇尔和鞠斯特：

他们使自由的每一个足音都变成一座坟墓，这种情况要继续到什么时候？你们要面包，他们却掷给你们人头！你们口干欲裂，他们却让你们去舔断头台上流下的鲜血！

这不地地道道是反革命言论？人民民主专政法庭判丹东死罪，有什么好奇怪？

苏格拉底之死对"民主"提出了质疑，丹东之死对现代人民民主的"自由"提出了质疑。如果罗伯斯庇尔们论证卢梭是崇尚自由的，不是道德专制论的鼻祖，丹东也不觉得这有什么分别。他提醒人们，不能听见"自由"就兴奋，最好先搞清楚，"自由"是什么意思。

妓女玛丽昂的感觉

这桩奇案似乎可以得出结论了，历史学家出身的思想侦探也就在这里把卷宗掩上。可是，毕希纳在审理这宗思想疑案时发现，案情不仅牵涉到高级革命干部和人民，还牵涉到一个妓女——玛丽昂。这使得案情骤然变得复杂起来。

高级革命干部是以人民的名义组成的人民民主专政的国家机器成员，有特定的身份。丹东是高级革命干部，他与罗伯斯庇尔的思想分歧是高级革命干部内部发生的思想路线斗争。但是，高级革命干部内部发生的思想路线斗争与人民相关：丹东由于亲自审批送人上断头台太多，发现人民不是一个总体，而是无数的个体。人民的公意很可能是一个虚构，这虚构的符号可能会，而且实际上已经成了无数个体的断头台。

丹东的这种感觉同一位名叫玛丽昂的妓女有关。本来，玛丽昂也是人民中的一员，由于她做了妓女，就引来了这样的问题：她是否还属于"人民"？

按照人民公意的道德,当然不是,她的行为是道德败坏的表现,而人民是道德清白的化身。所以,一个市民并不自然地就是"人民"。在人民民主论的界定中,"人民"是一个抽象的道德符号,行为符合这一公意道德符号的市民才是"人民",否则就是社会渣滓。

比如,罗伯斯庇尔自视为人民公意和人民道德的化身,作报告时,他通常这样来区别谁是人民、谁是人民的敌人:"给我鼓掌的是人民,是不幸者。如果有人指责我的话,那一定是富人、是罪犯。"[1]谁是人民,由是否给人民领袖鼓掌来决定,鼓掌是人民民主的道德意识的体现——自由民主政治的领袖自然也是"鼓掌"鼓出来的,民主政治缺不了"鼓掌"(或者"欢呼",投票不过是其替代的便于计算人头的形式);但与自由民主国家不同的是,人民国家中的个人依是否给人民领袖鼓掌、欢呼而被划分了不平等的政治身份,人民的领袖有依法从政治上消灭"不道德"者的身体的正当权力。

妓女玛丽昂在人民民主的国家中处于什么位置?她与丹东究竟是什么关系?这是其他办案人员一向忽略的重要线索,令毕希纳既好奇又头痛。

妓女玛丽昂的母亲、市民西蒙的老婆就不想给人民领袖鼓掌,因为领袖的人民说妓女卖淫是道德败坏。妓女玛丽昂的母亲同包括自己的老公在内的人民在大街上发生过一场关于卖淫的正当性的口角。人民认为,卖淫是贵族老爷们有钱有势逼出来的,只有消灭贵族的肉体,消灭不平等的财富分配制度,才能重建国家的道德秩序:"是饥饿逼

---

[1] 引自 Gerard Walter,《罗伯斯庇尔传》,同前,第 391 页。

着她卖淫，逼着她讨饭的。刀子是为那些出钱买我们妻女贞操的人预备的。"只要消灭了不平等的财富分配制度，卖淫的不道德现象就自然消除了。西蒙的老婆对这种说法不以为然，卖淫与不平等的财富分配制度有什么相干？纯粹是一种生理行为，一种自然的生存方式。她为自己的女儿辩护说：

> 要是她这个小泉源不流水，渴也把你渴死了！……我们干活的时候身体四肢什么不得用，为什么就不许用那个？她老娘就是从那里把她养下来的，还很痛过一阵呢？难道她就不许用那个养活她老娘了，啊？再说，这又痛到她哪里去了，啊？

妓女玛丽昂好像是有教养的，她用诗一般的语言提出了基于自己的生存感觉偏好的道德诉求。根据自己的感觉偏好去生活，就是道德的行为，这种道德的正当性在于自己感觉偏好的自然权利。卖淫不过是一种个人的感觉偏好、个人的关于美好生活的想象，人民凭什么说这是不道德的呢？

> 我是一个永恒不变之体，是永无休止的渴念的掳取，是一团红火，一股激流。……人们爱从哪寻求快乐就从哪寻找，这又有什么高低雅俗的分别呢？肉体也好，圣像也好，玩具也好，感觉都是一样的。

妓女玛丽昂的善是个体的生存感觉偏好（例如跟什么人都胡搞享乐）的实现——身体的自然性享乐。玛丽昂的个体道德直接顶撞人民道德，与丹东对人民民主的自由的怀疑情投意合。案子查到这里，毕希纳感到有些头痛：究竟什么是道德？是总体性的或共同体的人民公意，还是非常具体的、与个人的感觉偏好相关的生存感觉？

不过，毕希纳觉得，他至少已经搞清楚了，丹东与罗伯斯庇尔这两个高级革命干部的思想分歧——对自由的不同理解，是由对道德的不同理解引起的。人民的公意道德引导出消灭个体感觉偏好的具有人民正义法权的自由，所以人民说："谁衣服上没有洞，就打死谁！谁能念书识字，就打死谁！"难怪丹东的信徒拉克罗阿说："人民是希腊神话中的那个牛头人身怪兽，如果十人委员会（即公安委员会）自己不想让它吃掉，就得每天喂它死尸吃。"丹东及其门徒们与妓女鬼混，与抽象的公意道德符号的"人民"作对，他们的道德立场站到妓女一边去了。拉克罗阿说："我们在享乐。人民是道德的，就是说，他们没有享乐。"用日常的说法，人民公意的伦理律令就是良心，用康德哲学的语言说，道德是对感觉的超越。丹东与门徒喜欢开性玩笑，不想超越自己的身体感觉。人民则很规矩，有罗伯斯庇尔所谓的道德良心。丹东对罗伯斯庇尔的良心论极尽挖苦，称"良心是一面镜子，只有猴子才对着它折磨自己"。罗伯斯庇尔觉得丹东实在不像样子了，便找他来谈话，说一说道德的事情，丹东却对罗伯斯庇尔说："没有任何道德比每天夜间我和我老婆的情谊更牢靠的了。"罗伯斯庇尔听了这话气得七窍生烟，觉得这样一个没有了道德的战友对他的自由事业太危险。

为什么丹东要挖苦罗伯斯庇尔的道德良心论？

丹东觉得，共同体的公意道德如果可以取代个体的道

▲ 罗伯斯庇尔

德（感觉偏好），个体生命就不再属于自己，而属于抽象的共同体，属于民族或国家的利益，这与专制没有什么分别。如果共同体（国家或民族）的公意道德的自由高于个体感觉偏好的自由，道德专制的暴政就不可避免。

难道只因为你自己永远爱把衣服刷得干干净净，你就有权力拿断头台为别人的衣服做洗衣桶，你就有权力砍掉他们的脑袋给他们的衣服做胰子球？不错，要是有人往你的衣服上吐唾沫，在你的衣服上撕洞，你自然可以起来自卫；但是如果别人不搅扰你，别人的所作所为又与你何干？人家穿的衣服脏，如果自己没有什么不好意思，你有什么权力一定要把他们埋在坟坑里？难道你是上帝派来的宪兵？

丹东已经看清楚，罗伯斯庇尔是个现代的暴君，以人民的道德法庭合法地杀人的现代独裁者。他有一次当面对罗伯斯庇尔说:"假如你不是个暴君,那么为什么你用己所不欲的方式去对待人民呢?如此狂暴的状况是不会持久的,它与法国人的脾性是格格不入的。"

丹东说完这话哭了。

道袍的国家还是体现个人身体曲线的国家

人民民主专政法庭要从肉体上消灭贵族或妓女玛丽昂或斩丹东的脑袋,是人民民主的自由。这种自由的革命行动是以人民民主的伦理国家名义干的,在人民民主的理论中,国家的观念重于个人的观念。丹东与罗伯斯庇尔在自由和道德观念上的思想分歧必然延伸到国家观。对罗伯斯庇尔来说,人民民主的国家既然是人民公意的体现,它就应该无所不管:从人民吃什么、穿什么到想什么和说什么甚至拉什么,都不许随随便便,"必须"符合人民道德。

丹东觉得,这种国家肯定会成为食人的怪兽。丹东和他的门徒认为:

> 一个人明智也好,愚痴也好,有教养也好,没有教养也好,善也好,恶也好,这都不干国家的事。……每个人都应该能按照自己所喜欢的方式享受生活,但是他既不许靠着损害别人以求得自己的享受,也不许让别人妨碍自己的享受。

任何革命的目的都是要改变旧的社会制度,建立更美好的社会制度,国家形态是这制度的关键。法国大革命后

▲ 毕希纳

高级革命干部内部出现的思想路线斗争是：罗伯斯庇尔一方依照卢梭主义的提案建立以人民公意和道德一致为法理基础的伦理国家制度——人民民主专政的国体，丹东一方则以为，应以承认个体的感性偏好及其差异为国家制度的正当性基础，如此国体就是自由的个体民主的国体：

> 政权形式应该像一件透明的衣裳，熨帖可体地穿在人民身上。血管的一起一落，肌肉的一张一弛，筋脉的起伏涌缩都应该从衣服上显现出来。肢体可以是美的，也可以是丑的，它有权利保持自己的原样；我们都无权利任凭自己的好恶给它剪裁一件袍子。……我们要的是赤裸身体的天神，是酒神巴克斯，是奥林匹克的游戏和歌唱优美曲调的嘴唇。啊，那使人销骨熔肌的罪恶的爱情啊！……罗马人如果愿意蹲在墙角煮萝卜吃，这是他们的事，我们不想

干涉……我们共和国的掌门人应该是快乐欢畅的伊壁鸠鲁和臀部丰满的维纳斯，而不是道貌岸然的马拉和沙里叶。

为什么攻击罗马人？罗马人为了帝国的统一，用斯多亚的逻各斯理念作为国家道德的基础，从此国家化的道德理念开始压制有个体差异的身体感觉偏好。丹东与罗伯斯庇尔在国家制度问题上发生了龃龉，一个要建立能体现出个体肉身曲线的美或丑的国家，另一个要建立用人民道袍把个体肉身遮起来的国家。在丹东看来，罗伯斯庇尔是在模仿当年罗马人的把戏。

毕希纳搞清楚了妓女玛丽昂与丹东的关系：俩人之间并没有暧昧，也不是丹东真的堕落成了花花公子。丹东只是把妓女玛丽昂当作个体自由伦理的极端个例，以此向罗伯斯庇尔的人民民主国家构想挑战，以个体的享乐欲望、具体的感性偏好抵制人民的道德公意和抽象的共同体良心。享乐的生存原则的正当性基于身体的自然感觉，身体是"永恒不变之体"，感觉是它的渴念和摅取。就个人的身体感觉来说，没有人民的公意道德插手的余地，身体的享乐本身没有罪恶可言。丹东的价值观在这一点上与妓女玛丽昂是完全一致的：不认为人的生活方式有善罪之分，每个人在天性——自然本性上都是享乐者。不同的只是每个人寻求享乐的方式——有粗俗、有文雅，这是"人与人之间所能找到的唯一区别"。无论以粗俗还是文雅的方式享乐，感觉都一样，"都是为了能使自己心安理得"：

披上罗马人的长袍，环顾一下自己是否有一个长长的影子，这也不是什么坏事。为什么我们要互相厮打呢？我们是用月桂树叶、玫瑰花或者葡萄枝把我们的私处遮盖起来，还是把那丑陋的东西露出来给狗舔，这又有什么分别？

罗伯斯庇尔倒是一针见血：丹东以不能连累无辜的个人为由反对人民民主专政下的继续革命，不外乎"想让革命的骏马停到妓院门前"。丹东的追随者却以为，妓女玛丽昂的感觉偏好有其自然权利，基于自然权利的感觉偏好也是一种道德，罗伯斯庇尔的人民民主的国家无权干预："如果所谓的道德堕落的人都要被所谓的正人君子吊死的话，世界一定是头朝下站着呢！"

可想而知，丹东与罗伯斯庇尔的思想分歧已经走到势不两立、你死我活的地步。罗伯斯庇尔的革命政府主管意识形态的部长扬言："企图往自由女神的强硕的躯干里授精的懦夫将被她的拥抱窒息而死。"

毕希纳这才搞清楚，原来丹东想要维护个体感觉偏好的自由，这才是他与罗伯斯庇尔的思想分歧的关键。毕希纳很有可能是在读到贡斯当（Benjamin Constant）1819年的演讲"古代人的自由与现代人的自由之比较"后，才有这样的眼力。毕希纳本来深受法国大革命影响，是个革命者，在追随法国革命的德国革命活动期间写的传单中，他充满热情地企望"德国将作为一个自由国家随着一个由人民选举产生的政府重新站立起来"。那时，他大概还没有了解到，法国大革命中有两种不同的革命理想——人民民主和自由民主。

贡斯当的演讲提出了对两种自由的区分，实际上也对两种民主作出了区分。贡斯当说，卢梭所谓的自由尽管装饰有"人民公意"的花环，其实不过是一种以自由为名的徒刑。人民公意的自由只是国家施行道德专制的自由，而个人的自由指的是个人战胜群众，而群众"想要实行专制统治之权力，以及要求使少数人服从多数人之权利"。毕希纳明白其中的道理，才变成了同情丹东的自由主义者，对人民民主产生出恐惧。他开始觉得，大众需要的只是面包，一旦这个世界上可以产出的面包不敷大众时，人民民主的理念只会成为暴政的工具。在办案期间致友人的一封信中，丹东这样写道：

整个革命已经分成自由主义的和专制的两部分，而且必定要毁灭于没有文化的、贫穷的阶级：穷人与富人之间的关系是世界上唯一的革命因素，单是饥饿就可以成为自由女神，只有给我们的脖子套上七重埃及灾难的摩西可以成为救世主。如果你养肥了农民，革命就会半途而废。

毕希纳已经能够区分个体的自由（即不受他人强制的感觉和思想偏好的自由）与专制的自由（即依凭某种公意的道义有权利做什么的自由）。两种自由的不同，关键在于，自由的在体性基础是总体性或共同体性的人民公意，还是个体感觉的实质性偏好。两种民主的不同，也是由于这种自由的在体性基础的差异。民主的自由是人民公意的自由，这种自由必然是人民意志的专制自由。自由的民主是个体感觉的民主，这种民主必然是有思想和感觉分歧、冲突的民主，个体感觉偏好的自由使得民主不可能结集为统一的公意，更不用说由人民民主的国家机器用专政来贯彻统一的公意。

法国大革命后不久，在监狱里被关了好长一段时期的作家萨德（Sade）获得释放。放出来后，他就讲了一个故事。一个性虐待狂把一个女子的双手捆在床头柱上，让她看不到在自己下面究竟发生什么事。这位虐待狂用一只玩具阳具与她做爱，让她感到一阵接一阵幸福的 petite mort（小死）。完事后，虐待狂告诉她，这是玩具的效果。那女子气得差点真的小死过去。虐待狂微笑着对她讲了一句实话："感觉不都是一样的吗？"

八九年冬天，柏林墙拆除之前，我到西柏林旅行，看到民主德国"人民电视台"在播放这部据萨德作品改编的电视剧。不几天，柏林墙就倒了。我想，大概就是这"一样"的感觉让柏林墙倒了。

丹东为何而死？是为了妓女的感觉偏好的自然权利、为了每个人都有自己的身体伦理的自由？这死是不是有点像福柯的殉难？

同一个身体的痛苦和享乐

这桩思想疑案可以在这里结案了吗？

如果可以在这里结案，毕希纳恐怕不会发那场致命的高烧。

在审理丹东被斩掉脑袋这个案子的过程中，毕希纳已经看到两种自由观、国家观、道德观不可调和的对立。但毕希纳觉得，这桩思想疑案还有些疑点没有完全搞清楚。他那双思想侦探的眼睛锐利地发觉：革命家丹东和妓女玛丽昂根本不承认公意道德及其对立面邪恶，只认可单纯的生存感觉，而罗伯斯庇尔们虽然主张公意道德，但思想基础同样是单纯的生存感觉。公意道德观与个体享乐道德观只是看起来对立，其实是从同一种生存感觉产生出来的。

人民公意道德的正当性根据究竟是什么？初看起来，与妓女玛丽昂的生存原则的正当性根据（享乐）不同，人民道德的正当性根据来自人的身体痛苦。人民拉弗罗特说："疼痛是唯一的罪过，受苦是唯一的邪恶；我可要做个有德行的人。"人民道德的诉求不过是私人的痛苦得到补偿的媒介，公意道德只是听起来为了消除世界的罪过和邪恶，其实是为了弥补自己身体的疼痛，像毕希纳认识的穷苦人奥伊采克说的："钱，钱哪！谁没有钱——那么谁在这个世界上就只能指望道德了！"

如果主张享乐的玛丽昂觉得世界上没有罪恶可言，公意道德多余，感觉到自己身体痛苦的拉弗罗特觉得世界充满了邪恶，公意德行是社会必需的，那么，是不是其中有一种感觉把生存的事实搞错了？玛丽昂真的不觉得身体的疼痛，像她母亲说的，只有快感或不快感。

感觉享乐或痛苦的身体都是同一个人身，身体就是身体，没有什么生理本体差别。你感到身体的享乐，我感到身体的痛苦，或者相反，感觉不都是一样？

不一样！

痛苦是身体的自然本性受到损害或自然欲求受到阻抑。毕希纳把自己的生命体验带入案情分析。有一次，他亲身感受到身体的自然在体的受伤。他去山区旅行时，寄宿在一个农家，正好遇上这户人家的几岁大的男孩死了。毕希纳触摸到这个小男孩冰凉的尸体，不禁打了一个生存性的寒战："这个小孩怎么就这样被遗弃了？……难道这副容貌、这样平静的面孔应该腐烂吗？"

痛苦就是由这"应该"的质询引导出来的，这"应该"基于一个超自然的理。

丹东们不知道身体的痛苦？毕希纳想，这正是案子的一个不可忽视的疑点。

丹东与罗伯斯庇尔毕竟是同一战壕中的同志和战友，他们能一起革命，首先基于一些共同的信念。例如他们都相信自然权利，这得自于他们共同信奉的无神论。毕希纳在进一步查阅这宗思想疑案的档案时，发现了一场关于上帝存在的讨论，尖锐地触及近代神学的阿里斯之踵：神义论因个人的痛苦而失效。在这场讨论中，丹东和罗伯斯庇尔的立场完全一致：这个世界不可能设想是完美的，既然如此，怎么可以推断出造物主这个完美无缺的存在？丹东的同伙裴恩说：除非消除生命在世的不完善，才能证明上帝的存在；我可以不谈人世的邪恶，却无法罔顾我的痛苦。神义论用人的理智证明上帝的存在，人的感情却不断提出抗议。"为什么我在受痛苦？这就是我的无神论的砥柱。痛苦的一次最轻微的抽搐，哪怕仅仅牵扯到一根毫发，也会把创造物这个概念从头到尾撕破一个大裂口。"

丹东派的这一看法得到罗伯斯庇尔的门徒、大检察官萧美特的完全赞同："对啊，对极了！"

痛苦成为无神论的砥柱，完全是有神论自己惹来的麻烦：神与至善至福相表里，有神在，就不应该有痛苦。如果无神，也就无至善至福，痛苦就只是自然秩序中的"适偶"，不可能成为什么的"砥柱"。人们记得，后来陀思妥耶夫斯基的伊凡再次提出这一问题，而且调门更高，雄辩更为滔滔。

丹东和罗伯斯庇尔提出了无神论的砥柱，基于相同的身体痛苦。他们的分歧仅在于不靠神义而靠人义来克服痛苦的方式：自然性的个体享乐或者公意道德的恐怖革命。这不正分别是尼采思想和马克思思想的作案方向？妓女玛丽昂和丹东是尼采的先驱，要求以享乐克服痛苦的消极自由，罗伯斯庇尔是马克思的先驱，要求以积极自由建立的道德公意的社会制度克服痛苦。

享乐的个体道德拒绝用超自然之理来克服偶在的受伤。

丹东以为，享乐道德和"道袍"道德都不过是为了让偶在个体的身体"心安理得"，差异在于，享乐道德并不因身体偶在的受损或受挫而抱怨身体的偶在，不把身体的自然受伤转移给应然法庭来重新评理，这就勾销了基于身体的痛苦提出应然道德的可能性。痛苦感觉基于把自然与应然弄混了，把生存的自然意义与生存的道德意义弄混了。所以，丹东才觉得，从痛苦中生发出的道德诉求引出可以为了"应然"而推行道德革命的自由是不道德的。享乐道德持守生存的自然意义，依循自然性的（消极）自由，拒绝应然性的（积极）自由。不能区分人生的道德意义和自然意义的差异，也就不能区分积极自由与消极自由的差异。身体是自然而然的，身体感觉也是自然地有歧义的。只要应然之理不介入生存的感觉区域，让生存处于自然循环的节律，就不会走到夸张痛苦、吁请公义的地步。生存的意义只是生存偶在的自然性发生，不能以应然之理打断自然循环的节律，应然地安排人生。进一步说，不能以自己的痛苦感为依据设定公意道德的"应然"，推出为了公意道德的积极自由行为的正当性。如果返回到自然性，就不会有应然这回事，任何一种感觉都没有在道德意义上高于其他感觉的权利。这就是玛丽昂说"鲜花也好，玩具也好，感觉都是一样"的意思,也是玛丽昂要葆有生存的享乐感,否定生存的痛苦感的原因。

可是,罗伯斯庇尔的道袍道德所依据的应然之理,也不是纯粹超自然的,好像基督教的超自然的上帝,毋宁说,其革命法理有着另一种感觉的自然性基础。

不妨听听主管意识形态的宣传部长鞠斯特在人民代表大会上的宏论:

> 在我们的会场里好像有几只耳朵特别敏感,听不得"流血"这个字眼。我要举几个极为普通的现象,就会使你们相信我们一点也不比自然界、一点也不比历史残忍。大自然冷静而不可抗拒地体现着自己的规律;人类如果和它发生冲突,就要被消灭。……如果不是路旁倒毙的几具尸体,大自然几乎不留任何痕迹地就翻过了这一页。
>
> 我现在想问诸位一句:在革命中我们的精神界难道应该比自然界表现出更多的审慎顾虑吗?精神概念难道不应该和物质规律一样,把抗拒阻挡它的事物消灭掉吗?任何一件改变整个道德界,也就是说改变人类的创举有不流一滴血而能实现的吗?宇宙精神在精神领域里要借助我们的手臂,就像它在自然领域里利用火山和洪水一样。他们或者葬身于瘟疫,或者在革命中死亡,这又有什么不同?……一切人都是在同等的条件下创造的,除了天赋的差异外,一切人都是平等的。……从这一点看来,如果革命的激流每到一个阶段,每有一次转折,要冲出几具尸体,有什么值得大惊小怪?

这话与西蒙老婆的话有什么差别?革命是自然性行为,

它的疼痛和流血，与黄花闺女初次卖淫的疼痛和流血有何不同？像西蒙老婆问的，"又会痛到哪里去？啊？"况且，革命的最终目的不过是为了使身体更强健。鞠斯特以下面的话结束他在人民代表大会上的滔滔雄辩：

　　革命好像是珀利阿斯的女儿：把人类的身体肢解，只是为了使他返老还童。人类再从血锅里站起来的时候，将像大地从泛滥的洪水里涌现出来一样，生长出强健有力的肢体。我们会像第一次被创造出来一样充满无限旺盛的精力。（长久不息的掌声，一部分代表激动地站起来。）

　　让身体重新健硕后干什么？追随罗伯斯庇尔的现代思想家、二十世纪六十年代的革命思想之父马尔库塞回答说：为了性爱的自由享乐。罗伯斯庇尔们不是与妓女玛丽昂的生存道德观最终一致吗？自然机体——Physik 这个东西，就是自然而然要享乐，身体的自然享乐是自然如尔，生存原则和国家原则都要建立在自然享乐这样的终极目的之上。这样看来，丹东与罗伯斯庇尔的思想分歧就仅在于选取返回自然人性的方式不同而已，或者以享乐适性，或者以道德加恐怖的革命适性。

　　丹东和罗伯斯庇尔站在同一张人义论的板凳上：用身体来为身体称义、为身体的不幸辩护。但两人的人义论板凳的样式不同，后果已经是巨大的历史差异。享乐适性伦理依据的是自然之理，人民公义的恐怖的革命适性伦理却制造了一个世俗的神性之理（人民公意）。丹东反驳以人民道德的名义杀人的正当理据是每一个身体的自然权利：人民公意依其"应然"杀人之所以不正当，并非因为它残忍或伤及无辜,而是因为在断头台上操革命屠刀的人与被杀的道德败类有同样的身体。对于罗伯斯庇尔来说,人民公义的恐怖不过是为了消除人的身体上的痛苦,人民民主专政的正当性还是基于毕竟属于身体的感觉,而非超身体的"应然"。

用身体为身体称义引致的绝望

毕希纳搞清楚这一疑点后,自己的身体不知怎么的,有些发抖。

原来,毕希纳发现:丹东和罗伯斯庇尔在思想冲突时把各自的人义论逻辑发挥到了极致,结果都撞见了魑魅魍魉的虚无。毕希纳好像自己撞见了这些虚无的魑魅,禁不住不寒而栗。

事情分别是这样的。

丹东最终发觉,自己为之辩护的自然性身体不过是一团肉身物质。这一发现令他绝望得要命:

> 我是个无神论者。物质永不消灭,这真是个该死的定理!我也是物质,真是太悲惨了!……虚无已经把自己杀死了,创造物就是它的致命伤,我们是从它的伤口流出的血滴,世界是坟墓,让它在里面腐烂。

本来,上帝从虚无中重新创造人的生命,用牺牲自己的生命将人的生命与虚无隔离开来。美好的生命,不是从这个世界本身的自然结构中生长初临的,而是上帝的牺牲

▲ 反革命的观点将换来打屁股

从虚无中救护出来的。一旦上帝被认为应对世界本身的自然结构的无情无义负责，人的生命就重新跌入虚无的怀抱。在虚无怀抱中的身体不过是一个幻想女郎，她的享乐不过是物质的幻影。这一发现使丹东对享乐的身体失去了信赖，要把自己的鼻子堵起来，觉得自己的身体因跳舞太多已有了难闻的汗味。

罗伯斯庇尔对丹东已经不耐烦了，不愿再跟这个自己手掌中的死人坐在一起闻他的臭味。他对鞠斯特说："明天就动手！不要把死前挣扎这段时间拖得太长！"他还批示不要公开审判，因为法庭辩论对人民民主的国家是危险的，"是对自由事业的罪恶性侵犯"。就在做出这一政治决定的这天夜里，罗伯斯庇尔发现，自己不惜牺牲他人的身体来推行道德加恐怖的民主专政，本来是为了救别人的身体（积极自由），结果自己成了"鲜血淋漓的救世主，只知道把别人送上祭坛，不知道牺牲自己"。罗伯斯庇尔把自己与耶稣作了比较：

圣子耶稣用自己的血解救世人，我却要世人自己流血解救自己。圣子从痛苦中尝受欢乐，我要尝受的是刽子手的痛苦。我和他比起来，谁比我牺牲的精神更大？……真的，圣子耶稣要在我们每个人身上上一次十字架，我们所有的人却在客西马尼园里厮打得头破血流，可是谁也不能用自己的创伤解救别人。……到处是荒凉、空虚，只剩下我孤身一人……

这天夜里，罗伯斯庇尔也撞见了虚无——另一种虚无。他已经差不多要疯了。

罗伯斯庇尔与丹东撞见虚无的方式不同。丹东觉得上帝对这个世界实在多余，想要没有上帝的生活，结果撞见虚无；罗伯斯庇尔觉得过去的上帝无能，不能真的救人，便把老上帝驱走，自己成为上帝之子，结果撞见虚无。他们在面对人的身体痛苦时，都想只靠人的身体力量（自然的适性或人的道义的适性）来克服痛苦的无意义，却忘了肉身本是赤裸裸的 Physik，它的悲惨原来是由上帝通过自己的儿子的牺牲伸出的神义之手托住的。如今，这只神义之手被斩断了，罗伯斯庇尔和丹东设想出不同的人义性的自由方案来承负身体偶在的悲惨，发现承负的只是一个最终会化为虚无的身体。

丹东不仅拒绝积极的人民公意的自由，也对个体享乐的消极自由的正当性绝望了：基于个体的自然权利的享乐自由同样不堪辩护。"丹东之死"的真正死因，是他最终发现，罗伯斯庇尔与他自己的自由理念尽管不同，结局都一样："世界是一团混乱。虚无是即将分娩的世界之神。"丹

东并不是比罗伯斯庇尔更为悲观,而是更为透彻,他懂得了人自身的欠缺,人义论根本靠不住:

我们缺少一种我也叫不出名字来的东西。可是既然这东西在五脏六腑里根本找不出来,为什么我们还要彼此把肚子划破呢?

看!满天繁星闪烁,仿佛是无数颗晶莹的泪珠;洒下这些眼泪的眼睛该是孕育着多么深的痛苦啊!

这眼睛肯定不会是人的眼睛。

丹东清楚地知道,这只会是上帝的眼睛。可是,丹东同样清楚,上帝已经一去不回了,因为,启蒙革命家们早对上帝说,解救人世的痛苦不再是上帝的事,而是人自己的事。出于这样的认识,丹东看到了现代性的未来:

今天人们无论做什么都是用人的骨肉。这就是我们这一时代所受的诅咒,现在我的身体也要用进去了。

丹东之死与毕希纳的伤寒

毕希纳认为可以给这宗思想悬案下最终的结论了:丹东不是被罗伯斯庇尔害死的,而是丹东自己不想活了。事实上,丹东的同志们已经为他安排好出逃计划,尽管这在人民警察管制的国家几乎是不可能的,但罗伯斯庇尔已经有过暗示,他会装作不知道。可是,丹东已对生命的自然在体的自然权利完全绝望,他觉得:"死在断头台也好,死

▲ 丹东

于热病或者老朽也好,又有什么分别?"革命法庭要对他施以断头术,对他来说实在无所谓得很。他没有慷慨赴义感,因为已经不存在一个什么"义"——无论神之义还是人之义需要他的身体去就。所以,丹东觉得还是让罗伯斯庇尔斩头算了。丹东和门徒们一同临刑时,有的门徒——比如拉克罗阿还有些执迷,颇有慷慨就义的样子,丹东最亲密的门徒亥劳调侃说:"他还把自己的臭尸体当作培植自由的施了大粪的温床呢!"

既然已经建立了人民民主专政的国家机器,而机器一旦开动起来,一时是停不下来的,要谢绝丹东的死已经不可能,罗伯斯庇尔只好打起精神,将丹东送上断头台。

将丹东的临刑心态与苏格拉底和耶稣的临刑心态加以对照,可以引发对现代人有益的联想。丹东的临刑心态既从容又脆弱,是典型的现代人的面死精神。苏格拉底临死前说:"分手的时候到了,我去死,你们去活,谁的去路

好,唯有神知道。"耶稣临死前悲喊:"我父,我父,你为什么离弃我?"丹东临死时完全是一副无所谓的样子:

> 你们的判处对我又有什么?我已经说过空虚不久将成为我的托身之所……生命对我是一个负担,谁要夺去,尽管让他夺去好了,我自己早就希望把它甩掉了。

尽管如此,丹东还是有些暗自贪恋身体的享乐,觉得死感仍然需要某种安慰。为什么不可以像庄子那样向死?甚至可以比庄子还潇洒些。最终,丹东打算临刑的心情要像刚同玛丽昂做过爱:"我要像走下一个普施雨露的女郎的床铺那样,而不是像离开忏悔椅子那样跟生命告别。"

这是丹东给自己的最后慰藉。

毕希纳写完这宗思想疑案的案情报告书后,精力耗尽,身体变得极度虚弱,本来他的身体很好(不然怎么能干革命),完全可以抵抗那场偶然的伤寒。结果,二十四岁的毕希纳发高烧死了。其实,毕希纳死于一场内在的(思想上的)伤寒,一场因看到近代自然权利的自由伦理的底蕴而引发的伤寒。

毕希纳要不是死得过于年轻,对个体或国家、自由或民主、革命或反革命再多说几句,马克思也许不会那么气粗,尼采不会那么苦于疯癫,更不消说海德格尔、洛维特、马尔库塞、福柯们对 Physik 的信念了。

话说回来,毕希纳已经给自己身后的思想家们写下了一两句谶语:

> 您看,这是一个美丽、牢固、灰色的天空;有的人可

能会觉得有趣,先把一根木橛子揳到天上去,然后在那上面上吊,仅仅是因为他的思想在是与不是之间打架。

　　人啊,自然一点吧!你本来是用灰尘、沙子和泥土制造出来的,你还想成为比灰尘、沙子和泥土更多的东西吗?

牛虻和他的父亲、情人和她的情人

《牛虻》讲的是革命故事？

好长一段日子，我都以为丽莲的《牛虻》讲的是革命故事。

一九七一年冬天，我第一次读到《牛虻》。那时，国内形势很紧张，听说苏联的坦克兵团将入侵内蒙古，从张家口进攻我国首都北京，最高统帅要全国人民"深挖洞"，准备打仗。当时我正在高中念书，突然有一天，我所在的高中班被命名为"挖洞先遣队"，到长寿县乡下去挖洞，为全校迁到山洞作准备。

白天挖洞，夜里躲在蚊帐里读《牛虻》。那是一部残破的书，因为经手太多，前后都缺页。最后的缺页在这里中断：

"亲爱的琼,"

纸上的字迹突然模糊得像一片云雾。她又一次失去了他,又一次失去了他!

下面的文字没有了。

我心里一阵阵紧缩的抽痛,好像我就是琼玛,好像失去牛虻的是我。那些因残缺而失去的文字令我百感交集,如一片血红的迷雾把我湿漉漉地裹在牛虻激情中,牛虻为革命事业悲壮牺牲的豪情像身体上分泌出来的液体,抑制了我心中的琼玛疼痛。

牛虻的革命经历有何等勾魂摄魄的情感经历啊!我想有一番属于自己的革命经历,以便也能拥有可歌可泣的一生情爱!

牛虻献身的是一场救国的革命——用官话说,是爱国主义的革命,用学究话说,是民族国家的独立革命:意大利要摆脱奥匈帝国的统治。不过,对我来说,牛虻的革命经历之所以勾魂摄魄,是因为他献身革命而拥有了自己饱满的生命和情爱。我产生出这样的想法:要拥有自己饱满的生命和情爱,就必须去革命。丽莲讲述的牛虻,成为我心目中的楷模。我开始激动不安,觉得自己只每天挖洞还不能算革命。挖洞能与一个琼玛相逢吗?

牛虻是革命者的名字。在成为革命者之前,琼玛爱的这个人叫亚瑟。亚瑟属于从小想使自己的生命有点光彩的一类人,据说少年时就"有一种模糊而持续的不满足的感觉,一种精神上空虚的感觉"。琼玛与他相识时,他还是神学院的学生,或者说见习修士。当时,意大利的民族独立革命党人的新宗教理想开始传到神学院。深奥的教义神学理论和烦琐的圣经释义课程不能填充少年亚瑟的精神空虚,倒是马志尼青年党的政治理想让亚瑟激动起来。

意大利是大公教传统的君主国家,有太多的教士。对于马志尼的民族独立的民主共和革命,这些教士是一股不可忽视的社会力量。民族革命需要联合一切可能的社会力量,需要拉拢天主教士,形成革命的统一阵线。如何拉拢?马志尼觉得这是再简单不过的事:先把民主共和理论说成与天主教教义在精神上是一回事,再告诉教士们如何用实际的政治行动献身于民主共和革命就行了。不过,马志尼先需要把自己说成是真正的基督徒。

如果我们在自己的旗帜上写明自由、平等、博爱,我们就成为基督教信仰的先驱。我们寻求基督为各族人民、为全世界许诺的信念的统一。我们既不是天主教徒,也不是新教徒:基督的真正教义历来只产生基督教徒。如果我们对民众高喊,"上帝和人民!天上有个唯一的主宰,那就是上帝;人间有个唯一的主宰,那就是人民。全体人民根据一个积极的信念联合起来,在和平和互爱的气氛中做出很大的成绩,以便在上帝注视下逐步了解和解释他的普遍法则",我们就自动担负起基督的使徒的作用。[①]

马志尼还写道,天主教士们尚不懂得"如何崇拜上帝"。怎样才是"真正的崇拜上帝"?据马志尼说,这是一

---

① 马志尼,《论人的责任》,吕志士译,北京:商务印书馆,1995,第233-234页。

种社会行动，是走向人民大众的热情。谁要做真正的基督教徒，谁就应该"自告奋勇，在那些因缺乏教育而误入歧途的人和那些进行鼓动的领导者之间传播真理和光明"。说得直截了当些，就是要在革命党的领导下去做动员民众起来革命的宣传工作。

马志尼青年党信徒在神学院里秘密宣传这些思想，亚瑟慢慢受到启发，以至于从基督教义课本中读出了"一种民主倾向"，逐渐形成了像早上八九点钟的太阳一样的教士观："教士的使命就在引导世界向着更崇高的理想和目标前进；……一个教士是宣传基督教的教师，而一切革命家中最伟大的一个正是基督。"亚瑟觉得自己的灵修不是在上帝的爱中重生，而是要在现世革命的精神中重生，这样才能成为一个真正的基督徒。

除了少数天才人物，人们在年轻时对用来填充青春热情的道德理想往往并不具有鉴别能力。时代中时兴的道德理想总是充满吸引力的，没有鉴别力的年轻人以为时兴的道德理想就是自己性情的脉动。个体性情的脉动与某种道德理想的结合，其实是很偶然的。正是这种偶然性决定了一个人一生的命运。

亚瑟就是如此。

他天生有过于旺盛的生命热情，碰巧遇上意大利闹民族独立革命。这一历史机遇为亚瑟实现自己的生命热情提供了另一种可能，不然，他至多可能是一个热情的宣教士。亚瑟的革命热情是宗教性的，意大利的民族革命只是给他提供了实现自己的生命热情的契机和目标。亚瑟本来不是意大利籍人，而是英国籍人，当他碰巧听了一个激进大学生——马志尼信徒的演讲，才想到要去"帮助人民和意大利","要把我的生命献给意大利,帮助她从奴役和贫困之中解放出来;要把奥地利人驱逐出去,使意大利成为一个除了基督没有帝王的自由共和国"。亚瑟不知不觉成了马志尼革命党人,觉得马志尼的革命思想与福音书中的救赎思想太吻合了。

把基督说成启蒙思想的自由、平等、博爱的精神象征,在亚瑟的父亲蒙太尼里——一位资深的神学家看来,是彻头彻尾的反基督,福音书与民族独立或民主共和之类的革命毫不相干。由于爱子心切,蒙太尼里绞尽脑汁要把亚瑟从马志尼革命党人的影响中领出来。儿子的初生热情与父亲的深谙世道之间不可避免的冲突,在丽莲讲述的革命故事中,成了是否革命、是否进步的抉择。

读过丽莲讲述的革命故事,我不太想得通一件事。在产生革命冲动的同时,亚瑟的情爱冲动也开始萌动了。他对老是围着自己心爱的女孩子转的革命同志波拉十分恼怒,一想到他就醋劲上涌。情敌与革命同志的矛盾,把亚瑟带到痛苦的边缘。我想不通,不是因为革命者就不能吃醋,而是因为,亚瑟是教士式的革命者。作为见习修士,让情爱冲动在身体上炙热,看重女性身体的慰藉,与同志们吃醋,就等于被现世的诱惑拐走了。不过,这也许只是铁尚未炼成钢时的情形。第二天挖洞太累,我就把这事忘了。

宗教、革命与"私人的痛苦"

第二次读《牛虻》已经是三年之后。我已经高中毕业,正在乡下接受贫下中农的再教育。

收玉米的时节快到了。为了提防黄鼠狼抢夺生产果实，生产队的少年、青年、中年社员都要轮流在玉米地守夜，通宵达旦睡在玉米地里，每隔一个小时吆喝几声驱赶想象中可能出现的黄鼠狼。

经过几年革命，也许因为老没有遇上一个琼玛，我变得有些懒散。为了重振革命精神，我带上小马灯，夜里在玉米地重读《牛虻》。这次我找到了一部完整的书，读到最后缺失的那三页：牛虻的生父、蒙太尼里红衣主教死于心脏扩张破裂症；牛虻在遗书中向琼玛表白了平生的爱情，令琼玛哭成泪人儿，这位革命女性从未如此哭过；一直暗恋琼玛，与牛虻实际上处于情敌关系的玛梯尼得到牛虻的谅解，而玛梯尼对琼玛的爱，被琼玛忽略了。

故事的结尾令我心颤：玛梯尼抱着哭得死去活来的琼玛。

为什么玛梯尼要抱慰琼玛的哭泣？我知道，玛梯尼爱琼玛。可是，玛梯尼抱慰的是琼玛为失去自己心爱的情人的哭泣，这等于说，玛梯尼抱慰的是为可能夺去自己所爱的人的哭泣。我突然觉得，勾魂摄魄的不是牛虻的革命经历，而是他的个人命运缠结出来的人伦纠葛：牛虻和他的父亲、情人和她的情人。就革命故事来说，《牛虻》没有什么惊心动魄之处，倒是他与自己的父亲和情人以及情人的情人的伦理关系令我心潮起伏。

牛虻身上的人伦纠葛不是因为革命活动缠结出来的，而是由于"爱人的一个耳光"和知道了自己是私生子。一个误会的耳光和私生子的身份伤害了亚瑟的自尊心，使他觉得自己生活在羞辱之中。亚瑟觉得必须离开自己从小生长的地方，逃离父亲和情人编织的伦理语境，到没有人认识自己的地方去。

亚瑟制造假死,流亡他乡。十九年后,他带着漂泊的伤疤重返自己的羞辱地,他之所以敢回来,是因为他已是一个秘密激进团体的成员,况且他已经改名为牛虻,脸上的多道刀疤使人再也认不出他就是当年的亚瑟。

改名为牛虻,不是象征性的,而是革命意识成熟的标志。

从前,亚瑟是虔诚的修士,参加革命是——如马志尼说的那样——"为了上帝和人民"。如今的牛虻对上帝、基督和教会怀着阴森而又坚毅的憎恨,革命不再是为了民族独立的民主共和,而是出于自己"私人的痛苦"—— 牛虻自己说,他与自己的路边情人绮达在异国过着自在的生活,只是因为有机会解决自己"私人的痛苦",才接受了革命同志的邀请。

过去,亚瑟不赞同琼玛的"行动主义",主张革命"必须忍耐"。亚瑟曾经对琼玛说,"巨大的变革不是一天做得成功的","意大利所需要的并不是恨,而是爱"。这些倒还像一个教士式革命家说的话。如今,牛虻固执地认为,"短刀可以解决好些问题"。他以资深革命活动家的口气对琼玛说:"当革命到来的时候,……民众不应该习惯于暴力吗?"

脸上总是弥漫着一种神秘的宁静的琼玛觉得牛虻太过分了。

革命当然需要行动,但所谓行动只是宣传和鼓动,暴力至多只是"逼迫政府"的手段,而不是目标。琼玛批评牛虻的暴力革命论:"使无知的民众习惯于流血的景象,并不是提高他们赋予人类生命的价值的办法。"琼玛向牛虻指出,"每一次暗杀,都只足以使警察变得更凶恶,使民众更习惯于暴力和野蛮,因而最后的社会秩序也许比原先要更糟糕"。牛虻对琼玛的这些观点轻蔑地一笑,在心里回答说:这是彻头彻尾的修正主义。

牛虻同琼玛经常吵嘴,俩人对人性、道德、宗教乃至人类社会的混乱和祸害的根源都说不拢。琼玛以为,人类社会不幸的根源在于"对人性的神圣不够重视",牛虻挖苦琼玛的这种看法是一种"病态的"宗教心理,"要树立起一种东西来向它崇拜"。牛虻的革命动机明显主要针对教会,他要与自己的出生决裂。他对琼玛直截了当地说:行刺当然只是一种手段,但它的目的不是反政府,而是"连根铲尽"教会的"威信"。琼玛虽然是革命党人,对教会还是崇敬的,她觉得牛虻的革命观念是要唤起"在人民心里熟睡的野性"。对此,牛虻坦然回答:"那么我就算是完成了不辜负我这一生的工作了。"

琼玛显得仍然是修士式的革命者,牛虻却从修士式的革命者变成了屠格涅夫和陀思妥耶夫斯基都深刻地描绘过的那种犬儒主义的革命者。

亚瑟是如何成为牛虻的?这一个革命者是因何转变的?是"私人的痛苦"意识。

牛虻自己所说的"私人的痛苦"是怎么回事?

不过是一个偶然而又寻常的爱情事件。蒙太尼里神父年轻时爱上了一位女孩子,在肯定是很短促的交欢时,意外地造化了一个婴孩。蒙太尼里当时是修士,除非放弃自己发愿要走的圣途,他不可能做这个婴孩的合法父亲。母亲把亚瑟养大,但亚瑟对自己的母亲几乎没有什么印象。也许亚瑟从小就在寻找自己的生父,渴望得到高贵的父爱。

如果在世俗生活中找不到，可以在圣域生活中找到自己需要的高贵的父爱。在神父面前，亚瑟真的像一个好乖的儿子。不难想象：当亚瑟知道自己无比崇敬的神父曾犯下偷情罪过，而且自己偏偏是这一罪过的身体印记，他就觉得自己的生命前定地破碎了。

牛虻的"私人的痛苦"是自己父亲的私人情爱的结果，他把这结果感受成自己生存的受伤。有一次牛虻对琼玛狠狠地说："我是此生此世不曾有过一个朋友的。"这句话真正的意思是，他从来不曾有过一个父亲。

从此亚瑟开始偷情，偷情是亚瑟变成牛虻的过程，革命是抹去父亲带给他的羞辱。不可原谅的，并不是神父偷情，而是神父不能承当偷情的后果，做一个父亲。牛虻对父亲的仇恨针对教会是有理由的，如果没有教会的圣途对神父的诱惑，蒙太尼里可能就只是一个人之父，亚瑟就不会成为私生子，他的个体生命也不会成为一种耻辱。教会使亚瑟成了没有合法父亲的私生子，成为一次偷情的弃儿。当然，牛虻觉得自己的这个生父也是可憎的，要不是这个人对圣域生活入迷，偷情就不过是一场浪漫爱情，亚瑟也不会没有父亲。对教会的憎恨是因为它杀死或夺走了一个人之父，对蒙太尼里神父的憎恨，是因为他让自己成为私生子。

牛虻的革命动机已经没有什么好想的了。一种伦理——基于"私人的痛苦"的伦理却强烈地吸引了我。很清楚，丽莲讲述的不是革命故事，而是伦理故事。没有那些革命事件，牛虻的故事照样惊心动魄，若没有了那些伦理纠葛，牛虻的革命故事就变得索然无味，还不如我自己亲历的革命事件。

革命故事的讲法与伦理

牛虻的伦理故事为何惊心动魄？这里面有这么一个问题：当一个人生命被感受为破碎时，应该如何生活。

基于"私人的痛苦"的伦理是否必然是革命意识的酵素？

个人情感受伤的事太寻常，也是太人性的事。生活不是按照理性的设计或个人的美好愿望发生的，而是各种意外机缘杂凑出来的，总会有一些人因人性的软弱而伤害别人，有一些人因无辜的懵懂过错而被伤害、平白无故情感诚挚而受伤。个人情感生命的破碎是一个社会政治问题呢，还是生命在体问题？如果个人情感的受伤是生命在体性问题，而不是社会政治问题，因情感的受伤寻求革命性的补偿就搞错了。人类有宗教，差不多就是为了化解"私人的痛苦"。耶稣、佛陀、庄子的教诲几乎都在开导人们如何化解自己"私人的痛苦"，这些教诲后来成了一种宗教伦理。牛虻不是从宗教伦理寻求化解自己"私人的痛苦"，而是借助于一场民族国家的革命。法国大革命以来，出现了一种动员个体身体的"私人的痛苦"起来革命的伦理。在丹东事件中，我们已经知道这一情形。革命者当然并非都是出于自己"私人的痛苦"。琼玛和玛梯尼也是革命者，但他们不是出于自己"私人的痛苦"，而是出于对社会政治问题的看法要革命。就个人情感来说，他们也有痛苦，他们的生命也破碎了。为什么他们的生活态度与牛虻不同？琼玛说牛虻"对人性的神圣不够重视"，究竟是什么原因，难道对人性的神圣非要重视不可？有人性的神圣这回事吗？

我很想搞清楚这些问题，搞清楚牛虻借助于一场民族国家的革命来化解自己"私人的痛苦"带来的伦理后果。

我晓得，这样想是犯法的。

犯什么法？

革命思想的道德法。丽莲的《牛虻》是革命者成长小说的典型，牛虻的人格典范哺育了不少革命者人格，一直是我们学习的榜样。他蔑视人性的神圣的行为才是神圣的，哪里可以质疑？在人民伦理的约束中，一个人不需要、也不允许想与自己的身体切身地相关的伦理问题。

可是，琼玛的眼泪和玛梯尼的抱慰让我无法释然。乘黄鼠狼还没有来，我想赶紧搞清这些问题。

我一无所获。

丽莲的讲法是革命故事的讲法，不是伦理故事的讲法：革命故事的讲法只有唯一的叙事主体，伦理故事的讲法是让每个人讲自己的故事，所谓多元的主体叙事。丽莲只让牛虻讲述自己的故事，使伦理故事变成了革命故事。要把革命故事还原为伦理故事，就得拆开丽莲编织的叙事。

如果让牛虻故事中的每一个当事人讲自己亲身经受过的故事，会怎么样？

那天夜里，黄鼠狼一直没有来。我躺在寂静的山坡上，望着缀满星斗的瓦蓝的夜空，眼前出现了玛梯尼和绮达、牛虻和琼玛以及蒙太尼里大主教，他们各自对我讲起自己的故事。

我不肯再"把身体借给他用"

事情是这样的。

我是个吉普赛姑娘,父母在流浪途中生下我。很小的时候,父母就把我寄养给祖母,我从来没有感受过人们常说的母爱或父爱。我一直觉得被父母遗弃了,我的生命感觉从小就不完整。父母伤害了我,他们生我是不负责任的。

我长得很漂亮,而且很性感,我的身体承受男人火燎燎的目光太多了,成为少女以后,人们说我"具有一种生气勃勃的野兽般的粗鲁的美"。也许这是父母带给我的唯一的生命资产。我原来相信,要是我长得不漂亮,我的命一定更惨。

结果呢?由于我长得漂亮,我的命才变得更惨。由于我长得漂亮,我的命才与牛虻缠在一起了。

牛虻流亡时途经我祖母家,他一见到我就对我入迷。本来他只打算歇一下脚,却为了我干脆寄宿在我祖母家,每时每刻围住我转,纠缠我。我迷恋上牛虻的热情和幽默。他也很有学识,懂得好多什么"主义",还有语言天赋,会写尖刻的文字,有满肚子的故事。同他在一起,我总是被逗得笑个不停。但牛虻只是喜欢我迷人的漂亮、性感的身体和野性的性格,并不爱我。我知道,只是喜欢我的身体和漂亮还不是爱,至少不是我想象的爱。我对爱的美好想象是精神的相互依恋融化在身体的相融中。可是,我并不能把握自己,虽然我知道牛虻只是喜欢我的身体,只要跟他在一起感到愉快,也就无所谓了。

我离开了祖母,和牛虻一起浪迹他乡。牛虻喜欢唱歌,我喜欢弹六弦琴。我们生活得好愉快,这样一起过了六年。有一天,他突然说要回意大利,当地一个秘密革命团体请他去主办一份革命小报。

对我们吉普赛人来说,在哪里生活都一样,只要能和自己心仪的人在一起。我随牛虻一起回到他小时候生活的地方。在那里,人们都知道我是牛虻的情人,但从此牛虻很少与我在一起,常跟他的革命同志们在外鬼混,忙他的事业,不像以前那样纠缠我,只是在需要我时才找我,不外乎抱着我吻我的乳头在我身上四处乱摸与我做爱而且匆匆忙忙。完事后他又去干自己的革命。牛虻常生病,但不像以前那样让我接近他,我总是坐在他的房门外候着。

我一直爱着牛虻,以一个女人的心爱他。牛虻说这种爱既是伊壁鸠鲁式的又是柏拉图式的,在身体情欲的沉溺中摸索精神的欢愉。他总喜欢对自自然然的事用什么"主义"来说明。我只知道,爱一个人就是晓得他的习惯,喜欢吃什么东西,什么时候想抽烟,爱听什么歌。我就这么爱着牛虻,虽然他对我越来越冷淡,我还是不断劝他,不要卷入革命,那是危险的事。

有一次,牛虻病了,他的革命同志来陪伴他。我实在忍不住,对牛虻的革命同志说:

"我恨你们这批人!你们到这儿来跟他谈政治,他就让你们通宵陪着他,并且让你们给他止痛的药吃,我呢,倒连在门缝里偷看一下都不敢!他跟你们到底是什么关系?你们有什么权利上这儿来把他从我手里抢过去?"

我的生活就这么破碎了。革命是我的情敌,我只想同牛虻过自然的生活,希望他爱我。但牛虻似乎更爱革命。

我实在搞不懂，为什么牛虻那么钟情革命，是一种精神上的刺激还是生理上的刺激？因为革命，牛虻变得对我很粗鲁，颐指气使。连琼玛也看不过去，她对牛虻说：

"我不懂你既然这样厌恶她，又为什么要跟她同居呢？照我看起来，这是对她的一种侮辱，对于一个女人的侮辱。"

"难道这就是你所说的一个女人吗？"

牛虻不承认我是一个女人——那我是什么？

我陪伴牛虻流亡好多年，作为一个女人陪伴他，我想你们应该不难理解我说作为一个女人陪伴他流亡的意思。他说我不是一个女人，难道不是对我的伤害？琼玛说过，他"对人性的神圣不够重视"，岂止不够重视，简直是在作践。

牛虻的革命同志玛梯尼是一个性情温厚得少见的男人，他也觉得牛虻对我"未免有点残忍"。也许，牛虻有两种对女人的需要，对我是伊壁鸠鲁式的需要，对琼玛是柏拉图式的需要。但我并不是伊壁鸠鲁式的女人，只晓得感官的沉溺。我们吉普赛人与犹太人不同，既对政治不感兴趣，也没兴趣赚钱，只钟情自然的生活。我们吉普赛人的生活观也与道家和佛家的自然生命观不同，我们不觉得人性的欲望是什么累赘。在自然人性的欲望中忘我，是很美的人生。自然人性的生活也是一种精神。

牛虻伤害我，是因为革命？我看不见得……自从他回到自己少年时生活的地方，就变得有些神经质。我不知道这是什么缘故。牛虻对蒙太尼里有一种奇特的感情，表面看起来，憎恨蒙太尼里到了疯狂的程度，骨子里对他有一种像见到久别的父亲那样的爱。我对牛虻说：

"不管是不是敌人,你是爱他的,爱他比世界上任何人都厉害。你敢对着我的脸说一声这是不确实的!"

牛虻承认:"这是确实的。"

有一次,牛虻外出搞秘密活动三个星期,回来后我欣喜万分,牛虻却对我冷冰冰的。他对我说,他一直以为,他离开我时,我会自己过活,会自己找朋友厮混。这一次,他才知道我"感觉到非常寂寞"。其实,牛虻是既自恋又自怜的男人,对我的生活感受从来就没有一点感觉。牛虻去干那桩偷运军火的秘密活动前,我与牛虻大吵一场。我对他说:"如果你是爱我的,你就不会这样丢开我,让我夜晚一睁开眼睛就猜想你有没有给人家捕去,一闭上眼睛就梦见你已经死掉了。你全不把我放在心上,当我比那只狗还不如!"

牛虻这时才承认"从来不曾爱过"我,但否认自己存心伤害我。这话让我伤心透了。他还说自己不相信、也不尊重"传统的道德法典",以为"男女之间的关系,只不过是个人的喜爱和不喜爱的问题"。我们吉普赛人倒不见得不赞同这种看法。问题是,他说从来没有喜欢过我,明明是在说谎,当初要不是他死缠着我,我也不会有今天这样的处境。况且,既然"从来不曾爱过"我,为什么又要与我在一起?我不懂,不爱我却与我同居,同我做爱,竟然说没有存心伤害我。我的身体只是牛虻干革命累了休息一下的温软枕头,或者解决干革命无法耗尽的性欲的工具。一个如此敏感、对痛苦和受屈辱如此敏感的人,竟然不知道我受的伤害!他不把我看作一个有感情、会受伤、生命也会破碎的女人,而只是他"从路上拾得来的"东西。他和他的一些同志一样,把我看成妓女,以为在他和我睡觉之前，我已同成打的男人睡过觉。你们这些后来听惯革命故事的人也一定这么看我，把我当下贱女人。的确，我是吉普赛人，性欲很强（革命者牛虻的性欲也很强，这我可以肯定地告诉你们），但我并不随便同男人睡觉。

既然牛虻对我说"从来不曾爱过"我，我只有离开他，跟一个爱我的吉普赛男人走。我不肯再"把身体借给他用"，我们吉普赛女人把人生看作流浪，看重人生流浪中的两情相依。我留给牛虻一张纸条："我是一个女人，我是爱过你的，就为了这个缘故，我不愿意再做你的婊子了。"

牛虻对我的出走感受如何？

他感觉自己挨了"一记耳光"，感到自己的自尊受了伤。用他的话说，自己的心被人"拖到污泥里，给过路人践踏"。好像我出走，受伤害的不是我，而是他，好像只有他的心才会受伤，只有他才有自尊心。我看他倒像有受伤过敏症。究竟什么使牛虻对自己受伤害那么敏感，对伤害别人竟然毫无知觉？革命者都是这样的么？

误会是生命的自然状态

事情是这样的。

牛虻回来之前，我一直是琼玛的好朋友。我恋着琼玛，喜欢她清纯、高贵的气质。在琼玛身边，我晦暗的生命变得有了和煦的阳光。每当心情不好，我就到琼玛屋里坐一阵子，只需要默默地看着她斟茶或者低头做针线，就会变得舒坦起来。我们待在一起，经常并不说什么话，各自做自己的事，但是在我们的时间和空间中，充盈着一种宁静、温馨的气氛。我不知道这是否就叫幸福,反正这就是我的幸福。

我的社会工作比琼玛多,难免有许多不顺心的事,时常搞得心情恶劣。琼玛有一种安慰人的心性,这是我心悦的女人:细腻、温柔、淳厚、安静,从不肆滥情感。她思维明晰,善解人意,有相当高的艺术鉴赏力和理解人的痛苦的感受力,懂得体谅别人的苦处,这种女人真是少见。同她在一起,你不会感觉到生活的重负。她从来不会用一些神经兮兮、莫名其妙的事来纠缠你。琼玛失去丈夫后,一直心情忧郁。但她从来不把自己的忧郁泼泻在别人身上,自己倒像一片温软的青草地,汲纳别人身上燥热的阳光。

实际上,琼玛非常不幸,她经历过三次接连不断的打击,生命早就破碎不堪。第一次是因为她错打了自己少女时代的好友一个耳光,那个少年为这耳光投海自杀了。琼玛说会为此痛苦地负疚终身。接着是她丈夫病逝和女儿夭折。还有什么比这些更悲惨?琼玛的痛苦,就是我的痛苦,如果我能抱慰琼玛的痛苦,就是我的幸福。我一直尽力想让琼玛从过去的受伤中走出来。过去做过的错事不可能挽回,况且那个少年为一个耳光自杀,我总觉得太夸张。死去的亲人固然是终身的悲恸,可是,我想她死去的丈夫和女儿也希望她好好活下来。琼玛听不进去。

一个人自己遭遇的不幸或自己无意中造成的不幸,远远超出了人的情感定义能力和道德判断能力。人们期待生命中幸福的相遇,而一生中遇到的大多是误会。生活是由无数偶然的、千差万别的欲望聚合起来的,幸福的相遇——相契的欲望个体的相遇是这种聚合中的例外,误会倒是常态。误会就是不该相遇却相遇了,本来想要遇到一个你,却遇到了一个他(她),该归罪于谁呢?个体欲望的实现需要一个对象性的你,一旦我的个体欲望把一个他(她)的个体欲望认作是我需要的你,误会就出现了。在我的生命想象的欲望中你与他(她)的错置,就是人生误会。除了我的欲望想象的自我误解,人们无法为人生误会找出归罪者,也无处提出起诉。人生误会既不是由神安排的,也不是人的理性出错,而是我的个体欲望在纷乱的生活中的自我迷失。有人喜欢用缘分来解释幸福的相遇,这无异于把个体欲望的偶然相遇解释成一个隐匿的世界理性的安排。人生误会令人对缘分的说法只能苦笑:不幸的相遇也是缘分?

误会是生命的自然状态,走出误会才能转入生命的自在境地。人只能在谅解和赦免中走出误会编织的生命之网。谅解不是遗忘,强迫遗忘自己的受伤或不幸,等于自己的受伤或不幸还在继续伤害自己。谅解伤害你的人或赦免自己偶然造成的过错,其实意味着:活着,但要记住,意味着生命的爱的意志比生命的受伤更有力量。

谅解不是说,受伤算不了什么,别人对我行的不义算不了什么;赦免自己的偶然过错,也不是说过错算不了什么,而是把我遭受的不义和不幸或我的过错导致的不幸转交给了上帝的爱,这爱是上帝为了承负世人不能承负的苦楚在自我牺牲中付出的。人自身并不具有谅解和赦免的能力,只有在上帝的爱中,人才获得了谅解和赦免人为的和自然的伤害的能力。能够谅解和赦免的,最终不是我们这些活在软弱的自然生命的偶然中的人,而是上帝之子基督。耶稣基督的生命就是受伤的生命,这是上帝的受伤。上帝受伤是为了我们在生命误会中的受伤不再伤害我们的生命想象，在受伤之后仍然相信生命中美好的可能性，把个体生命身上受伤和不幸的痕印化解成珍惜生命的意志。

这就是为什么，我虽然是革命者，仍然也是一个基督徒。革命只是为了改变没有自由、公义的社会制度，它无法消除个体在人生误会中的伤害或受伤。即便是基督的上帝，也不能精巧地设计出一种完美的社会制度，使个人根本避免偶然的伤害或受伤，不然他也用不着牺牲自己的儿子来承负不该他承负的人间苦楚。人生误会的伤害或受伤是人的生命自然牵缠的结果，上帝让自己的亲生儿子受致死的在世伤害，就是为了让我们不再活在自然牵缠的受伤中，而是活在他的受伤的爱之中。如果革命也要革掉基督的上帝的命，生命中无可避免的误会导致的伤害或受伤就只有把人为的加害当止痛药了。

琼玛！别再让苦楚的记忆吞噬自己，要珍惜自己的生命。我无数次在心里对琼玛这样说，生命的珍贵是上帝给予的。我已经感觉到琼玛变了许多。虽然我与琼玛是革命同志的友谊，在表达情感上，她对我一直态度暧昧，但我看得出，她对我与对别的革命同志不一样。琼玛对我虽然矜持，却很体贴。在琼玛的食橱里，时时都预备着我喜欢吃的糖果，她并没有给别的同志留这类东西，甚至牛虻也没有。这显然已超出了同志般的友谊。琼玛也感觉到我和她在性情上很相契。性情的相契才是幸福的相遇，找寻我的生命欲望所想象的你，就是找寻相契的性情，这比在大海里捞针还难。有好几次，我抓住琼玛的手想对她说：珍惜我们的相遇。

牛虻的出现，明显使琼玛的心情又变得恶劣起来。我不得不克制自己，不愿在她心绪十分脆弱的时候增加感情的纷扰。我一开始就觉得牛虻对琼玛的态度有些蹊跷,我对琼玛说过:"这个人很危险,他是神秘的、残酷的、无法无天的——而且他爱上你了!"当琼玛对我说,她与牛虻"已经连结在一起了",我觉得眼前一片漆黑。

情爱是最为纯粹也最为脆弱的自由。

琼玛喜欢我,但似乎对牛虻入迷。我不必为此觉得自己是天底下最不幸的人,在幸福与不幸之间,有相当宽阔的中间地带,我就站在这个地带吧。琼玛要跟牛虻去干那件我们都反对的偷运军火的事之前,也还想到要征求我的同意,说服我让她去,可见琼玛还是顾及我对她的牵挂,她并没有答应过我什么呀!琼玛看出来,这样的消息使我的感情深深受伤。我尽力把自己的伤心掩藏起来,不让琼玛有感情上的负担。她最终还是同牛虻走了。我并不因为琼玛不爱我而怨恨琼玛,我希望她得到自己的幸福。我只想弄清楚,牛虻是否疼爱琼玛。我直截了当地问过牛虻:"你爱她吗?"一旦知道了牛虻爱她,我甘愿代替牛虻去执行那件有生命危险的政治任务。我对牛虻说,如果我自己死了,琼玛"对我的伤悼不见得会像对你那么深切"。

牛虻嘲弄我的心愿只是"一套罗曼蒂克的自我牺牲"。他对我说:"如果死是我的任务,我就不得不完成。"

我回答他:"照你的意思,如果活是我的任务,我就不得不活下去了。你真是个幸运儿。"

我的情爱受伤时,连选择殉爱的死也受到牛虻的嘲弄。看得出来,牛虻是一个感情受过伤害的人。从自己的感情受伤,牛虻学会了轻易地、随便地,甚至自以为应该地伤害别人的情感,从自己的不幸中学会了让别人不幸。他是为了报复自己过去的生活世界而回来的。我并没有要与牛虻争夺琼玛，我不是牛虻的情敌，我崇尚爱的自由。

这是一种高尚的举动吗？不见得。我的性情如此而已。你们这些听革命故事的人，不要以为我是出于革命友谊而不与牛虻争夺琼玛。情爱的受伤是生活误会的自然现象。受伤的情爱有明智的和悲愤的，就像我的明智和绮达的悲愤，并没有崇高或卑劣之分。我的明智并非得自于我的革命者情怀，而是出自我的个人天性。

琼玛读到牛虻的那封遗书，哭得死去活来。

她为失去牛虻而哭，我还是要抱慰她，让她感觉到心碎的时候，仍然有人爱她。爱一个人，对我来说，就是无论如何让她觉得有一个人与她一起共享幸福和分担苦楚。对情爱大可不必夸张到神秘或神圣的地步，幸运的情爱不过是两个性情相合的人偶然相逢。人们见到不幸的情爱远比幸运的情爱多，不过是因为一个人在世的时候要遇上性情相合的人的机会几乎等于零，上帝从来没有许诺，也不能保障性情相契的两个人一定会相遇。

遗憾是生命的本质，如此而已。

幸运或不幸的情爱与革命或不革命毫无关系。牛虻身陷囚牢，即便不是为了革命，仅仅为了琼玛，我也甘心情愿冒生命危险去营救牛虻。

我其实是个极端的女人

事情是这样的。

我一直为误打了亚瑟一个耳光而负疚，背负着这一过错的重负生活了近二十年。人在少年时犯这类过错，是常

琼玛抱住了牛虻的头

见的事。若非因为别的原因，我也不见得会为这一过失如此负疚，以致毁了自己的青春。

亚瑟因那一耳光投海自杀了。

出事后那天夜里，我撞见蒙太尼里神父。我告诉他，"杀死亚瑟的人就是我"。神父对我说："我的孩子，你安心吧，杀他的人是我，不是你。我欺骗了他，他发现了。"我不懂这话是什么意思，也许神父想宽慰我。我不能释去重负的根本原因是：我爱亚瑟，竟然误打了他一耳光，而且是为了乔万尼。

我与乔万尼一起做革命的宣传工作，钦佩他的才干，但还没有到爱他的地步。亚瑟肯定有些吃醋。我在两性感情方面成熟得晚，那时根本不懂一个男人——更不用说两个男人对一个女人的情感。我也没有意识到自己其实是喜欢亚瑟的。当我知道误怪亚瑟，心里难过得要命，才意识到失去了自己爱的人。要不是因为当时父亲病重，我也想投河死掉算了。

父亲见我憔悴不堪，带我离开伤心之地去了伦敦。乔万尼追到伦敦，要娶我。他的确很爱我。但我答应嫁给乔万尼是出于痛苦，而不是爱情。因为乔万尼也为亚瑟的自杀感到负有责任，感到痛苦。我们的婚姻好像是对亚瑟自杀的献祭，我对玛梯尼说过，"是双方共同的苦痛把我们结合在一起的"。

我的生活实在太糟，真的是破碎不堪。与乔万尼结了婚，我感到对不起他，因为对他没有爱，我的爱在死去的亚瑟身上。可以想象，乔万尼在夜里抱着我赤裸的身子，没有爱的激情的身子，为另一个所爱的人而苦痛的身子，他会有什么感受。后来，乔万尼因干革命活动牺牲了。我觉得他是故意不小心，因为他感觉到我委身于他不是出于爱，而是同情。对他的死，我也感到负疚。我一向小心为人，却伤害了两个爱我的男人。这是我的过错？

我和乔万尼结婚第二年就有了一个女儿，她出生后不久就死了。

我真不想讲这些。后来讲革命故事的人总把我说成是一个坚忍的革命女性，这完全搞错了。我是一个女人，我为自己的痴爱疯狂过，也为自己的痴爱坚忍到现在。同志们都觉得我是很明智的女人，在讨论革命工作的策略和计划时，头脑很清醒，而且能坚守道德原则。可是，在牛虻要我帮助他偷运军火时，我明明同他在革命与暴力的问题上意见不合，还是同意了。我自欺欺人地要他向我保证："这桩事情不跟任何行刺或是任何暗杀发生关系。"我当然明白，偷运军火来不是为了搞行刺或搞暗杀，又能用来做什么？我主张温和的、"天鹅绒式"的革命。我明明反对暴力革命，还是答应牛虻帮他偷运军火，说明我因为他而放弃了自己的政治原则。我的同志们全都看错了，我其实是一个极端的女人，一个痴爱得癫疯的女人，为了少女时候的爱而极端、癫疯。

我爱上了牛虻？

不，我一点也不喜欢这个人，只是隐隐感觉到，他就是亚瑟，他没有死，他回来了。为了亚瑟，我完全丧失了判断力，违背自己的道德原则，而且——当然，这也是没有办法——伤害了玛梯尼。

我一直不明白，牛虻为什么不告诉我他的真实身份。从他的手的动作，我看到熟悉的小亚瑟的动姿和表情。我起疑心那天，去图书馆查了资料，南美探险队的时间与牛虹的流亡经历吻合。我一直收藏着几件令我平生伤痛的小东西：乔万尼给我的第一封信、他临终前握在手里的那束如今已经干枯的花瓣、夭折的女儿的一绺细弱的头发、我从父亲坟墓上带回的一片枯黄的树叶。最珍爱的是十岁亚瑟的照片，这是我生命的源头，我的初恋。他那秀丽的孩子气的头多么可爱，脸上的线条是敏感的、易受伤的，恳切的眼睛带有天使般的纯洁。我不能想象这颗灵魂、这个身体被我逐入污秽、卑贱、苦楚的恐怖之中。我仿佛进入了他的内心，进入了他的身体，亲历受践的灵魂无可奈何的战栗和肉体受折磨的痛楚。

牛虻很残忍、刻毒，一点不像我小的时候熟悉的亚瑟。我开始时根本无法接受这个人，甚至对他感到厌恶。可是，当我慢慢感觉出他就是我失去的亚瑟，我就失去了一切健全的理智和判断，甚至不再在意他的残忍和刻毒，最终伤害了我自己。

我有的时候觉得，牛虻是自私的。我想用自己的身心去维护牛虻，他却一直拒绝我分担他的痛楚。他明明知道我打的那一耳光是出于误会，我一直为这过失痛苦，而且为这过失，我的半生已经被毁掉了。他为什么不让我重新看到生活的光亮，让我重新抱住他的头亲吻？他想报复我吗？为了报复自己的不幸，他毁了我。

有好几次，牛虻的头蜷缩在我的臂弯里，或者抓住我的双手。我感觉得到，他的心在发抖。牛虻的内心实际很脆弱，但他只在我面前袒露内心的脆弱。有一次，我对他说，他对待绮达不公平，他没有权利侮辱一个女人。他向我承认，这是他生活中的"一段丑恶的纠葛"。他对我说："一个男人不是每天都能遇到一个可以……可以爱恋的女人的,而我……我是一个曾经陷溺过的人。我害怕……害怕黑暗。有时我是不敢单独过夜的。我需要一件活的……结实的东西在我身边。……我怕的是内在的黑暗。那儿并没有哭泣或咬牙的声音,只是寂寞……寂寞……"

这就是他可以轻贱绮达的理由?

牛虻是革命者,但他首先是一个男人,作为一个男人的革命者并没有什么特别,或者说,革命的男人也是各式各样的男人。他轻贱绮达,是一个男人对一个女人的轻贱。再说,一个女人不也是很难遇到一个自己爱恋的男人?一个男人轻贱一个女人的理由,轻贱一个女人只会因为她恶劣的品性。

我同牛虻去偷运军火的前一天夜里,玛梯尼有意让我和牛虻待在一起,我很感激玛梯尼。老实说,玛梯尼的心性比牛虻要好得多。我有时想象,要是与玛梯尼一起生活,定会幸福,他懂得抱慰我,我们的性情和生活信念都相合。我把握不了自己的情感,对亚瑟太痴,不想一想,牛虻根本已经不再是亚瑟。我要是懂得把初恋的伤感留在记忆的想象中,就不会错失自己的幸福。人往往只是为了一丝细小的情感而抛出了整个生命,在情感的某一个尖锐点上牺牲了一生的幸福。

那天夜里,星星都躲起来了,没有月光,只有一缕烛光照着我和牛虻。我们两个人虽然性情不和,却因一段少时的感情而缠结在一起。牛虻躺在我坐的椅子前面的地毯上,抓住我的手,用指尖轻轻抚摸我的手心和手背。然后同我一起吃甜饼干、喝酒,说"这也是一种圣餐",他还有少年当神学生时把自己看作是基督的感觉。他总不放过一切机会攻击教会,我不懂这是为什么。

他把头靠在我的膝盖上,用手捂着脸,我俯下身子,用手抱着他的头。就这样,有好一阵子谁也没有说话。好安静的夜,我们都知道,这次行动凶多吉少。我没有悲壮感,我只是为亚瑟而去。

末了,我对他说:"也许从今以后我们永远不能再见面。你没有什么话要对我说了吗?"

玛梯尼突然回来了。

他并没有提前回来,他很守时。不过,牛虻已经没有时间对我说最后的话了,本来,他已经准备对我说出真相,也就是他临刑前给我的信中说的话。

我十分清楚,我的不幸与革命没有一丁点关系。不要以为革命才使我遭遇这一切。我所遭遇的,都是生活中自然而然可能遭遇的。不是革命,而是我的痴爱让我不幸。没有必要夸张革命者的情爱。

亚瑟的第二次死,使我的后半生也毁了。我再也无法回到玛梯尼的怀抱,尽管他抱住了痛哭的我。

"你不该蔑视一颗破碎的、痛悔的心"

事情是这样的。

我做修士的时候,爱上了葛兰第斯。她是个美得让人不知所以的女人,有一张圣洁的脸。如果有谁问我,什么叫迷人的女人味,我会回答说,看一眼葛兰第斯的笑就知道了。世上竟会有这么迷人的女人,我真的觉得不可思议。

软弱,人性的软弱,而且是那么瞬间的软弱,让我犯下了过错。不管怎么说,葛兰第斯也爱我。我们在后花园

少年牛虻和神父在一起

幽会，在干草堆里度过欢爱的时刻。葛兰第斯有了身孕，我无法同她结婚，因为母亲要我做神职，我没有违抗母亲心愿的勇气。我申请修会批准我去中国最贫苦的山区贵州传道。我想靠苦行来涤除我的罪。从中国回来，葛兰第斯已病逝。自我们的事发后，她就患了恐惧症，后来嫁给了勃尔顿，但身体一天天坏下去。亚瑟虽然名义上不是我的儿子，但事实上是我和葛兰第斯的儿子。我也一直把他视为自己的儿子，但我不能让他知道。亚瑟很爱我，这是对一个神父、一个教会中德高望重的长者的爱。我知道他参加革命组织后，非常不安。我能理解这种革命的愿望，但太危险。我担心亚瑟出事，我已失去了葛兰第斯，不能再失去亚瑟。

命运再一次打击我。亚瑟从牢里出来，是我出的力。但他的同父异母兄弟把他的真实身份告诉了他，亚瑟受不了，投海自杀了。实际上是我杀了他，杀了我的亲生儿子。

这当然不是上帝的过错，而是我的过错。亚瑟知道真相后，拿铁锤砸碎耶稣蒙难像是不对的。他受的屈辱是我——一个有罪的凡人造成的，不是耶稣造成的。亚瑟还没有懂耶稣受难的意义，这也说明我的神学教育无方。耶稣就在羞辱、污秽、屈辱、苦楚之中。亚瑟在给我的临别信中说："我相信你跟相信上帝一样。"亚瑟这样说，表明他在神学院学了几年，还没有入门。我当然不跟上帝一样，怎么能相信我就等于相信上帝呢？恨我怎么就要恨上帝呢？没有上帝，我这罪人怎么活下去？亚瑟还不能区分人的罪与上帝的义。这不能怪他，他太年轻。

是的，我没有亲自告诉他事情真相，是我的过错。如果我向他忏悔，也许会好得多。亚瑟认为我向他说谎、欺骗了他，对我是不公平的。我没有说谎，因为我什么也没有说。我只是特别地关照他。

亚瑟死后，我的心碎了。我觉得主的手太沉重。我常常一个人跪在祭坛面前忏悔、祷告，无泪地呜咽。幸好经上写道："你不该蔑视一颗破碎的、痛悔的心。"

牛虻出现时，我完全没有想到他就是亚瑟。这是一个刻毒的人，声称自己偷运军火是为了"杀老鼠"。好像他的邻人在思想上与他不一致，就可以把他们当老鼠来灭除。据波拉太太琼玛说，这个人蔑视人性的神圣，看来是真的。可是，为什么？因为他的心被别人伤害过，他就可以这样对待世人、对待生活？

牛虻好像对我怀有一种特别的怨恨，好像他对教会的仇恨，都是由我造成的。他嘲讽、耍弄我，私自闯入我个人伤痛的深处，把我破碎的心当作嘲笑和戏谑的佐料。事实上，我觉得他的品性本来并不坏，他是一个勇敢无畏的人。但他为什么对我那么刻毒？

牛虻因偷运军火被捕，我去监狱看他，这是我作为神父的职责。啊，我的上帝！他在囚室里告诉我，他就是亚瑟！上帝啊，请不要这样。

这是事实，这是命运。我想帮助他逃跑，我想再一次救他，他是我的儿子。

可是，他要我在爱上帝与爱亲生儿子之间做出选择。他对我说："你说你爱我——你的爱已经使我够瞧了！你以为我听了几句甜言蜜语，就能把前账一笔勾销，重新做你的亚瑟吗？"他激动得不能自已，好像终于有了机会当面控诉我，说他受的苦足够使我放弃我的主，我的上帝是一个骗子，上帝的创伤是装出来的，上帝的痛苦完全是做戏。

他质问我，复活的耶稣到底为我做了什么。

这些话未免太过分了。牛虻要我的人性的软弱变成反抗上帝的坚毅！啊，我的儿子怎么会变成这样！他把我早已破碎的心放在一个小盅里像捣蒜头那样捣。他是为了践踏我已破碎的心才回来的吗？我突然感到心里一阵绞痛，剧烈的绞痛⋯⋯

讲革命故事的丽莲以为我开始憎恨上帝了，以为我在牛虻的质问面前理屈词穷了，以为我开始觉得上帝只是用"两片染满鲜血的嘴唇微笑着，俯视着人类的苦难和死亡"。这话是丽莲编的，不是我说的。丽莲与牛虻一样，把人的罪过嫁祸于上帝，把人类相互残害的鲜血归罪于基督。他们都错了。基督的鲜血是为了赎人类相互残害的鲜血的酱色、使之重新变得鲜红而流的。

更可笑的是，丽莲把我的悔罪变成上帝的悔罪，似乎上帝对人类犯下了滔天大罪。这是一种夸张的、混乱得一塌糊涂的无神论思维。不，这是一种新的有神论！牛虻觉得自己才是上帝，我的上帝占据了他应占的位置。牛虻竟然说，耶稣只在十字架上被钉了六个小时，他在十字架上被钉了整整五年，他比耶稣还要伟大，就像罗伯斯庇尔要疯之前说的："我和耶稣比起来，谁的牺牲的精神更大呢？"

的确，我的儿子死了，我的丧子之痛令我能够体会到让自己的儿子钉死在十字架上的圣父的苦楚，看到圣父竟丢开自己的亲生儿子，让他去遭受悲惨的命运，为人类赎罪的血就在圣子耶稣身上。我不明白的是，有的人因为自己个人的痛苦而信了主的救恩，有的人因为自己个人的痛苦成了主的仇人。

这究竟是什么原因呢？

也许是因为个人偶然的性情。一个人的性情是自然而然地被造化出来的，上帝管不了人的性情。上帝造人的教义说的只是，人的生命的神圣性是上帝的受死造就的；无论人的自然生命如何的偶然，都不应该蔑视一个人生命的脆弱。

牛虻的怨毒既是我的罪过造成的，也是他的性情造成的。但他毕竟是我的儿子，因此是我私人的痛苦。牛虻不仅觉得我欺骗了他，也觉得他的母亲欺骗了他。他的怨恨是对我和葛兰第斯的爱情的嘲弄。我因为这爱而铸造了无比的怨毒。他毕竟是我和他母亲的爱的结晶。……我一生都爱葛兰第斯。我老了，知道自己时日不多。我多么渴望能进入安葬葛兰第斯的墓穴，与她长眠在一起。啊，我的胸口为什么那么绞痛……

我就是无辜的人民

事情是这样的。

本来我可以过好端端的生活，却被那个神父骗了。我喜欢琼玛，波拉却老是围着她转，我妒火中烧。其实，我们都是一个镇上一起长大的伙伴。那时，我在神学院念书，琼玛和波拉刚从中学毕业，准备上大学，我们一起参加了一个革命团体的活动，只不过琼玛和波拉比我参加得早些。

虽然波拉是我的革命同志，并不等于因此有权利围着我的琼玛转，我产生醋意也是太自然不过的事。鬼使神差，我却要为这事跑去向神父忏悔，喜欢一个女孩子有什么好忏悔！没想到这神父告了密，害得波拉和我都入了狱。同志们还以为是我出卖了波拉。为这事，琼玛打了我一耳光。多可怕的事！我心爱的人打了我一耳光，而且是为波拉打的。在我心中，琼玛是温柔可爱的圣女，我竟然因为波拉挨了她一耳光。

更可怕的是，从狱里出来，我的异母兄弟勃尔顿告诉我，我是私生子，我的亲生父亲就是我无比敬爱的蒙太尼里神父。什么叫私生子？这是耻辱的印记，高贵身份的剥夺，终生受人蔑视。我极为敏感，自尊到有些神经质的地步，有什么不对吗？我能决定自己的性情吗？显然，我的血液里有高贵的血统，我的母亲是英国贵族。私生子的标记使我高贵的血统全都化作泡影。为什么偏偏我成了私生子？他们有什么权利让我成为私生子，我同意过吗？为什么他们要让我一生下来就带有羞辱的胎记？你不妨想一想，带着私生子的标记怎样生活？

我不得不出逃，逃离这个耻辱之地。我宁可在谁也不知道我的底细的异乡当乞丐，也不愿在耻辱之地让人在我背后叽叽喳喳，说三道四。我制造了自杀的假象，爬上一艘远轮让自己消失了。十几年来，我四处流浪，身上印满了受苦受辱的瘢痕。这一切当然都该算在蒙太尼里神父和琼玛账上，尤其要算在蒙太尼里账上。我的受苦受辱都是蒙太尼里的罪过，不，是他的上帝的罪过。我要报复。所有的教士都是伪善者，对付他们，最好用短刀和尖刻的嘲讽。

机会来了！家乡的同志聘我去写攻击教会的小册子。十几年的流浪已经改变了我，他们没有谁还能认得出我，况且他们都以为亚瑟早就死了。当然，我已经不是亚瑟，而是牛虻，是让上帝、人性、爱、宽恕、教会感到不舒服

牛虻在战斗

的牛虻。

琼玛一见我就觉得我太冷酷,甚至残酷。她懂什么残酷?她对什么都慈悲为怀,却从来不知道灵魂——一个挣扎的人的灵魂受辱。

琼玛似乎有点疑心我就是亚瑟。我已经知道,当初她并不爱波拉,而是爱我。她打我那一耳光是误会,她为此一直悔恨得要命。就让她悔恨吧,让她尝够悔恨的痛苦,让痛心的悔恨啮噬她的灵魂吧,为什么不呢?同情?!谁同情过我?

我的心也有脆弱的时候,看到琼玛实在痛苦,也于心不忍。有一次,我竟然在她跟前跪下来,把脸埋到她的裙裾里,心里喊道,只要不再让我遭受祸害和受委屈,我就会重新变成她的亚瑟。

"啊,不,不!我怎么能忘掉这一切?!把我推到地狱里去的不正是她——用自己的右手打我耳光的不正是她?"我心中的另一个我,永不宽宥受伤害的我如此喊道。

对蒙太尼里也是这样。有一次,我无意中偷偷看到他在忏悔,不,是痛悔。他那断断续续的低语充满了无尽的绝望,最终沉入听起来让人心颤的无泪呜咽。我不该蔑视一颗破碎、痛悔的心吗?它还在流血啊!其实,要治好这颗破碎、痛悔的心,对我来说是举手之劳。还有琼玛,那头乌黑的秀发中一绺白发正在蔓延。只要我能够宽恕,愿意宽恕,能够从自己的记忆中刳除那受辱的瘢痕——那个耳光、私生子的标记,以及随之而来的拉斯加、甘蔗地、杂耍班的屈辱。

不,不能宽恕,不应该宽恕!天底下没有比我所经受的更悲惨的事了。

的确，要不是旧恨每每在我心软的时候涌上心头，我就动摇了。这就是我的坚强的革命意志。

我受的最后考验是在死囚牢里。我已被判了死刑，蒙太尼里来看我，我已把脸埋在他的臂膀里，从头到脚都在发抖，我差一点又动摇了。

幸好，他竟然对我讲起什么要避免暴动和流血，讲什么保全无辜的人民。谁是无辜的人民？我就是无辜的人民！说我手上会染有他人的血，难道你蒙太尼里手上没有染上我的血？！我们无神论者不像你们教士那样虚伪，我们敢担当手上染的血。手上有别人的血，有什么不得了？人类的进步就是人血划出来的历史曲线，为什么耶稣在十字架上流的血就是宝血，我们为了历史的进步、人民的解放事业让人流的血就是无辜的血？教士的逻辑多么可笑！

我干脆告诉蒙太尼里，我就是亚瑟。

看他那副痛苦不堪的样子，既让我可怜，又让我愉快。其实，只要他放弃基督教信仰，成为我们一样的无神论者，我就可以再认他为父，那样才证明他认同了我的受苦。我对他说："你和我站在一个深渊的两边，要想隔着它两人携手是办不到的。……如果你爱我，就把你脖子上的十字架取下来，……我不接受你那上帝的唾余。"与我一起做虚无主义者——这样就会重新成为我的父亲，还是继续做神父，由他自己选择吧。

啊？他说什么我把他的心撕成了两半？要逼他发疯？他不曾把我的心撕成两半？他不曾逼我发疯？是他先把我的心撕成两半。我对他正言道："什么，你有什么权利——说我好像是要对你复仇！难道你还不明白我只是要救你吗？难道你永远不明白我是爱你的吗？"可怜的神父，念了十几年神学，讲了一辈子道，还不知道什么是真正的得救和爱。难怪马志尼同志说，应该让教士们学会真正的上帝崇拜，一点没错。

蒙太尼里双手掩面，哭了起来。已经那么大年纪的人了，竟哭得那么伤心。算了，我听都懒得听，干脆用毯子把头蒙起来。

其实，我心里也难过得要命，他毕竟是我父亲。他走后，我也哭起来。我拾起父亲失落在地上的手帕，在上面亲吻、哭泣。讲革命故事的人不要夸张我的坚毅，我心里有时也很脆弱。

听革命故事的人们不要误以为我为了人民向教会宣战。我只为了自己未经同意的私生子的私怨，革命是为了要求赔偿我的生父带给我的受辱。不错，那是他偶然犯下的过错，生活中这类过错的确多的是。我自己也有过不那么光彩的事。但为什么偏偏是我要承受他的偶然过错的后果？我就是想不通。你说我的心态有毛病？我倒想问，谁的心态没有毛病？

我多次说过，这是我"私人的痛苦"，革命理想为我这"私人的痛苦"提供了复仇的机会。难道一切痛苦不都是"私人的"？难道为了"私人的痛苦"去报复应该害羞？自由、民主、人民的苦难，都是为了抹去"私人的痛苦"借来用的口号！就像绮达是我在流亡中借来用的身体。我敢说，总有一天，人们不再需要这些口号，就可以复仇。这就是平等！我的自由制造流血，就是为了有一天报复私人的痛苦不再需要害羞，不再需要像我这样乔装打扮，不再需要经过流亡。到那时，没有教会，只有人民民主专政的法庭。为了建立这样的法庭，牺牲我自己的生命是值得的。

你们应该记住我的牺牲,永远纪念我这个革命烈士。

天亮以后

在玉米地里睡觉,与清晨相逢很特别。我醒来的时候,感觉自己被曙色抱在怀里。

没有想到,一梦醒来,天地不同了。这是一个全新的早晨,从来没有过的早晨。梦中牛虻和他的父亲、情人和她的情人的诉说,唤醒了我的一场大梦——牛虻的革命神话的大梦,做了差不多五年的大梦。牛虻的父亲、情人和默默爱她的情人都令我感动,只有牛虻不再让我激动,我觉得他有点可怕——我也说不出这是为什么,心中一点感触而已。

要是能像玛梯尼那样去抱慰琼玛的哭泣,该有多好;要是琼玛早点从自己愚情般的痴爱中醒过来去抱住玛梯尼,该有多好……

沉重的肉身

卡吉娅身体的丰盈和阿蕾特身体的沉重

　　大约三千年前,赫拉克勒斯(Herakles)经历过青春期的情感骚乱之后,离了婚,过起自在的独居生活,以便把自己下一步生活之路的走法想清楚。那个时候,还没有婚姻法一类的法律,所谓离婚,不过就是婚姻中的任何一方说一句"我想离开你"。

　　赫拉克勒斯并没有打算过独身的生活,他不觉得那是完整的生活,而只是自己人生旅程中一个临时的僻静处。

　　同年夏天,赫拉克勒斯坐在自己人生僻静处的树下读荷马的《奥德修斯》,见到两个女人朝自己走来。赫拉克勒斯隐隐约约地感觉到:这两个女人将是自己要面对的两条不同的生命道路,一条通向美好,另一条通向邪恶,尽管两条道路的名称都叫幸福。

讲这个"十字路口上的赫拉克勒斯"故事的希腊智者普罗狄科（Prodikos）说，赫拉克勒斯是宙斯不小心与某个女人在某个未经约定的沉溺之时偶然留下的一道生命痕迹。由于赫拉克勒斯生得过于偶然，宙斯给了他一项在世使命：消除人世间的一切不幸。这项使命艰巨得要赫拉克勒斯的命。为了补偿赫拉克勒斯生命的过重负担，宙斯赋予了他一种特殊的魔力——编织言语织体的能力。于是，赫拉克勒斯偶然地成了男性力量的原型。编织言语织体几乎成了男人的身体，或者说，男人的身体掉进自己编织的言语织体中被淹没了，只有一个没有身体的躯壳在世间游荡，编织言语的世界成了男人的身体欲望。

两个女人的身体对于只有躯壳、没有身体的男人赫拉克勒斯来说，正是自己渴求的体温。没有身体的躯壳行动不便，活起来累得慌。这就是赫拉克勒斯不想过独身生活的原因。

朝着赫拉克勒斯走来的两位女人分别叫卡吉娅和阿蕾特。卡吉娅生得"肌体丰盈而柔软，脸上涂涂抹抹"，"穿着最足以使青春光彩焕发的袍子"，走路时女性体态的性征显得格外突出。用现代话说，卡吉娅生得颇富性感，一副懂得享用生命的样子。

阿蕾特生得质朴，恬美，气质剔透，"身上装饰纯净，眼神谦和，仪态端庄，身穿白袍"。她自称与神明有特殊关系，是神明的伴侣，因为她浑身是偶然。

两位女人都生得光艳亮丽，尽管是两种品质不同的亮丽，把赫拉克勒斯照得通体透明。她们盼顾着独坐在人生僻静处的赫拉克勒斯，想赢得有编织言语织体能力的这个男人。

卡吉娅紧走几步，抢先走近赫拉克勒斯，伸出丰润的手臂搂着他的肩说：

阿赫呀，我看你好踌躇，不知选哪条道路走向生活才好。要是你跟我好，我会领你走在最快乐、最舒适的人生路上，你将尝到各式各样欢乐的滋味，一辈子不会遇到丁点辛苦。比如，夏天我会为你找冰雪来降温，冬天为了你睡得舒服，我会寻找最柔软的被褥，即便你懒洋洋的时候，我也晓得如何让你想要和我做……总之，你可以活得轻轻松松、快快乐乐：随心所欲闻生活中的各种香味，欣赏自己喜好的任何东西，与任何一个你喜欢的女人玩、睡得舒舒适适，你还可以把男人当女人用……

请问你叫什么名字？赫拉克勒斯问。
"喜欢我的朋友叫我幸福，恨我的人给我起个绰号叫邪恶。"

阿蕾特的眼睛天生带有湿润的忧伤，总好像刚刚哭过三天三夜似的。她站在一旁，怯生生地对赫拉克勒斯说：

神明赐予人的一切美好的东西，没有一样是不需要辛苦努力就可以获得的；要是你想身体强健，就得使身体成为心灵的仆人。与我在一起，你可以听到生活中最美好的声音，领略到人生中最美好的景致。卡吉娅只会使你的身体脆弱不堪，心灵没有智慧。她带给你的生活虽然轻逸，但只是享乐，我带给你的生活虽然沉重，却很美好。享乐和美好尽管都是幸福，质地完全不同。

这个名为"十字路口上的赫拉克勒斯"的故事，两千多年前就经过了三个人转述：普罗狄科讲给苏格拉底听，苏格拉底讲给自己的学生色诺芬听，色诺芬又讲给自己的学生听。①苏格拉底讲给色诺芬听时，没有讲普罗狄科如何讲赫拉克勒斯最终的选择，而是用"你应该与阿蕾特一起"的道德指令结束了故事。

卡吉娅和阿蕾特本来都不是女人的名字，而是专有道德名词：希腊文Kακία的意思是"邪恶、淫荡"；Ἀρετή的意思是"美德、美好"。本来，就肉身的天然体质来说，这两个女人的身体并没有什么差别。经过苏格拉底的叙事，卡吉娅的身体向赫拉克勒斯期许的感官的适意、丰满和享受就成了"邪恶、淫荡"，阿蕾特的身体期许的辛劳、沉重和美好就成了"美德、美好"。

女人身体的伦理价值是男人的叙述构造出来的？

为什么同样是女性的身体，苏格拉底这个男人要通过叙事编织的言语织体来区分丰盈的轻逸和美好的沉重？苏格拉底算是欧洲的伦理思想之父。什么叫伦理问题？从苏格拉底复述的这则故事来看，伦理问题就是关于一个人的偶然生命的幸福以及如何获得幸福，关键词是：个人命运、幸福、德行（如何获得幸福的生活实践），都围绕着一个人如何处置自己的身体。

伦理就是一个人对自己身体在世的态度，伦理中的成文或不成文规例就是道德规范。世界上所有古老的道德规

---

① 参见色诺芬，《回忆苏格拉底》，吴永泉译，北京：商务印书馆，1984，第48-50页。

范都是男人按自身的意愿编织出来的。苏格拉底非常迷信天神,他把自己身体的幸福与神明联系在一起,看不起身体自在的感觉的幸福。于是,他就让卡吉娅和阿蕾特的身体变得在伦理价值上有了天壤之别。苏格拉底看到,当时的希腊社会对于幸福的理解各说不一,他想统一希腊人的幸福观。

一个人生命的幸福意味着不朽。所谓不朽,有两种意思。要么是说,我的身体感觉经历到的悲和欢(要小心,不一定只有欢)属于我,不朽的意思不是不死的,而是属我的;要么是说,我的身体感觉经历到的悲欢只是感觉而已,我的身体必须紧紧拉住神明的衣襟,沾染一些神明的光润才能不朽,不朽的意思在这里也不是不死的,而是美好的。所以,幸福的或者不朽的,不等于就是美好的。在苏格拉底的叙事中,阿蕾特对卡吉娅说:

> 你虽然是不朽的,然而却是被神明所弃绝的,是善良的人们所不齿的。一切声音中最美好的声音、赞美的声音,你听不到;一切景致中最美好的景致你也看不到,因为你从来没有看到自己做过什么美好的事情。

幸福还不是最高的伦理价值,美好才是。什么叫美好的生活?按阿蕾特的说法,当身体是灵魂的仆人时,生活就是美好的,只有灵魂才可能拉住神明的衣襟。卡吉娅只知道身体的感觉,不知道灵魂,所以不晓得美好的滋味。幸福也可以通过单纯身体的感官享乐获得,但美好的幸福只有通过身体成为灵魂的居所——因此身体会觉得沉重、艰辛——来获得。卡吉娅的"幸福"的别名之所以叫"邪恶"，就因为身体只为了身体的快乐，就好像苏格拉底的另一位学生柏拉图说的，为了艺术的艺术就是邪恶。

听苏格拉底讲"十字路口上的赫拉克勒斯"故事的色诺芬本来想问：为了能体验到美好的生命，让身体承负灵魂而变得辛劳和沉重是否真有必要？"等待对美好事物发生欲望的耐心"是否必需？走向美好的生命时辰，为什么就"不能抄近路"？生命之路为什么不可以走得轻逸些？

老师苏格拉底既然没有进一步说，色诺芬便不敢多问。他只是觉得，苏格拉底最后的那句话语重心长："你把这些事放在心上，对你当前的生活好好地加以考虑，那是值得的。"

苏格拉底尽管没有给自己的学生一道道德指令了事，而是让学生们"好好地加以考虑"，但他复述普罗狄科讲的故事时的讲法已经铺设了"你必须与阿蕾特一起生活"的伦理指示。

自有言语以来，男人们一直在以不同的叙事形式述说着相同的话题：关于男人自己的躯体及其与另一个或一些身体的种种纠缠。每一个"我在"的身体都诞生于偶然，我在的言说就是偶在之偶然的肉身性呢喃。言说是男人没有身体的躯壳渴慕女性大地般的身体时发出的嘘气，男人渴慕肉身的呢喃缭绕着女人的身体，以至于女人的身体以为那就是自身需要的气息。卡吉娅和阿蕾特说的那些话，看起来好像因为她们的身体感觉不同，其实是男人普罗狄科和苏格拉底用言语编织的自己对女人身体的伦理想象。女人的身体是亘古不变的男人想象的空间，男人的言语就像这空间的季候，一会儿潮湿，一会儿干燥。女人的身体为了适应男人言语的季候，必须时常变换衣服，不然就会产生病痛。

苏格拉底的叙事是他编织的伦理言语织体,这且不管。我关心的是,在面对这两位女人感到前所未有过的彷徨时,赫拉克勒斯究竟怎么办了。这两个女人是不同的"幸福",赫拉克勒斯拿不定主意,究竟该在哪一个女人的身体上获得幸福,使自己的躯壳重新胀满,这可意味着选择该走哪一条人生路啊!

赫拉克勒斯最终选择了谁?其生命的结果又如何?

托马斯的命运与两个女人的身体

赫拉克勒斯面对两个女人的身体期许,感觉自己彷徨在人生十字路口。苏格拉底的叙事掩盖了赫拉克勒斯的伦理困境近两千年。当时,色诺芬向苏格拉底刨根问底是不可能的,他还没有意识到人的不同的自然欲望有平等的权利。现代的启蒙运动以后,同样经过男人们的叙事,自然欲望有了平等的权利——比如,丹东通过妓女玛丽昂为卡吉娅的感觉正名,才可能有人——譬如说尼采——顶撞苏格拉底。

在苏格拉底那里,幸福是有区分的,一个是邪恶的幸福,一个是美德的幸福。在这两种幸福的身体情状中,肉身感觉是不同的。邪恶的幸福感觉是轻逸,美好的幸福感觉是沉重。身体感觉有差异,没有什么好奇怪的。苏格拉底犯的错误不在于区分不同的身体感觉,而在于建立了不平等的身体感觉秩序。所谓"邪恶的"与"美好的"谓词,就使卡吉娅和阿蕾特不同的身体感觉在伦理上不平等。

▲ 在乡村生活的特丽莎

自然欲望的自然权利的启蒙,就是要勾销这种身体感觉差异的不平等:无论什么样的身体感觉在伦理价值上都是平等的。

现代启蒙之后——不同的身体感觉平等以后,赫拉克勒斯的伦理困境是否没有了?

在启蒙后的现代气候中,昆德拉编织了与"十字路口上的赫拉克勒斯"的故事相似的关于一个男人与两个女人的身体的故事:《笑忘书》中的卡瑞尔与伊娃和玛吉达,《生命中不能承受之轻》中的托马斯与萨宾娜和特丽莎。[①]

托马斯与萨宾娜和特丽莎的相逢与两千多年前普罗狄科讲述的赫拉克勒斯故事一模一样。可以断定,昆德拉想把普罗狄科讲过的故事接着讲下去。普罗狄科和苏格拉底

---

① 昆德拉,《生命中不能承受之轻》,韩少功、韩刚译,北京:作家出版社,1989;昆德拉,《笑忘书》,吕嘉行译,台北:林白出版社,1988。

都隐瞒了赫拉克勒斯最终的选择,我们不知道赫拉克勒斯如果选择了卡吉娅会怎么样,或者选择了阿蕾特会怎么样。昆德拉讲托马斯与萨宾娜和特丽莎的故事,差不多等于提出了色诺芬当时不敢向苏格拉底提出的问题。

让我们假设这样一种情况,在世界的某一地方,每一个人都有一个曾经是自己身体一部分的伴侣。托马斯的另一半就是他梦见的年轻女子。问题在于,人找不到自己的那一半。相反,有一个人用一个草篮把特丽莎送给了他。假如后来他又碰到了那位意味着自己的一半的女郎,那又怎么办呢?他更钟爱哪一位?来自草篮的女子,还是来自柏拉图假说的女子?(《生命中不能承受之轻》,第256页)

赫拉克勒斯当时面临的是同样的问题,色诺芬想问的也差不多是这类问题。问题是旧的,什么是新的?女人的肉身在男人的言语织体中被编织的方式。

特丽莎像阿蕾特一样自荐后,闯入托马斯的独处生活,把托马斯的心搅乱了,就像当年阿蕾特把赫拉克勒斯搞得心神不定。这倒不是因为托马斯在特丽莎说话之前已经挽住了萨宾娜向他先伸出的丰润的手臂,已经体感到自己的躯壳与萨宾娜的身体肌肤相融,而是因为特丽莎的出现泛起的美好涟漪把托马斯搞得魂不守舍,使他感觉到身体感觉还是有美好和无关美好的差别。在价值感觉启蒙之后的时代,托马斯重新面临那个让赫拉克勒斯伤脑筋的问题:"美好的"身体感觉是否在价值上高于无关美好的——已经不能说是"邪恶的"——身体感觉。

萨宾娜像卡吉娅那样许诺,不给托马斯带来生命的沉重感：生命是享受，而非辛劳和沉重。苏格拉底的叙事中隐含的道德指令是："你应该与阿蕾特一起。"托马斯与特丽莎相逢后，昆德拉却让托马斯老问自己："为什么非如此不可？"为什么一定要与特丽莎一起？托马斯与"十字路口上的赫拉克勒斯"一样，仍然面临两个女人身体的差异：感觉的快乐与感觉的沉重。如果没有身体感觉的差异，托马斯就没有什么可彷徨的了，选择哪一个身体为自己的生命伴侣都可以。

这就是现代男人顶撞苏格拉底时提出的疑问。

什么叫生命的沉重？昆德拉的说法与苏格拉底的讲法差不多：

> 也许最沉重的负担同时也是一种生活最为充实的象征，负担越沉，我们的生活也就越贴近大地，越趋近真切和实在。(《生命中不能承受之轻》，第3页)

在现代男人的言语织体中，身体沉重的含义没有变，改变了的是对轻逸的评价：什么叫轻逸？与萨宾娜一起（说与卡吉娅一起也一样），生命显得轻逸，有什么不可以？昆德拉让托马斯既选择了萨宾娜轻逸的丰润，又选择了特丽莎沉重的美好。

托马斯生命之路的结果如何？不仅现代男人有询问生命的幸福的权利，现代女人同样有这样的权利，因此也要关心，萨宾娜和特丽莎生命之路的结果如何？

萨宾娜颠覆"美好"的幸福

托马斯在两个女人身体面前的彷徨与赫拉克勒斯的彷徨不一样,因为现代男人的言语季候变了。现代之后的季候是,女人的身体感觉已经没有邪恶与美好、淫荡与轻逸的价值不平等,只是感觉价值的不同而已。

在苏格拉底的叙事中,卡吉娅的身体为了感觉的感觉被判为邪恶、淫荡,在感觉价值的谱系上与阿蕾特的身体处于对立的低下位置。在昆德拉的叙事中,萨宾娜的身体与特丽莎的身体尽管仍然有差异,仍然与不同的幸福相关,但是,这些身体感觉或幸福的差异不再具有道德对立的含义,不再像邪恶与美好之类的对立听起来那么刺耳。两种身体感觉在价值上是平等的,如妓女玛丽昂在法国大革命中说的:鲜花也好、玩具也好、圣物也好,感觉都是一样的。这意思不是说,两种身体感觉真的没有什么差别,而是说,它们没有价值上的高低之别。

托马斯坦然地与萨宾娜一起玩各种性游戏,体感到卡吉娅向赫拉克勒斯许诺而赫拉克勒斯没有福分享受到的各种快乐滋味。可是,人们不能忘记,托马斯能坦然地挽住萨宾娜的丰润手臂,是经过一番艰辛的。卡吉娅必须先起身推翻阿蕾特关于"美好"的言说,颠覆她"美好的"生活想象,才可能有托马斯的坦然。如果阿蕾特关于生命的"美好的"想象曾经是令人感动的——感动了男人和女人两千多年,那么,卡吉娅就必须颠覆这种感动。这是卡吉娅争取价值感觉上的平等必须展开的一场关乎自己身体感觉的生死存亡的斗争，昆德拉在托马斯的叙事中让萨宾娜完成了这一伟大的历史使命，让卡吉娅的身体感觉抵制阿蕾特的身体感觉在生命中的传统领导权。萨宾娜的身体成了感觉价值平等的担纲者，她好像是妓女玛丽昂的再生。在萨宾娜身上，卡吉娅—玛丽昂的身体感觉聚集为一种颠覆性的关于"媚俗作态"的理论。

所谓"媚俗作态"指传统道德中对一切崇高、美好的生命感觉的赞美，区分邪恶与善良，为美好而感动等等。颠覆这些赞美、区分和感动的话语方略一是重新命名——不再称为美德，而称为媚俗。二是用归谬法的皮鞭抽打——比如用昆德拉的说法，媚俗就是认为"大便是不道德的"。

> 媚俗就是对大便的绝对否定，媚俗就是制定人类生存中一个基本不能接受的范围，并拒斥来自它这个范围内的一切。(《生命中不能承受之轻》，第 264 页)

这个以大便为象征的人类生存中基本不能接受的价值范畴其实相当广泛，也相当具体、因人而异，因为是人的自然感觉的范畴。比如说，萨宾娜从镜子里看到自己自慰时的亢奋，就不能说是不道德的。这是身体的自在感觉，为此感觉不自在，就是媚俗作态。抵制媚俗作态，意味着颠覆苏格拉底式的道德区分。在《笑忘书》中，昆德拉讲述过一个叫爱德维格的女孩子，她的身体感觉几乎就是妓女玛丽昂身体感觉的重复：

> 爱德维格拒绝某些烦人的习俗。譬如说她拒绝接受像

光着脸是雅的、光着屁股就不雅这种观念。她不懂为什么从眼睛里流出来带咸味的水是高级的、富有诗意的,而从膀胱里排泄出来的却是讨人厌的。(《笑忘书》,第262页)

从卡吉娅到妓女玛丽昂、再到萨宾娜的身体感觉,刻画出欧洲生活史上一种伦理诉求兴起的痕迹:感觉价值的无差异。在卡吉娅的时代,这种伦理感觉被她的敌人(苏格拉底一类的男人)取了个"邪恶"的绰号,而她的朋友则称为"幸福"。以后,卡吉娅的感觉诉求受到制度性的压制长达一千多年,到法国大革命的时代,这种伦理感觉的正当性才重新得到一些男人们的辩护——免不了有人要为此流血牺牲、人头落地。到了萨宾娜的时代,这种伦理诉求已经理直气壮了。

其实,阿蕾特并没有否定身体本身的幸福。阿蕾特和卡吉娅都不会赞同老子的说法:"吾所以有大患者,为吾有身,及吾无身,吾有何患?"吾身是幸福的基础,幸福是我的身体偶然在世的生命值得享有的。幸福总是身体的幸福,没有身体,就不会有幸福这回事。卡吉娅与阿蕾特的对立是"太初有爱欲"与"太初有言"的对立,对她们俩来说,是不会有第三种可能的——比如庄子所说的:"泰初有无,无有无名"。身体是第一性的。问题只在于,是否必须让身体拉住神明的衣襟才算真实的幸福?感官的快乐为什么不能算是美好的时刻?

在昆德拉的叙事中,卡吉娅——在现代叫萨宾娜——的身体感觉的价值诉求在气势上占了上风。阿蕾特沉重的肉身感觉所谓美好的生命情感,被萨宾娜的媚俗论从根本上颠覆了。阿蕾特(美德)——在现代叫特丽莎——是年逾千祀的"美好"意识形态的化身,要颠覆它得花很大的力气。萨宾娜"一生都宣称媚俗是死敌",但她也难免媚俗:当她看到一对老夫老妻和睦的生活,看到他们"幸福家庭的窗口向迷蒙暮色投照出光辉,她就不止一次地流出泪水"。

与众不同的是,萨宾娜能够马上嘲笑自己的泪水——可笑的泪水。

什么叫不媚俗?懂得一切所谓美好的感觉都是"美丽的谎言"。

一曲关于两个闪光窗口及其窗后幸福家庭生活的歌,憨傻而脆弱,不时从萨宾娜生命的深处飘出,汇入那生命中不能承受之轻。萨宾娜被这首歌打动,但并不对这种感情过于认真。她太知道了,这首歌只是一个美丽的谎言。(《生命中不能承受之轻》,第272页)

丧失或者唾弃对美好生命的感受能力,不再觉得生命中有任何东西令人感动,就是现代性自由伦理的品质之一,至于这品质是否高贵,就是另一回事了。阿蕾特当初对卡吉娅说:"一切声音中最美好的声音、赞美的声音,你听不到;一切景致中最美好的景致你也看不到,因为你从来没有看到自己做过什么美好的事情。"如今,萨宾娜对特丽莎说:一切所谓美好的景致和声音都是骗局和谎言。

昆德拉这个男人对萨宾娜的颠覆行动作了深度解释。

据说,欧洲所有的宗教和政治信仰背后都有一种信念——人类的存在是美好的。这一信念出自相信存在是上帝创造的。人类的存在之所以是美好的,就因为它据说是上帝创造的。"太初有言，圣言就是上帝。"阿蕾特的神明，是希腊人的上帝，所以她要赫拉克勒斯的身体顺从神明的言语。法国大革命以后，卡吉娅的身体感觉获得了自体自根的权利，不再是邪恶的化身，而是高贵的美德（不媚俗），就是因为那个据说创造了存在的上帝被赶走了。

把卡吉娅的身体感觉说成邪恶的是男人，颠过来说成美好的，也是男人。卡吉娅早就说过，她有敌人和朋友。卡吉娅当年的敌人中，最极端的是柏拉图。据说，在《克拉底鲁》中，柏拉图修改了自己的老师苏格拉底的观点，把身体说成虚幻的东西，灵魂才是实在的：τὸ σῶμα σῆμά τινές φασιν εἶναι τῆς ψυχῆς［据说身体是灵魂的符号］。身体没有自在性，灵魂对身体有绝对的支配权。后来憎恶卡吉娅的男人中，据说奥古斯丁比柏拉图更极端。他在少年时代曾经是卡吉娅的密友，后来与卡吉娅反目，就把卡吉娅的身体感觉说成世界上最低下可恶的东西。

柏拉图和奥古斯丁都是言语织体的编织能力很强的男人。喜欢卡吉娅的男人们同样有极好的编织言语织体的能力，譬如伊壁鸠鲁。这位古希腊的感觉快乐论大师说：

快乐是幸福生活的开始和目的，因为我们认为幸福生活是我们天生的最高的善，我们的一切取舍都是从快乐出发，我们的最终目的乃是得到快乐，而以感触为标准来判断一切的善。

按伊壁鸠鲁对卡吉娅式的幸福的解说，身体感觉是生命意义的基础，灵魂总是让身体不安。"动物就不需要寻觅所欠缺的东西，也不需要去寻找其他可以使灵魂和肉体安好的东西。"

再说法国大革命以来的大师。

首先是与妓女玛丽昂同时且住在同一座城市（巴黎）的萨德，他颠覆了对性行为的正常/变态的区分；一百年后在德国有尼采，他让肉身向柏拉图的灵魂占据的中心位置进击，视肉身为人的自我经验和存在经验的唯一场所，用七弦琴弹唱道：Seele ist nur ein Wort für etwas am Leibe ［灵魂不过是附在身体上的一个语词］。这歌声就把柏拉图那句话颠覆了。人的存在彻头彻尾只是肉身而已，造化的肉身仅把灵魂当作自己意志的一只手。几年后，罗扎洛夫就在俄罗斯用"太初有爱欲"颠覆了"太初有言"的古训。从萨德到罗扎洛夫，卡吉娅对阿蕾特的生命感觉的颠覆步步推进，在克拉格斯（L. Klages）那里凝聚成一种精致的理论——"宇宙爱欲论"。随后好戏又回到巴黎，福柯开始全面颠覆对身体感觉的所有价值区分……

男人们为了身体与灵魂的优先权问题，从法国大革命以来冲突得不可开交。昆德拉讲述的萨宾娜反抗媚俗，显得像是卡吉娅的男友们的女人想象的言语谋略。不管怎么说，三千年来，卡吉娅的敌人和朋友（都是男人）之间的（有时甚至是武装的）冲突没有解决，看来，将来也不可能获得解决。

"美好"意识形态或无数的这一个身体

卡吉娅与阿蕾特的冲突是男人们关于身体与灵魂争夺在世支配权的冲突：卡吉娅要求身体的在世只服从身体自

身的法则,阿蕾特要求身体的在世服从灵魂的法则。萨宾娜与特丽莎的关系是这种古老冲突的现代再现,托马斯站在她们中间实在难受。

不能忽略,昆德拉关于托马斯的叙事是以社会主义的道德文化为语境的。"美好的未来"、"美好的事业"、"美好的时代"、"美好的献身"都是社会主义道德的表达。萨宾娜对"美好"的恶心,是不是针对这种意识形态呢?

托马斯和两个女人生活在人民道德的"美好"意识形态中,他们对这个世界中人民伦理高歌的"美好"道德有一种生理性反感。托马斯喜欢萨宾娜的原因之一,的确是他和萨宾娜有相同的生理反感。托马斯看出人民民主的"美好"意识形态充满"男性幻想",发现这种意识形态在做爱、在调情、在诱奸。仅从报纸头版头条来看,人民伦理的意识形态向来"性"致勃勃。在那些编织出来的政党意识形态的"美好"言语织体的道德理想主义言词中,有一种虚幻的身体情欲冲动。人民意识形态就是最大的媚俗。

人民伦理的理想意识形态中隐藏着"男性幻想",同样是欧洲启蒙运动的结果。在《笑忘书》中,昆德拉提供了两项证据:卡瑞尔凭靠一个意念的言词才克服了性冷感;"歌德先生"的"那个学生"借助他一句诗意的赞词,才重新燃起爱欲。弗洛伊德所发现的法则被颠倒过来:不是爱欲升华为言词,而是言词升华为爱欲。言词与灵魂没有肉身是不在的,肉身才为言词或灵魂的在场提供了所必需的空间——时间性的亲在。在人民伦理的理想意识形态中,个体身体的亲在被抹去了。人民伦理的网是用历史发展的必然性铁丝编织起来的,缠结在个人身上必使个体肉身血肉模糊。在人民伦理中,个体肉身属于自己的死也被"历史必然"的"美好"借走了，每一个体的死不是为了民族解放的"美好"牺牲，就是为了"主义"建设的"伟大"奉献。个体的肉身不是靠着偶然的死才活着，而是早已为了"历史必然"的活着而死了。托马斯和萨宾娜想让自己的身体逃脱血债累累的"历史必然"的"美好未来"的追逐，想学会谈论"自己身体的希望，而不是整个人类的希望"。所谓"整个人类的幸福"不过是与每一个体的肉身无关的意底牢结。

为了与"美好"意识形态的做爱有所区别，托马斯觉得应该把爱情与做爱分开。他以自己有"爱"必做的做爱方式与人民意识形态的"美好爱情"作对。特丽莎不懂得托马斯的这种政治爱欲的意图，用电影语言把托马斯与两个女人的故事再讲一遍的考夫曼（P. Kaufmann）就懂。他讲到托马斯与"既像鹿又像鹳的女人"的事时，把原来那幅落日与白桦树的秋景画换成了少先队少女向勃涅日列夫主席献鲜花、行队礼的照片。

这样说来，萨宾娜抵制媚俗作态就是从人民伦理转向自由伦理的表达。的确，自由伦理的身体原则，意味着不同身体感觉的平等权利，意味着承认只把身体当作身体来享用（而不是"为了……"）的原则。对于赞同这些原则的托马斯来说，一个作为人生伴侣的女人身体，只是无数同样可以给他带来轻逸性感的这一个身体而已。在身体感觉的价值不平等的言语织体中，一个作为人生伴侣的女人身体是唯一的这个身体。无数的这一个身体带来的轻逸性感自然是有差异的，却不至于有唯一的这个身体让人彷徨得要死。在无数的这一个身体面前，不会有"非如此不可？"的难题，相反，在唯一的这个身体的想象中，这个难题无从逃避。

萨宾娜是托马斯的无数个女伴中的一个,尽管是最令他心仪的一个。卡吉娅的现代感觉,或者说赫拉克勒斯与卡吉娅相伴而行的生命旅程,就是托马斯与无数这一个(萨宾娜)中的一个身体的享乐。萨宾娜并不嫉妒另一个女人的身体成为托马斯的伴侣,就好像享乐不嫉妒享乐。

借助于萨宾娜的身体感觉,托马斯得以走出人民伦理的意识形态,寻回在人民伦理中被抹去的个体亲在。托马斯在无数女人之间的性漂泊成了反抗人民伦理的身体性政治行动。

托马斯并非迷恋女人,而是迷恋每个女人身内不可猜想的部分,或者说,是迷恋那个使每个女人做爱时异于别的女人的百万分之一部分。……性爱看起来仍然是一个保险箱,隐藏着女人那个神秘的"我"。所以,不是一种求取欢乐,是一种要征服世界的决心(用手术刀把这个世界外延的躯体切开来),使托马斯追寻着女人。(《生命中不能承受之轻》,第 209–210 页)

托马斯接受的萨宾娜的身体原则真可以帮他寻回被人民伦理的"美好"意识形态抹去的肉身差异?

特丽莎跟随托马斯来到苏黎世,把自己在布拉格拍的少女身体阻挡坦克车的照片送给一家杂志社,编辑小姐却表示不感兴趣,并告诉特丽莎,这里的人们感兴趣的是各式裸体照片。特丽莎发觉,尽管社会主义与资本主义的伦理意识形态的性质、功能和技术截然不同,在一个隐瞒着的意图上却是同谋:让肉身没有差别。抹去肉身差异的技术在自由伦理和人民伦理中各有所长,例如:无处不在的展示肉体的广告或陪伴终身的人事档案以至居委会老太太送给人民警察的结构主义式报告书。

在现代启蒙之后的意识形态的支配下,个体肉身要么血肉模糊,要么随意含糊。与萨宾娜一起反抗媚俗,托马斯发觉自己最终跌进了另一种让个人的身体没有差异的在世境况,仍然没有摆脱与自己的肉身相关的实质问题:如何让自己的肉身幸福,从各种意底牢结中夺回肉身的权利后,什么是幸福依然还是一个问题。

如果当年赫拉克勒斯投入卡吉娅的丰润手臂,在卡吉娅的只把身体当身体来享用的伦理中生活,结果是在捕捉"每个女人做爱时异于别的女人的百万分之一部分"之后,发现身体的无差异,失去了自己肉身的幸福。

托马斯开始想,特丽莎的"美好"感觉与人民伦理的"美好"感觉也许是不同的。

身体感觉的差异来自灵魂还是身体

托马斯努力要在肉身的无差别中去探索肉身的差异,这使他很长一阵子醉心于性漂泊。肉身一旦走上性漂泊之途,个体偶在与其灵魂的关系就变得相当脆弱。昆德拉承认,这才是真正严肃的问题,因为个体偶在与其灵魂的关系"限制了人的可能性,勾画出人的生存的界限"。由灵魂来限制人的可能性,有这个必要吗?

萨宾娜的身体伦理反抗媚俗,的确是要抵制民族、国家、人民的"美好"意识形态观念抹平每一个"我"的感觉偏好。可是，萨宾娜没有看出，人民伦理的"美好"感觉与自由伦理的个体感觉有共同的启蒙基础——罗伯斯庇尔与丹东的感觉同样以身体作为个体身体在世的属己性为依据，都是一种人义论的个体在世感觉。

特丽莎与托马斯和萨宾娜一样，对在人民伦理中失去个体身体的差异深感恐惧。没有差别的身体等于没有属于自己的生命时间。

特丽莎来到托马斯这里，是为了逃离母亲的世界，那个所有身体毫无差别的世界。特丽莎来到托马斯这里，是为了使自己有一个独一无二的不可取代的身体。但是，托马斯还是把她与其他人等量齐观：吻她们一个样，抚摸她们一个样，对待特丽莎以及她们的身体，绝对无所区分。（《生命中不能承受之轻》，第58页）

当托马斯以卡吉娅—萨宾娜的身体伦理来对待特丽莎，特丽莎就觉得自己又回到了身体无差异的过去。特丽莎提出的问题是：如果肉身有感觉差异，那是由于灵魂还是身体本身？阿蕾特本来就认为，肉身无感受认识能力——感觉能力是有的，但有其不可跨越的阈限。灵魂才使身体有超出身体局限的感受能力，有差异的肉身感受认识力是灵魂赐予的，像西塞罗说的：In corpore apertum est vel estincto animo vel elapso nullum residere sensum［一旦灵魂被奉献或流逝，身体就不再有任何感觉了］。

特丽莎与托马斯的相逢怎样呢？或者说，如果赫拉克勒斯听信了阿蕾特关于"美好"生活的规劝，与她一起生活，会是怎样的结局？

这样问已经过时了。特丽莎在现代启蒙之后的伦理处境中,早已不再有当年阿蕾特那样的价值优先权。如今,被冷落的不是卡吉娅,而是阿蕾特。应该问的是特丽莎的身体感觉的结局。

特丽莎与托马斯一起生活以后,产生了负疚感,觉得自己成了托马斯的负担,"把一切都弄成了悲剧,捕捉不住生理之爱的轻松和消遣乐趣"。特丽莎看到,卡吉娅的身体伦理对于托马斯有巨大的诱惑力。

在托马斯这一方面,与特丽莎在一起的感觉使他按卡吉娅的身体伦理继续享乐时出现身体障碍:自从遇见特丽莎以来,他"不喝醉就无法同其他女人做爱"。

出于对托马斯的爱——也许出于好奇,特丽莎努力想理解萨宾娜的身体原则。这是现代启蒙之后伦理意识结构的转变:当初阿蕾特没有想要去理解,而只是谴责卡吉娅的身体原则,如今阿蕾特得体验一下卡吉娅的身体原则。

想理解卡吉娅—萨宾娜的身体原则,必须把身体与灵魂的联系切断,仅仅从身体感觉来理解身体。特丽莎开始了割断身体与灵魂的冒险,走进那个工程师的无爱之欲中,让自己的"灵魂看着背叛灵魂的肉体"。

> 灵魂第一次看到肉体并非俗物,第一次用迷恋惊奇的目光来触摸肉体:肉体那无与伦比、不可仿制、独一无二的特质突然展现出来。……灵魂在特丽莎裸露的、被抛弃了的肉体中哆嗦颤抖。……她猛然地感到一种要奔向他的欲望,想听到他的声音、他的言语。如果他送来温和而低沉的声音,她的灵魂将鼓足勇气升出体外,她将大哭一场,将像梦中抱着那栗树的粗树干一样去抱着他。(《生命中不

能承受之轻》,第 161－164 页)

第一次?阿蕾特早就从卡吉娅的身体上看到过了。

昆德拉改变的只是阿蕾特对卡吉娅的身体原则的价值评价,他让特丽莎发现:身体及其情欲竟然有自体自根的欢乐、不依赖于灵魂的欢乐。昆德拉说的特丽莎的这一发现其实是他自己从萨德—尼采—米勒那里抄来的。尽管如此,他还是兴奋得很,禁不住在讲别的故事时一再提到这一发现:塔美娜与一群孩子想象的性爱,使她得到"有生以来第一次没有灵魂只有肉体的享受,那无法想象和无法记忆的灵魂已无声无息地离她而去了"。

塔美娜的性生活一直都是被爱所占有的,于是附带而来的便是戏剧性的、负责的、严肃的成分,这些都是烦扰着塔美娜的东西。跟一群孩子在这里,在一个无足轻重的地方,终于使性又恢复了它的本来面目:为肉欲而肉欲。……性终于脱离了与爱的紧密关系,变成了像天使般单纯的快乐。(《笑忘书》,第 213 页)

玛吉达也第一次"感觉到那双长在活力异常的肉身上的眼睛",努力试着忽略叙述着的美丽的声音,这时,奇迹出现了:

在一种悚然的快意之下,她去除了那受了伤的、戒惧有加的灵魂,而变得只剩下肉身,一个没有过去和记忆的肉身,如此这般就变得更易接纳了。……她第一次以她所有的感官——为她自己、为她的肉身、为她的皮肤——来

欣赏自己的肉身,她被这突然发现的肉欲之情所陶醉了。(《笑忘书》,第63页)

在无爱之欲中沉醉,不让灵魂把那些"美好"的言词强加给纯然身体的感觉,就是卡吉娅—萨宾娜的身体伦理的在世情状。

可是,特丽莎毕竟是有灵魂附身的女人,与卡吉娅—萨宾娜不同个体性情的女人。她可以承认卡吉娅—萨宾娜的身体伦理的自然权利,承认这种身体伦理自体自根的价值,承认没有灵魂的言词的肉身树皮般单纯的快乐,但她自己无法给自己身体上灵魂的眼睛蒙上一块黑布。特丽莎"同工程师没有爱的唯一一次做爱,终于恢复了自己灵魂的视觉"。特丽莎的灵魂眼睛看到,"我们所生活的时代是一个把性爱转变成那些荒谬动作的伟大时代"。

特丽莎与阿蕾特和蒂俄狄玛同属一类性情的女人,当年苏格拉底缠住蒂俄狄玛要同她讨论爱欲的出身:"请问爱欲的父母是谁?"

Πόρον καί πενιᾶς [丰盈与贫乏]——蒂俄狄玛回答说。

特丽莎身体的沉重与托马斯对个体命运的理解

特丽莎开始彷徨了:究竟是灵魂引导肉身认知,还是肉身引导灵魂认知?这问题切身地关系到自己的个体命运。

在苏格拉底的叙事中,好像只是赫拉克勒斯才有自己的个体命运似的,卡吉娅和阿蕾特不过是赫拉克勒斯的个体命运的偶在机缘。在昆德拉的叙事中,卡吉娅和阿蕾特的个体命运问题才与赫拉克勒斯的个体命运有了平等的被关注的权利。

个体命运是老生常谈的主题。为什么这话题人类唠叨了两三千年还不觉得陈旧?

个体命运是身体的偶在差异带来的。从来没有重复的命运,亘古至今飘落的每一片花瓣,都有自己不同的飘法和落处,因为每一个体的身体都是偶然的亲在。每一个体身体的偶在命运,都是亘古无双的唯一一次发生,像索福克勒斯说的:"从未发生过的一次性地头一次发生了。"

叙叨个体命运的言语织体受时代季候的支配。托马斯把个体命运的声音理解为"沉重、必然、价值"的三重交织,与赫拉克勒斯时代对个体命运的理解大相径庭。托马斯对个体命运的理解中的那个必然性的观念泄露了,他的理解带有近代启蒙精神的痕印。他甚至以为偶然的积累和相加可以孵出必然,于是编织了"必然与偶然"这样的言词联结。

希腊词τύχη(命运)中聚集着不同的生命理解,但不是"沉重、必然、价值",而是"偶然、幸福、不幸"。对命运的理解就是对个体肉身在世的理解,就是个人如何安置自己的肉身伦理。当赫拉克勒斯在十字路口与两个女人相遇,他想到的正是自己的"偶然、幸福、不幸",两个女人的身体与自己偶然的幸福或不幸相关。

托马斯的命运理解首先想到的是沉重,这种沉重的含义是与"必然性"连在一起的。什么的"必然性"?启蒙意识形态的历史进步的必然性,走向人类美好未来的必然性。人类美好的未来就是最高的价值,这种价值的实现是不以人们的意志为转移的历史进步,它的道德律令要求人们牺牲自己的身体。

尽管苏格拉底把生活世界中的一切都托付给冥冥中的神来安排，他还不至于认为发生或不发生的一切都由天神意旨的必然安排好了，不然的话，他怎么会要自己的学生好好想想自己身体的未来？这明显表明一个人的身体的未来是由个人自己决定的。个体生命的必然性绝然是一个启蒙后的观念，现代的历史道德主义论相信个人的生活由历史规律安排妥帖，发生或不发生的一切都不以人的意志为转移。在这种启蒙道德观念的支配下，个人的身体要么成了肥皂泡，要么成了"历史发展规律"的垫脚石。

受启蒙意识形态支配的托马斯对个人属己的身体命运的理解决定了他与萨宾娜和特丽莎的关系。卡吉娅—萨宾娜的身体伦理好像一句德国谚语的说法：Einmal ist Kein Mal［只发生过一次的压根儿等于没有发生过］。这差不多等于说：如果只活过一次，等于根本没有活过。

阿蕾特—特丽莎的身体伦理刚好相反。阿蕾特对赫拉克勒斯称自己是神明的伴侣，特丽莎也与神明有特殊关系——因为她身上拖着灵魂的影子。个体命运的偶然发生是 das eine Mal［唯一的一次］，但 Einmal ist ewig［只发生一次的才是永恒的］。永远在着的等于压根儿没有发生过；永远活着的，等于根本没有活过。灵魂没有肉身，从来就不曾活过，它只是借助于一次性的肉身才活着。"永远"的意思就是不在，一次性的发生才在。"永恒的爱"只是一个语词的虚构。爱的一次性发生才在，"永恒"只有附在一次性的在世身体身上，才是真实的——"爱的永恒"。

所有的神都是死的，只有耶稣的上帝活着，因为他在耶稣的肉身上死过一次。

Einmal ist Kein Mal 意味着个体把自己的身体时间转让给了必然性的时间；在特丽莎的个体命运的理解中，"心灵与肉体不可调和的两重性"来自偶然性的我在时间，像塞内卡说的，Omnia aliena sunt, tempus tantum nostrum est［除了时间之外，我们一无所有］。

我的身体在世就是个体命运的发生，不是我撞上了命运，而是命运撞上了我，或者说我的身体撞上了我的灵魂。个体命运是由个体的身体与灵魂的相逢牵扯出来的，没有偶然而在的个体身体与灵魂的相逢，也就不会有命运这回事。身体的决断逃避不了，盖因于此。无论我的身体做何决断，命运都会附在我的身体上，只不过要么表现为幸福、要么表现为不幸。

肉身偶在之"偶"因于身体与灵魂的一次性相逢而来的蜕变。肉身浑身是偶然，在肉身上没有丝毫必然的痕迹。正因为肉身是偶在的，所以它沉重。身体的沉重来自于身体与灵魂仅仅一次的、不容错过的相逢。阿蕾特相信灵魂是身体的影子——希腊人把灵魂说成轻盈的嘘气——时时跟随着身体；特丽莎相信灵魂与肉身一样属于此世，与肉身一同在大地上飘荡。自从卡吉娅—萨宾娜颠覆了阿蕾特"美好"的生命想象，灵魂与身体的同体关系就被拆开了。在现代之后的季候中，灵魂与肉身有如两位互不相识的漂荡者。特丽莎以自己的个体命运提出了这一问题：灵魂与肉身还需要相互找寻对方吗？

与特丽莎相逢，托马斯恢复了自己身上的灵魂感觉。特丽莎和萨宾娜的身体差异使托马斯惊悚地看到自己身体的偶在性，看到既被社会主义道德的意识形态、也被人义论的自由伦理隐瞒起来了的属己的个体命运。与特丽莎一起度过的生命时光，让托马斯领会到自己身体一次性的、不容错过的命运意蕴。他最终选择了阿蕾特沉重的身体，而不是卡吉娅身体的轻逸。身体的沉重和轻逸的差别，就是"只发生一次的才是永恒的"与"只发生过一次的压根儿等于没有发生过"的差别。在与特丽莎和萨宾娜的身体差异的偶然关系之中，托马斯恍然悟到，人义论的自由伦理隐瞒了自己身体的机遇，这机遇就在于他并不可能事先清楚地知道，自己的身体与哪一个身体结为在世伴侣才会幸福。

特丽莎身体的沉重让托马斯懂得，在"命运"这个词的含义中，不是"沉重、必然、价值"的交织，而是令人惶然的"幸福"与"不幸"这两个全然相悖的可能性的交织。

特丽莎身体的哀歌

灵魂与肉身在此世相互找寻使生命变得沉重，如果它们不再相互找寻，生命就变轻。

肉身是要死的，但灵魂不是不死的。肉身有自己的为灵魂所不具有的感受性和认知力，灵魂也有自己的为肉身所不具有的感受性和认知力。这两种感受性和认知力的分离，正是人们可以从窗外日益渐浓的现代之后的"主义"风景中体知到的秋寒。

肉身已不再沉重，是身体在现代之后的时代的噩运。身体轻飘起来，灵魂就再也寻不到自己的栖身处。曼德尔斯坦姆的一首诗述说过这种担忧：

我被赋予了身体，我当何所为？
面对这唯一属于我的身体？

为了已有的呼吸和生活的
宁静欢乐，我该向谁表达感激？

我是园丁，也是一朵花，
在世界的牢狱中我并不孤单。

永恒的窗玻璃上，留下了
我的气息，以及我体内的热能。

那上面留下一道花纹，
在它变得模糊不清以前。

但愿从凝聚中流逝的瞬间，
不会抹去心爱的花纹。

　　赫拉克勒斯在自己人生的十字路口上遇到的问题是决断自己的肉身应有何种幸福，昆德拉通过托马斯与两个女人的故事，把赫拉克勒斯的决断变成了一个现代之后的个体生命事件。托马斯选择了特丽莎，他承认自己的幸福来自特丽莎身体的沉重。

　　托马斯知道，眼下以及将来，他将抛弃快乐的房舍，眼下以及将来，他将放弃他的天堂和梦中女郎，他将背叛

他爱情的"非如此不可",伴随特丽莎离去,伴随那六个偶然性所生下来的女人。(《生命中不能承受之轻》,第256页)

昆德拉的故事结局看起来与苏格拉底讲的故事的结局一样,其实不然。托马斯的觉悟过程,是特丽莎的身体和灵魂受伤的过程,托马斯的幸福掺加着特丽莎的不幸。

特丽莎经历的是一次凉彻心骨的伤害,痛不欲生的心碎……特丽莎本是阿蕾特那类天生丽质而又十分懵懂的女人,她不懂托马斯式的性漂泊,不懂为了身体而身体的伦理原则采用的反抗媚俗的借口。托马斯对他说过好多谎话,特丽莎都曾经当真了,她的生命被这些美丽的谎话搞得破碎不堪。从与托马斯的生活中,特丽莎体悟到自己曾经以为的幸福不过是悲凉。特丽莎本来以为,遇到托马斯,自己不仅会给他带来美好的声音和景致,自己也会拥有美好的、牧歌般的幸福——阿蕾特对赫拉克勒斯期许的,也是阿蕾特希望自己拥有的幸福,但从对托马斯的痴爱中特丽莎得到的只是身心俱悴。她发觉自己身体上的灵魂像一条蛛丝般的细线,很容易断裂,一不小心,就会跌入使自己的身体变得毫无意义的地方。特丽莎伤心地发觉,牧歌般的幸福只有在人与动物之间才可能寻得:

没有人能给其他人一种牧歌式的礼赠,只有动物能这样做。动物不是从天堂里放逐出来的。狗和人之间的爱是牧歌式的。(《生命中不能承受之轻》,第317页)

考夫曼用电影语言讲述特丽莎把卡列宁抱去埋葬时,

配上了捷克作曲家雅纳契克（Janacek, 1854—1928）的《弦乐牧歌》中最悲凉的一章（Idyll for string orchestra, V. Adagio）。特丽莎埋葬的不是卡列宁，而是她对美好生活的想象。特丽莎身体的悲哀留给了萨宾娜，在这牧歌般的悲哀面前，萨宾娜对媚俗的锐气第一次哑然了。

特丽莎在现代之后的季候中的受伤——那高于美，甚至高于真和善的这一个身体灵魂的受伤，使她的身体成为一曲哀歌——那必死的肉身和灵魂在爱中活过所见证的破碎和毁灭谱写的哀歌。即便诗的语言也没有能力触及这美好的身体灵魂遭毁灭的哀情，只有无词的歌声才能蕴涵。

伤害并没有让特丽莎放弃自己的身体伦理原则，改变自己的个体性情。她的受伤就是她的成熟，成熟到她的身体灵魂更加清纯透明——经历过并懂得了人生中的污浊和破碎的清纯。这清纯成为凝重的信念：仍然相信人生中毕竟有美好的幸福和景致。

马丁·路德的一句话曾表达出这种出死入生的信念的呼吸：

Und Sollte morgen die Welt untergehn, ich pflanze noch heute ein Apfelbau machen!

［即便这世界明天就要毁灭，我今天仍要种下一株小苹果树！］

雅纳契克晚年写过一部钢琴小品集《独自在花叶丛生的小径》（*Po Zarostlem Chodnicku / Along an overgrown Path*，两卷），第一卷共十首，标题依次是：

我们的傍晚
一片飘落的花瓣
到我们中间来吧!
弗丽德卡的圣母
她们像燕子一样唧唧喳喳
别说了!
晚安!
莫名的惊惧
泪水汪汪
小鹅没有飞走!

这些钢琴小品是雅纳契克缅怀童年时代在 Hukvaldy 的乡间生活的作品：孩童的眼睛凝视着茂密的森林中翻飞的蝴蝶时的痴想、看到每一片花瓣的飘落都觉得它是甘愿为自己沉落水底时的感动、在暮色中听见少女用断断续续的低吟驱走寂寞的忧伤时的泪水、在漫长黑夜里对"美好"充满童稚般想象的心灵、用粉红和白色的花瓣弹奏的梦呓……

这些小诗对童年想象的晚年触摸，充满单纯得透明的温情和忧伤。在这些仿佛经历过一切的晚年的童年梦忆中，雅纳契克在持续的和声背景下，用纯粹的单音与自己对"美好"的无悔想象轻柔对答，在少年的爱情梦想中与情人欢爱后道一声晚安……

电影中的特丽莎主题是《独自在花叶丛生的小径》中的 Frydecka Panna Maria（圣女弗丽德克）。旋律单纯、质朴、柔丽，那是特丽莎的心性的写真。左手浮动不安的三连音使单纯清婉的旋律显得很不稳定，好像某种莫名的不安伴随着美好的爱的想象，让人感触到灵魂与肉身相互找寻时美好与悲凉的交织：悲凉是特丽莎身体的形式，美好是特丽莎身体上的那根灵魂的细线。

  这首钢琴小诗是简单的三段歌谣曲式，重复三次的主题旋律在同一调号的谱面下经历了三种不同的色调（三次转调），表达了特丽莎的生命淌过破碎河谷仍然不改清纯品质：开始在降A大调上由四个轻柔的和音引入的清纯主题（I），是特丽莎尚未受伤的美好想象，灵魂还不知道肉体的脆弱；经过四个同样轻柔的和音，主题转调进入略带忧郁、不安的降d小调（主题II），特丽莎的灵魂惊异地发现自己肉体的美和易受伤的天性；随后二十九个小节强力的和音进行，灵魂与肉体被一个人的爱的谎言强行撕裂，特丽莎珍贵、美好的想象破碎了，身心剧痛的哭声；经过五个轻柔的和音，主题在降D大调上牧歌般地重现，特丽莎的身体灵魂回复到哀婉凄切但仍然信任美好的宁静；经过身心俱悴的震颤的身体灵魂没有改变对美好的幸福的信赖，没有归于虚寂，它仍然是还会受伤的爱，只不过情感的单纯在经历过伤害后成了复杂的单纯。

  我专门去了一趟苏黎世，为寻访特丽莎留下的足迹，抚摸她伤痛泪水的痕印。

  正当觉得一无所获的时刻，在苏黎世毫无生气的大街上，我忽然听到特丽莎身体的哀歌，它透过一切纷繁的声音，传向悄悄倾听的人……

弗丽德克的圣母（钢琴谱）

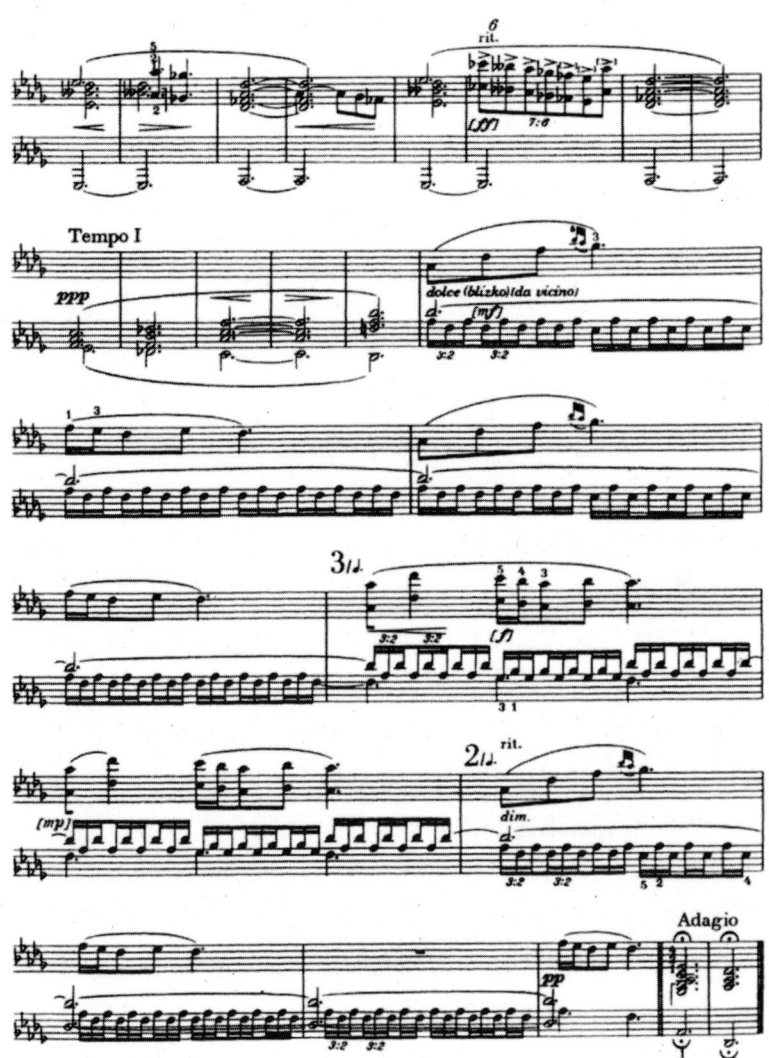

性感 死感 歌声

是否有谁睡在萨宾娜身边

萨宾娜是现代之"后"的女人,只喜欢同男友做爱而不喜欢过夜,一直一个人睡,尽管她经常有男朋友。夜里同另一个人睡在一起浑身燥热,不停淌汗,翻来覆去不能入睡。浑身燥热、不停淌汗,却是做爱时的身体现象。

萨宾娜单独睡觉的那张床好大,大得令人费解。昆德拉到萨宾娜的睡房里亲眼看过,不免感到惊奇,形容那张床时竟然有点语无伦次,一会说它"又大、又宽,像讲台一样",一会说它"像剧院里的舞台"。无论做爱还是睡觉,这么大的床的确过于夸张。

为什么昆德拉要用"像剧院里的舞台"或"像讲台"来形容萨宾娜只身睡觉的床?形容床大的比喻不是很多吗?既然大得"像剧院里的舞台"或"讲台",萨宾娜的床上就一定有需要展露的事情。舞台或讲台通常指这样一个地方，那里围满了人群，不许靠近，但他们必须注视并倾听。

床那么大，人们至少有理由猜想，萨宾娜并非真的单独睡觉过夜，也许偷偷与某个别人同床共眠；而且，这个别人的身体可能超出人们的想象。

与谁同床共眠，如果不是首要的，至少也不是次要的伦理问题。生命中的恐怖情境好多时候是在迷迷糊糊的睡眠状态中出现的，尤其女人有如此感觉。

一般来讲，女人更渴望与一个自己喜欢的男人在夜里同床共眠，紧紧拉着他的手，当睡梦中出现恐怖情境时，才不会惊惶。相比之下，只喜欢做爱而不喜欢同人过夜的现代之"后"的男人倒要多一些。不过，这只是生存状态上的感觉，还不是伦理问题。同床共眠作为一个伦理问题，意味着两个人有相依为命、相濡以沫的需要。害怕孤单是人的天性，但无法忍受与自己不喜欢的人待在一起——更不消说过夜，同样是人的天性。现代人承受孤单和忍受不喜欢的人的能力，都大大不如从前的人。现代人的个体性情被自由伦理娇纵惯了，个人性情自由至上的生活伦理使一个人对睡在自己身边的人的身体感觉特别挑剔。现代人的伦理问题尖锐地出现在夜里睡觉的床上：对另一个人的身体感觉不好宁可单独睡，而单独的身体又觉得不堪承受四周的空虚。说来说去，都是由于崇尚个人性情自由至上，以至于要遇到一个自己身体中意的同床共眠的人太难。

不是说从前的人就容易遇到自己身体中意的同床共眠人，谁都知道亘古至今这都是一件难事，无论上帝还是天神都没有，也无力安排两个身体感觉相契的人生活在同一个生命时间单位和地域空间。一个人终身遇不到自己中意的同床共眠人，倒是自然不过的事。从前的人要明智得多，找同床共眠人时，并不把自己的性情感觉作为首要且唯一的尺度，而是让家族意识、身份感觉、财产分配满意就可以了。两个人的身体感觉是否相契并不重要，因为那是过于偶然、飘浮的事。现代人偏偏要把人生的幸福抵押在相契的身体感觉上，这就无异于把自身的幸福抛给差不多是泡影一般的相遇了。

萨宾娜就是这样的现代女人。她有非常敏锐的身体感觉，对同床共眠的男人极为挑剔，一直找不到自己的身体性情中意的男人，只好把做爱与同床共眠分开。可是，她那张大床不是为了做爱特制的，而是为了与人同床共眠设计的。不是出于打探隐私的好奇，而是为了了解现代的个体性情自由伦理，听了昆德拉讲萨宾娜的故事后，我很想搞清楚萨宾娜是否与谁同床共眠。

萨宾娜是否偷偷和谁睡觉？

只有萨宾娜和那个与她同床共眠的别人知道。既然那个别人神秘兮兮、从不露面，就我们认识的人来说，只有萨宾娜知道了。可是，萨宾娜对此从来守口如瓶，甚至矢口否认与某个别人同床共眠。

萨宾娜是女人，这是否等于凡女人都知道萨宾娜同谁睡觉？

并非如此。

每个人的身体感觉是不同的，别的女人——即便萨宾娜的好友特丽莎——也未必知道萨宾娜同谁睡觉。有一次，特丽莎同萨宾娜相互拍裸体照，当俩人赤裸着身体站在对方面前时，相互发觉对方作为另一个女人的身体好陌生。萨宾娜是女人，但她不过是女人中的这一个，另一个女人

——即便可以同自己交流深层的、隐秘的，甚至性的体验的女友特丽莎，也不知道萨宾娜是否与谁睡觉。与人同眠的身体感觉，是不可交流也无需交流的。

萨宾娜有个特别好的男朋友托马斯——不，不是男朋友，是情人——不，不是情人。是什么？很难说。

这种关系的暧昧正是萨宾娜的身体感觉特别中意的：两个人不拉扯在一起，不构成相互捆绑的伦理关系。萨宾娜同托马斯在一起感到舒适，重要原因之一是托马斯也有同样的伦理感觉。托马斯觉得，"同女人做爱和同女人睡觉是两种互不相关的感情"，前者是生理情感——感官享乐，后者是爱情——相濡以沫。从前的人把感官享乐与相濡以沫牵扯在一起，结果使两者都不能达到极致，而且还磕磕碰碰、相互损害。托马斯同萨宾娜一样，把身体欲望与身体情愫分开，身体欲望对感觉对象的选择不是专一的，所以托马斯有对无数女人的身体欲望，萨宾娜会有对无数男人的身体欲望。相濡以沫只会产生于身体情愫，这种情愫的欲望对象是唯一的这一个，由此产生同床共寝的欲求。

不是随便一个什么人的手都可以在黑夜里生命恐怖出现时去牵的。特丽莎是看重身体情愫的女人，夜里总把托马斯的手拽得紧紧的，让托马斯觉得好累。托马斯和萨宾娜的意气相投，就因为萨宾娜没有要在夜里想拽着谁的手的需要。萨宾娜对于托马斯，是无数"这一位"女人中的一位，而不是唯一的一位。

虽然萨宾娜对于托马斯不是无数"这一位"中的随便一位，托马斯是萨宾娜最了解、感觉最舒坦的男人，但毕竟不是萨宾娜的同床共眠人。从托马斯那里，我们也无法知道萨宾娜在那张"像剧院里的舞台"的床上是否与谁睡觉。

萨宾娜的身体所感知的只有萨宾娜可以知道。昆德拉是男人,当然不可能知道萨宾娜是否单独睡觉。可是,在讲萨宾娜的故事时,昆德拉好像知道只有萨宾娜的身体知道的事情,甚至好像知道每一个女人的身体感知的事情。他说过这样的话:"特丽莎力图透过自己的身体来认识自己。"昆德拉又不是特丽莎,他怎么知道?他说的那些关于特丽莎通过自己的身体感知的事情,很可能没有一件可信。

身体与自身的影子

基斯洛夫斯基讲过一个喜欢唱歌的女孩子——薇娥丽卡的故事。

薇娥丽卡是波兰西南部克拉科夫城的一位姑娘。克拉科夫城有一千多年历史,是我所见过的欧洲最美丽的仍有中古遗风的城市,它由古色宫殿、教堂、中古街道,阴森、神秘的古建筑和城中森林交错构成,把这一切维系在一起的是音乐。每天清晨和黄昏时分,要么是湿润得让人贪恋床榻的晨雾还没有散去的时候,要么是落日余晖与街灯交替的昏昏然时刻,从一栋古朴的楼房里就传出清丽、尖锐的女高音。那歌声好像是提着性命唱出来的,每当唱到很高的音区时,歌声有些发颤,像一根在空中快要被风吹断的细线。这是薇娥丽卡在练唱,歌声甜美,唱的总是同一首歌,歌词是但丁的《神曲·天堂篇》中的《迈向天堂之歌》(第二歌):

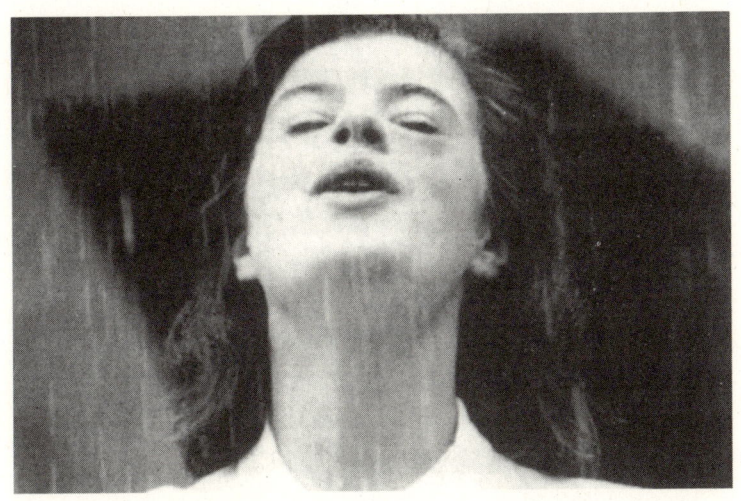

▲ 每当唱歌唱到恍兮惚兮的境界，薇娥丽卡就感到性感的欲望在膨胀

O voi che siete in piccioletta barca,
desiderosi d'ascoltar, sguiti
dietro al moi legno che cantando varca,
Non vi mettete in pelago, che forse,
perdento me, rimarreste smarriti.
L'acque ch'io prendo gia mai non si corse;
Minerva spira e conducemi Appollo,
e nove Muse mi dimostran I'Orse.

哦，你们坐着小木船
因渴求聆听我的歌声，
尾随我在歌唱中驶向彼岸的木筏；
请回到你们自己熟悉的故土，
不要随我冒险驶向茫茫大海，因万一失去我而迷失。

> 我要横渡的大洋从没有人走过,
> 但我有密列瓦女神吹送,阿波罗引航,
> 九位缪斯女神指示大熊星。①

在法国巴黎,碰巧有一栋与薇娥丽卡在克拉科夫唱歌的楼房一模一样的中古建筑,楼里在相同时刻传出同样清丽、尖锐的女高音,唱的同样是但丁《神曲·天堂篇》中的《迈向天堂之歌》。

怎么在不同的两个城市的两栋古建筑里传出同一首歌的歌声,好像一个歌声是另一个歌声的回音?

据基斯洛夫斯基讲,这个世界上的两个城市里生活着两位同名、同姓、同身体的女孩子——薇娥丽卡,好像相互是对方的影子和身体。她们的身体和影子是交互变换的,人们无法搞清楚,究竟哪一个是这个女孩子身体的实体,哪一个是身体的影子。

不可思议!生活着两位同名、同姓、同身体的薇娥丽卡,怎么可能?

问这样的问题,才不可思议。生活世界因偶然聚合而生,超出人的想象的生与死的奇闻和秘密有什么不可思议?人不可能用自己蚂蚁般的想象穷尽生活世界中可能发生的事件。一个人的生命具有各种生活的可能性,慈悲的上帝不会来过问这个身体的偶然遭遇,只对个体遭遇中的生命意味抱以关注。

况且,基斯洛夫斯基已经说过了,这两位同名、同姓、

---

① 但丁,《神曲》,王维克译,北京:人民文学出版社,1980,第365页,译文略有改动。

同身体的薇娥丽卡其实是一个人，只不过一个是另一个的身体或影子。一个人的身体被两个人的自然性造化生出来时，都拖上了一个将来会让这身体要么伤心、要么恬美的影子，它是创造这个身体的两个人的灵魂和谐或不和谐、有意或无意、有爱情或没有爱情的冲撞的结果。产生出一个身体的两性造作无论是在什么身体情状下发生的，都伴随着一次人灵的冲撞：或如胶如漆，或别别扭扭，或懵懵懂懂，或恶心想吐的冲撞。人灵之间的相遇并不都是，甚至很少是牧歌般的，更多是别别扭扭或懵懵懂懂甚至欲哭无声或伤心悲恸的。

个体出世后，身体与自己的影子——身体之灵或灵的身体——通常是一体的。身体看不到自己的影子，就像眼睛看不到眼睛。除非在一种特别的光亮照射下，影子才会与自己的身体分开，我才可能看到自己的影子——还得看我站在什么位置，与光处于什么关系。一个人要站到可以让自己身体的影子显露出来的有光的地方，不是因为身不由己，就是由于忘乎其形（身体）。

薇娥丽卡过着单身生活，她有一个男朋友，但并没有住在一起。我惊讶地发现，薇娥丽卡睡觉的床也大得令人费解——"像剧院里的舞台"。

在薇娥丽卡的那张大床上与她的身体同床共眠的，会不会是薇娥丽卡的影子？

薇娥丽卡的影子只有她的身体认识，我如何可能认识到薇娥丽卡的影子？同样，薇娥丽卡的身体只有她的影子认识，我如何可能认识到薇娥丽卡的身体？

幸好，基斯洛夫斯基讲述的是有同一个身体和影子的两个薇娥丽卡的生命故事，我也许有可能透过巴黎的薇娥丽卡知道克拉科夫的薇娥丽卡是否与谁睡觉,或者透过克拉科夫的薇娥丽卡知道巴黎的薇娥丽卡究竟与谁睡觉。实际上,只需要选取这两种途径的任何一种,就有可能透过薇娥丽卡的身体来感知她的影子,或者透过薇娥丽卡的影子来感知她的身体。薇娥丽卡是否与谁在那张"像剧院里的舞台"一般的大床上睡觉,看来再也瞒不住了。我还相信,透过薇娥丽卡的影子或身体,就可以推想萨宾娜是否与谁睡在那张"像剧院里的舞台"一般的大床上了。

影子的热情与身体的单薄

薇娥丽卡是小学音乐教师,毕业于克拉科夫音乐学院声乐系。

薇娥丽卡从小就喜欢唱歌,唱歌是薇娥丽卡的个体热情。人的生命热情都是个体化的,个体化的生命热情就是个体热情——个体的全部身体感觉投入某种价值偏好的喜欢什么的在世行为。个体热情的产生既需要身体也需要身体的影子,两者不可或缺。没有身体及其感觉或没有灵魂的价值偏好,都不会产生生命热情。身体有在世欲望,但没有选择价值偏好的能力,身体的影子——灵魂有能力选择价值偏好但没有在世的欲望,只有当影子的价值偏好被身体的欲望感觉充满,才会形成一种生命热情。灵魂就是价值偏好,它必须通过身体来实现自己的偏好,没有身体,灵魂只是嘘气,所以说灵魂是身体的影子。

每个人的价值偏好总是个体灵魂的偏好,它使本来没有在体差异的身体感觉有了差异,成了个体化的敏感的有区分能力的个体意向性感觉。一旦某个身体被某种价值偏好拽住——也就是被自己的影子拴住，这一个身体的全部感觉就成了这影子（价值偏好）的感觉，就成了这一个身体个体化的在世热情。但是，影子毕竟是影子，要不是因为身体的欲望，价值偏好就仍然在混沌之中，不可能成为对什么的偏好。身体才使价值偏好成为个体灵魂——这一个身体的影子。

个体热情因此像是一个人自己的身体和影子织成的一根细线。

唱歌让薇娥丽卡感到可以聚集起自己全部的身体感觉和个体灵魂偏好，自己的身体和影子织成的那根细线漂荡在歌声之中。薇娥丽卡甚至觉得，唱歌与自己的性感相通，那是身体和自己的影子交欢的感觉。每当唱歌唱到恍兮惚兮的境界，薇娥丽卡就感到性感的欲望在膨胀，就想要同自己心爱的男人做爱。

这只是薇娥丽卡的生命感觉。个体热情有各种各样的散发形式，有的人喜欢玩体育，整天在体育场绕着圈子跑，丝毫不觉得枯燥；有的人喜欢整天在屋子里钻研故纸，一点不觉得闷；有的人喜欢养一大群孩子；有的人喜欢为一个逻辑命题翻来覆去地想……可是，每一个体的身体都是造化的偶然结果，造化并不可能依照个体灵魂的意愿来设计和造就这灵魂所需要的身体，因为个体灵魂是这一个身体在被造化的过程中才形成的。身体由自然的偶然造化决定，而身体的影子来自天堂的偶然，结果，一个人的身体和自己的影子织成的那根细线非常脆弱。如果一个想当运动员的人身体天生就好，能经得起专业性的强化训练，只是这个人的身体与自身的影子碰巧相合而已。更多的时候，一个人的个体热情与自己的身体体质不是那么碰巧吻合，一个身体被造作出来时，上帝并没有插手。寻求自己的身体与影子的平衡是个体生命的在世负担，这负担不是社会的任何制度设计能够解决的。

在现代社会，一个人的个体热情要得以实现，必须经过漫长的专业化训练，这是生命感觉的社会演化——社会分工精细化的结果。专业化寻求一个人的身体与自己的影子的最佳平衡，这是一种制度化的理性行为。但专业理性并不无条件地认可一个人的个体热情中的个体灵魂，而是认可个体热情中的身体体质：运动员需要有超出想象的肌体，舞蹈家需要有恰到好处的体型，经济师需要有古灵精怪的智力，演奏家需要有纤长而又丰满的手指。如果一个人的个体热情与实现这一热情所要求的身体体质没有达到一致，专业训练的理性化制度就会拒绝让这个人接受专业训练。灵魂的价值偏好不可能训练出来，身体也不可能随意训练成个体灵魂所需要的样子，一切都取决于身体是否有刚好与个体灵魂相符的底子，而这种相符是过于偶然的事。如果我想当钢琴家，但手指五短三粗或瘦骨嶙峋，我再有多高的要当钢琴家的热情，音乐学院也不会要我。这就差不多等于宣判了我的个体热情的死刑，只有另外制造一个生命热情出来。

现代自由社会的一个基本特征是，个体灵魂的想象空间完全开放了，个体热情的现实可能性无限制地增多，产生出无尽的可能性诱惑。但是，人的自然身体体质并没有随着个体灵魂的想象空间的扩大而增质。身体的自由是现代社会的理想，而理想的自由社会的标志之一是，能够为每个人实现自己的个体热情提供最大可能的机会。

在人民民主社会，个体的生命热情是由国家—民族共同体的价值目的决定了的，个体没有决定自己的个体热情的机会，更不用说实现自己的生命热情，只有一个由意识形态政党规定的国家热情或民族热情，人民伦理对个体的身体体质的要求并不苛刻。个人自由的社会制度设计是，要为千差万别的个体热情提供各种可能实现的机会。实现自己的生命热情是一个人最大的幸福，如此个体伦理成为个体自由的民主社会制度的正当性基础。

自由民主的社会理想开放了个体热情的偶在性，因为个人幸福有个体灵魂差异，而且个体热情的想象一旦更少地受到社会条件的约束——自由社会为了个人幸福致力减少这样的约束，实现想象的可能性就增加了，可能性的增加同时也意味着可能性的否定的增加。可是，个体的生命热情遇到的在体性限制不仅是个体自由的制度设计无法克服的，而且在个体热情的偶在性开放之后更加显得是限制。个体自由的社会一方面在最大可能地减少个人的生命热情实现的社会条件的人为限制，另一方面却在增加无法解决的偶然的身体造化的欠缺。当某个幸福还是一个人不可想象的尤物时，这个人不会意识到自身获得这个幸福所欠缺的。人身的欠缺随着想象的增加而增加，个体幸福的偶在性的增长，必然导致个体的在世负担的加重。

薇娥丽卡天生有甜润而又尖锐的嗓音，可以上行到很高的音区，这是她可以进音乐学院的身体条件。不过，薇娥丽卡的身体并不适合唱歌，尤其不适合唱她喜欢的女高音咏叹调。咏叹调不单单需要甜润而又尖锐的嗓音，还需要足够的身体体积来支撑咏叹的气韵。薇娥丽卡的身体尽管漂亮得不可思议——应该丰满的地方毫不迟疑，应该精细的地方绝不吝惜，但对于唱咏叹调来说，确实过于单薄了。由于身体的单薄，薇娥丽卡在唱歌时常常感到中气不足，心脏负担格外沉重，而薇娥丽卡的心脏偏偏天生不好，承受力极弱，练唱时每每唱到高音区，就感到心力衰竭的晕眩。她去看过医生。医生告诉薇娥丽卡，她的心脏天生不适合唱歌，尤其是唱高音。

薇娥丽卡遇到的自己生命的在世负担，就是身体的单薄同唱歌的个体热情的不平衡。薇娥丽卡随身带着一根鞋带，练唱时拿在手里，一旦感到心力不支，两手就拼命朝两个方向拉这根鞋带，好像这鞋带就是系住自己的身体与影子的那根细线。生命热情与身体的体质之间出现的在体上的不平衡，令薇娥丽卡感到心里刻下了一道尖利的伤痛。

薇娥丽卡怎样体知自己的已死

《迈向天堂之歌》是克拉科夫的作曲家 Preissner 用中世纪的旋律风格给但丁的《神曲·天堂篇》中的诗句谱写的一部女高音交响曲，独唱部分对歌手要求极高，有几个音符好像正向天堂那边飘逸而去，音区很高，又要保持甜润，不能干涩。薇娥丽卡很喜欢 Pressner 写的这部女高音交响曲，觉得这歌声就是自己的生命呼吸。她希望能担任独唱歌手，尽管自己的身体难以负担唱这支歌中的那几个高音符。

Preissner 请薇娥丽卡去家里试唱。薇娥丽卡表现在高音区的音色令 Preissner 非常满意，他没有注意到，薇娥丽卡唱到那几个高音符的时候，正在拼命拉手上的鞋带。

《迈向天堂之歌》交响曲在克拉科夫一个中古时代的地窖式教堂里举行首演,当年异教徒——其实是异族——入侵,克拉科夫人为了保护自己集体的灵魂,把教堂建到地下去了。那天,Preissner 亲自指挥首演,交响乐队的演奏十分投入,给薇娥丽卡伴唱的女中音和合唱队把迈向天堂的情氛铺展得很好。薇娥丽卡女妖一般的歌声美轮美奂,呼唤般地缓缓进入,正要起航驶向天堂。突然,薇娥丽卡的歌声像一只洁白的海雁被雷电击中,直直落入大海的波涛。

刚刚唱完那几个高音符,一阵突发的心绞痛令薇娥丽卡感到越来越不能有自己的身体,刹那间瘫倒在舞台上,死了。

为了那几个要命的高音符,薇娥丽卡耗尽了身体的心力。

克拉科夫的薇娥丽卡下葬时,巴黎的薇娥丽卡正在那张"像剧院里的舞台"的大床上与男朋友做爱。

身体在死,影子在生,或者影子在死,身体在生。

基斯洛夫斯基采取交互主体的电影叙事视角,来切入同一个身体的下葬和做爱。克拉科夫的薇娥丽卡下葬的场景用的是主观仰视镜头:躺在墓穴中的薇娥丽卡用干涩的双眼看着一锹锹泥土覆盖在自己身上——我的身体正在被埋葬;巴黎的薇娥丽卡做爱的场景用的是主观俯视镜头,躺在那张大床上的薇娥丽卡微闭着湿润的双眼,潜心感受一阵阵性感滋润的蔓延——我的身体正在进入生机的高潮。下葬泥土下落的干涩沙沙声与肌肤之欢中性感滋润的湿润呻吟准时切换,两个主观镜头联结了薇娥丽卡的两个身体感觉,基斯洛夫斯基充满质感地切入同一个身体对自身的死感。

下葬与做爱连接的是生与死、性感与死感的迎面相撞，两个生存的本然对手的迎面相逢。

在某种意义上说，现代性伦理思想是从探讨个体体知自己的死感的可能性开始的。然而，尽管有不少大思想家为此费了好多脑筋，一直没有取得实质性进展，结果是不了了之。据有的大思想家说，一个人只能通过预感自己的死或体察别人的死来感知自己的死；有的大思想家则说，一个人的在世处身情绪，就包含着对自己的死的感知。但预感自己的死——即便陀思妥耶夫斯基临刑预感的死——也还不是体知自己的已死。生感与死感不可能完全重叠，不可能在同一个时间中共在。一个人怎么可能体会到自己的已死？我所能体会到的至多是我在属于自己的个体生命时间中的向死（西美尔）或在死（海德格尔），不可能是我自己的已死。

只有我自己的身体才能体知自己的已死，而我已死的身体并没有体知这回事，我的身体感觉不可能是一个对已死的身体的感觉，因为已死的身体根本就没有感觉。伊壁鸠鲁的一句话令迄今的大思想家们在一个人如何体知自己的死感这一关键问题上无法移动半步："死对于我们无干，因为凡是消散了的都没有感觉，而凡无感觉的就是与我们无干的。"

通过体察别人的死来体知自己的死，就更隔了一层。至于说一个人的在世处身情绪本身就包含着对自己的死的感知，这种说法不可谓不高明，可是，个体化的处身情绪中的死感毕竟不是纯粹的已死感，而只不过是对自己的在死情状有所了悟的生感。

为什么现代的大思想家们非要想搞清楚可能根本没有可能搞清楚的属己的死感？按伊壁鸠鲁的那句话，自己的死感简直就是方的圆一类的语词组合。

现代人产生要直接了解自己的已死的愿望，是由于现代人的灵魂已经身体化——现代人的灵魂是自己身体的灵魂。在从前的人的生活感觉中，对自己的死并不是那么身体化地敏感，因为个体的灵魂不在个体身上，或者说不在自己身体的灵魂。从前的人的灵魂要么是智慧理性化的，要么是受宗法习俗支配的，总之是由超个体的观念来支配的。个人灵魂的这种非身体化，正是为了抑制个人的身体感觉，让人的身体感觉不要过于敏感。伊壁鸠鲁甚至劝人有一种感觉的理性，它可以调节各种身体感觉，使之不要过于敏感："理性使我们如此完备地得到生命所能得到的一切快乐，以致我们没有必要把永恒纳入我们的欲望之中。"

无论是由智慧理性化的观念还是由宗法习俗的观念来支配生命感觉，个体的死亡感觉都被非身体化了。个体生命的死与某个超个体的不死观念联结在一起，个体的死是超个体的宇宙、历史、天国、家族用来缝合个体偶在裂缝的针线。在宗法习俗的生命感觉中，个体自己身体的死因宗教的来世承诺（天堂、轮回）而变得轻省——一个人的身体有一个由另一个世界的宏伟设想或超然想象来负担的死后生活，以至于人们觉得，死后的生命更为美好。佛教的涅槃、道教的归化、基督教的升天就是这样的宏伟设想和超然想象。个体的现世生命的完结，恰是另一个更美妙的生命的开始，所以自己的死好像不是自己的死。在智慧理性化的生命感觉中，自己身体的死感则被智慧理性的现世明智抹平了。伊壁鸠鲁是这样说的：

你要习惯于相信死亡是一件和我们毫不相干的事,因为一切善恶吉凶都在感觉中,而死亡不过是感觉的丧失。因为这个缘故,正确地认识到死亡与我们无干,便使我们对于人生有死这件事愉快起来,这种认识并不是给人生增加上无尽的时间,而是把我们从对于不死的渴望中解放了出来。一个人如果正确地了解到终止生存并没有什么可怕,对于他而言,活着也就没有什么可怕的。……所以一切恶中最可怕的——死亡——对于我们是无足轻重的,因为当我们存在时,死亡对于我们还没有来,而当死亡时,我们已经不在了。(《伊壁鸠鲁致美诺寇的信》)

现代之后的人拒绝了智慧理性化的和宗法习俗的超个体灵魂,不让它们骗走自己的身体,不让它们管束身体的死感和性感,对死的惊惧感觉就随着个体灵魂的归来而身体化了。这当然是就近代启蒙的伦理感觉的一般情形而言。凡是在个体灵魂还没有回到个体身上的地方,死感都还不是那么身体化地敏感。比如,人民民主的伦理国家用民族国家的道德理想来代替从前宗法习俗的宏伟设想或超然想象,个人的死感仍然还没有身体化地敏感起来,还没有变成觉醒了的个人身体感觉的尖锐穿透力。当超然世界的宏伟设想或超然想象被理性化的世界设想和实证性的生命规划勾销以后,个体自己身体的死就不再由另一个世界的宏伟设想或超然想象来负担,而是由自己的身体单独来负担,一个人就不再可能明智地无视自己死后的虚无,个体身体的死就成了个体灵魂的在世重负。这样一来,认识自己的死,就成了现代伦理学的一大要务,它决定了一个人与自己的个体热情的关系和自己身体的在世与他人的关系。

基斯洛夫斯基本来和昆德拉面临相同的困难：如何进入另一个人的身体、另一个不同性别的人的身体，去获得其身体的在体之感。解决了这一难题，就有可能解决一个人怎么可能体会到自己的已死这一难题。通过主观镜头的眼睛——克拉科夫的薇娥丽卡与巴黎的薇娥丽卡的眼睛的视界连结，薇娥丽卡的灵魂亲眼看见自己赖以栖身的身体之死。就这样，基斯洛夫斯基潜入了薇娥丽卡的身体，去触摸她对自己已死的身体感觉，解决了二十世纪诸多大思想家一直没有能解答的难题：怎么体知自己的死。

薇娥丽卡性感的忧郁

在现代人的生命感觉中，个人自身的死感回到了自己身上，不再借居在身体之外的观念或智慧中。就在身体化的死感通过灵魂身体化回到个体人身上时，性感一同回到了个体人身上。当个人的身体在世是由超然世界的宏伟设想或宇宙性的智慧理性来负担的时候，个人的性感与死感一样不身体化地敏感。个人人身离开了超然世界的宏伟设想或宇宙性的智慧理性，个体灵魂才随个体人身的生成而生成，并开始面对自己赖以栖身的身体的爱欲。从前，不仅个体自己身体的死，而且自己身体的爱欲也是由宗教的来世承诺或理性的宇宙秩序（利维坦式的灵魂）来负担的，一旦人摆脱了利维坦式的灵魂，拒绝了形形色色的、不属于自己身体的超个体灵魂，个体灵魂的直观就使身体的性感身体化了。身体自身没有直观自身的感觉的眼睛，身体的影子才是这样的眼睛。

个体灵魂直观到自己身体的死作何感受？

薇娥丽卡（克拉科夫的）身体之死牵动了自己的（巴黎的）个体灵魂的感觉，好像有一个人——这个人与自己身心相连——从自己的生命中离开了。这感觉令薇娥丽卡正在做爱的身体突然感到一阵刀片般割人的伤心。

薇娥丽卡的个体灵魂想哭。

薇娥丽卡的男友觉得莫名其妙，不知发生了什么事，薇娥丽卡刚才不是还沉浸在性感的欢愉中吗？他用手指轻轻抚她的脸：“为什么突然不高兴，没有让你满意吗？”

薇娥丽卡没有说话，她转过头去，看都不想看他。

薇娥丽卡的男友以为自己懂得她的身体的性感，不知道她性感的身体上有一根细线，牵着薇娥丽卡的身体灵魂，它在做爱的时刻体感到自己的死感。（克拉科夫的）薇娥丽卡身体的死，只有（巴黎的）薇娥丽卡的个体灵魂会有感觉。已死与在生如此迎面相逢，令薇娥丽卡的个体灵魂从自己身体背面体感到的冰凉死感抑制了自己身体前面的炙热性感。薇娥丽卡的悲哀是个体灵魂对绝然属我的身体之死的悲哀，是己身（生）看到了自己的死的悲哀。薇娥丽卡的男友忽略了薇娥丽卡的个体灵魂，无法懂得她的悲哀，也无法触及她的与个体灵魂拥缠在一起的性感。

性感的身体化敏感程度与死感的身体化敏感程度是一体的，个体的性感高涨与死感的高涨平行。相应地，在现代伦理学中爱欲论和死论平行高涨。宗法习俗的宏伟设想和宇宙性的理性秩序领走了个人身体的影子，个体的死感和性感都是平面的。必死的个体无需去感受绝然属我的死，因为这死不是绝然属我的，而是属于那个利维坦式的灵魂的，对死感最为敏感的性感就成了身体上必须抑制的感觉。在利维坦式的灵魂中，性感要么是生命进化的自然目的的一个起点，要么是生物性自然循环的一个过程。一旦解除了缠绕在个体身上的利维坦式的灵魂，个体灵魂回归于绝然属我的个体之身，身体性的死感就出现了：死成了生物个体所能感受到的最为悲凉的另一个我体。与此同时，性感变得极其身体化地敏锐——敏锐到夸张的程度。这样，爱欲感觉就与自己唯一的天敌——死感迎面相撞了。

Und nun ist zu erwarten, dass die andere der beiden "himmlischen Machte", der ewige Eros, eine Austrengung machen wird, um sich im Kampf mit seinem ebenso unsterblichen Gegner zu behaupten. [于是，如今我们得指望这两种"天力"中的一方，即永恒的爱欲一方，将在与同自己一样不朽的对手的殊死搏斗时肯定自己。——弗洛伊德]

当利维坦式的灵魂搂着个体的身体时，一只手捏着个体的死感，另一只手捏着个体的性感，不让个体的死感与性感直面相逢。正因为利维坦式的灵魂不是身体化的灵魂，它才能做到不让个体的死感与性感直面相逢。当个体感知自己的死和性都不再透过利维坦式的灵魂，而是个体自己身上的个体灵魂，个体的死感和性感就直面相逢，从此紧紧地拥缠在一起，个体灵魂无法把它们再分开。个体的身体灵魂因此时常患生存性的伤寒，不是觉得过于寒冷，就是觉得过于燥热。性感与死感在个体我在的此生中的对抗成为现代性伦理的基本问题，这问题就是：个体的身体灵魂如何让死感和性感在同一个身体中和解。

体知到自己身体的死感的性感是特别身体化地敏感的性感，薇娥丽卡的性感因死感而变得忧郁起来。她不得不离开问自己为什么悲哀的男朋友，觉得与他在一起再不能找到自己的性感。

现在，我们可以大致猜到在萨宾娜和薇娥丽卡那"像剧院里的舞台"一般大的床上陪伴她们的身体捱过多梦的长夜的是谁了。这是她们自己的身体影子，紧紧搂住自己身体的死感和性感的个体灵魂。个体灵魂是身体化的灵魂，有如自己的另一个身体，它需要很大的空间，以至于萨宾娜和薇娥丽卡在夜里不敢翻一下身，让自己的身子稍微舒坦。单身的萨宾娜和薇娥丽卡需要"像剧院里的舞台"那样的大床，正是为了给她们各自的身体影子——每一个人的身体影子体态不同——在夜里休息的空间——身体需要睡觉，令身体的死感和性感身体化地敏感的身体影子同样需要睡觉。

现在可以明白，为什么基斯洛夫斯基的《薇娥丽卡的双重生命》的叙事据他说是探索个体灵魂的事，讲的却是死感和性感的事。要问的伦理问题已经清楚了：一个人的身体影子如何可能承负自己身体的死？个体灵魂——身体影子的在世负担沉重到何种程度？

命运中的那根生命细线

虽然薇娥丽卡与萨宾娜的身边都躺着自己的身体影子，但她们对与自己身体的影子睡觉的感觉是不同的。简单来讲，薇娥丽卡有一种在体性的忧伤，萨宾娜没有。萨宾娜对睡在自己身边的身体影子持伊壁鸠鲁式的智慧态度：告诫自己的个体灵魂不要要求身体去寻求自身欠缺的。伊壁鸠鲁说过，"动物就不需要寻觅所欠缺的东西"，所以动物没有忧伤和苦恼。身体并不寻觅自身所欠缺的，个体灵魂让身体去寻求自己要寻求的——因为灵魂离开了身体是无法寻求到任何东西的。比如身体感觉本身对自身的死并没有感觉，灵魂寻求不朽，才让身体感觉自身的死是一种悲哀；身体感觉本身对自身的性有生机性的快感，灵魂寻求美好的幸福，才让性感变成了一种情愫。伊壁鸠鲁看得很清楚，"灵魂离开了身体，身体就不再有感觉。因为身体永远不是自身具有这种能力，只是常常对另一个存在物（灵魂）为这种能力提供机会……"身体被灵魂所迫去寻求自身欠缺的东西，身体的苦恼都是由于灵魂骚动引起的，搞得身体不安宁，"充满生命的焦渴，苦恼地张大着嘴巴"过日子，这实在是一种病态的生活状态。因此，让个体灵魂不要同身体系在一起，要它独自安静、不要骚动，就可以让身体不至于负担它不能负担的使命。这样的话，死就不会打扰身体的感觉，性也不会成为情愫，与谁发生都可以。如果伊壁鸠鲁为了让身体安静，采取的办法是让人学会使灵魂非身体化，那么萨宾娜与伊壁鸠鲁的不同仅在于：不让身体的影子与天堂系在一起，让个体灵魂跟随身体漫游。个体灵魂的种种非分的渴求，都是因为它把自己看作是天堂的影子。与天堂系在一起的个体灵魂是媚俗的灵魂——为死忧伤、为美好的事情感动。

克拉科夫的薇娥丽卡死了，巴黎的薇娥丽卡的身体从此变得特别敏感、忧伤。她的灵魂无法安静、无法不骚动，这是自己的身体灵魂的忧郁。死感对于薇娥丽卡是这样一种感觉：她恍惚感觉到自己曾经在唱歌时死了，感觉到自己身上出现了一些与自己生命的细线有关、会令自己失去自制力的情绪。死感不是可以用智慧驱赶的幻觉，而是个体灵魂对自己身体的一种生命感觉——把自己的身体同自己的个体灵魂系在一起的那根细线稍不经意就会被不知何处来的一阵风吹断的感觉。薇娥丽卡无法摆脱死感带来的这种莫名感觉，只能在自己已死的感觉中活着。

薇娥丽卡当初明明知道自己的身体如此单薄，为什么还要选择唱歌作为自己的职业？

现在这个问题可以找到答案了。简单说来，这纯粹是因为个体性情：不是薇娥丽卡选择了唱歌，而是唱歌的热情选择了薇娥丽卡。薇娥丽卡的个体性情不是她自己选择的，就像薇娥丽卡的个体灵魂不是她自己选择的，而是从天堂抛出的系在她身上的细线，使她的身体身不由己。那根来自天堂的细线使她的身体有了绝然属于她自己的（身体化的）感觉，决定了什么是她的身体所喜欢的。薇娥丽卡自己不可能去找到一种生命热情，只能从自己身上发现自己的生命热情，这就等于发现把自己的身体与影子系在一起的那根细线。从天堂那边抛出来的细线决定了薇娥丽卡身体的生命方向和个体灵魂的在世负担，感觉到自己的个体命运。所谓个体命运不过是，一个人感到唯有这样的生命热情的散发才让自己有美好地活过的感觉，才有自己身体的在世幸福，以至于非如此生活不可。与自己的天堂系在一起的个体灵魂令身体沉重，因为它要自己的身体非如此生活不可。萨宾娜根本不认为有那自己身体的天堂，也就免除了非如此不可的个体命运之苦。

薇娥丽卡对自己身上那根生命的细线的感觉，与特丽莎对自己非如此生活的感觉是一样的，她们都是阿蕾特一类的女人。

特丽莎对自己的生命细线的感觉是：

在天堂里的人还不是人。更准确地说，人还没有被投放到人的道路上来。现在，我已经被抛掷出来很长的时间了，循一条直线飞过了时间的虚空。在什么深层的地方，还是有一根细细的绳子缚着我，另一头连向身后远处云遮雾绕的天堂。（昆德拉，《生命中不能承受之轻》，第314页）

所谓"人的道路"就是在自己的身体中经历的生活，由于我的身体是无法置换的，我与天堂的关系也是无法改变的。这就是我的非如此不可的生命，我的个体使命。对于薇娥丽卡来说，唱歌就是她的个体使命，才能表达出自己生命中那根细线的骚动，不能唱歌，自己的生命就没有意义，没有歌声，自己的平生只是一口寒气，而非温暖的气息。因此，薇娥丽卡不顾及自己身体的承负能力，非要唱歌不可。

个体生命中的细线是"我"的个体灵魂与"我"的身体的偶遇织成的，这次偶遇让薇娥丽卡看见了自己的天堂。她的个体热情不是来自身体的自然欲望，而是来自个体灵魂对自己的天堂的看见。看到自己的天堂的个体热情使薇娥丽卡的身体划破了身体生命的自然性，也意识到自己的身体的欠然。但个体灵魂已经成为身体的影子，缠绕在身体上的那根细线令身体自觉到自身的沉重，让身体可以看见自身的死，意识到自身的一次性，意识到生命热情的一次性。

　　个体灵魂意识到身体的欠然就是罪的意识。罪让人在生之中感觉到死，罪感无异于灵魂把死亡带给了身体感觉。这里的"罪"不仅是身体的自然而偶然的欠然，更是对这欠然的身体死性的"终究意难平"，惊醒到"死"就是那根把身体与身体影子系在一起的天堂抛出的细线的断裂。庄子知死生为一体（《大宗师篇》）、游万物之终始（《达生篇》），同样看到了身体的欠然。但他觉得，身体的欠然是自然而然的，没有必要为个体身体的欠然感到欠然，应该让身体在自然大化中循环，在这循环中，身体的欠然就不再是欠然。身体成为欠然的在，只是因为有一个超自然的世界天堂。知死生为一体，就是把系住个体灵魂与个体身体的细线掐断。生不能观死，死亦不能观生，那样就不会再有生命的悲哀，也不会有罪的意识。罪的意识的重点正在于对身体的欠然意识：身体的欠然不是自然（庄子会说，恰恰相反，身体的欠然就是自然），在于个体灵魂对身体的欠然（不堪承负灵魂的渴望）的悲哀。保罗说，"就是有了圣灵的人，也在心里叹息……"（保罗，《罗马书》，8，23）。这意思其实是：只有有了圣灵的人，才会在心里叹息，才会成为悲哀的人，才会焦渴、苦恼地张大着嘴巴。

　　薇娥丽卡从医生那里知道自己的身体不适合唱歌后，对自己身体的欠然感变成了生存性的悲哀。这忧伤出自自己的身体灵魂的叹息，抱憾自己的个体热情还没有散发，身体就可能已经变得冰凉。个体热情只能在这一个身体上散发，而这身体偏偏天生偶然地有欠缺。为什么非要悲哀不可？就因为身体的那根细线，一头系着身体的性感和死感，一头系着个体灵魂的天堂。

个体热情的中介形式因人而异,但成为一个人的个体热情的游戏形式,必定是能将这个人身体的影子与身体维系在一起的形式。这种游戏形式本身也就成了这个人的个体热情的那根细线。不能在这种属己的游戏形式中活过,这个人就会觉得自己生命中的那根细线断了。薇娥丽卡那么喜欢《迈向天堂之歌》,就因为它是一首哀歌,觉得这歌声就是自己生命中那根细线的颤然,就是慰藉欠然我在的平生的形式。

哀歌是欠然我在终究意难平的诉歌,真正的哀歌都是由自我意识到的欠然的身体唱出来的。古希腊文的 μελος 包含两个含义:身体的肢体和哀歌,个体我在的身体的欠然与哀歌相互依偎。汉语的"欠"字所像之形,是一个人身费力地挺身仰首而歌(参《说文解字》"欠"和"咏":"咏也,从欠")。哀歌是个体灵魂对身体的欠然之在的意识本身,是身体的影子看到自己身体的死而生的遗憾和无从释然的悲情,是身体的影子(身体灵魂)看到死神在欠然我在的身体四周缭绕时的忧伤。

在薇娥丽卡的哀歌声中不仅有对死感的敏感,还有她颤然的身体性感。性感是死感的天然之敌,身体中唯一可以同死之欠然对抗的身体力量。如果死被感受为个体灵魂与身体的断裂(而不是身体的自然循环的重新开始),爱欲就被感受为个体灵魂与身体的维系。薇娥丽卡的性感的敏感在于,个体灵魂与身体的联系在这性感中才不会断裂。在薇娥丽卡的哀歌中,性感缭绕着死感,身体的死对个体灵魂的偶在不再是一种伤害,不再是欠然我在的身体不堪承负的,在性感的哀歌中我在的身体毕竟湿润过。我在的哀声源于我在身体之欠然,而性感的我在哀歌却把欠然我在的身体带出了死神的地域。

唱哀歌成了薇娥丽卡的生命热情本身,她的个体灵魂以唱歌承负自己身体的死,也只有靠自己的歌声——而不是像从前的人那样,靠利维坦式的灵魂——来承负自己身体的欠然。

从忧伤中偷窃性感

薇娥丽卡的死感、性感和歌声就这样织成一体,要懂得薇娥丽卡这个女人,懂得她的死感、性感或歌声,就得同时懂得薇娥丽卡身上其他两个个体生命因素,比如,要懂得她的性感,就必须同时懂得她的死感和歌声。

薇娥丽卡带自己教的一班小学生上艺术欣赏课,观赏一出木偶戏,她想让孩子们尽早懂得游戏形式的个体生命含义。

这出木偶戏讲一位从小喜欢跳芭蕾的女人的故事,跳芭蕾就是她的个体热情的游戏形式,就是她的生命中的那根细线的形式。长大后,她成了芭蕾舞演员。在一场演出中,这位芭蕾舞女伶不小心摔断了腿。腿——浑圆的长腿,是芭蕾舞女的生命热情的载体,有如歌唱家的嗓音。腿摔断了,她身上的那根细线断成两节,灵肉分离,生命再也支撑不住自己。芭蕾舞女伤心地死了。

仅仅是身体的偶然受损,这个舞女不会伤心致死。令她伤心致死的原因是,承负自己的生命热情的身体的受损、拖着灵魂的影子的身体的毁灭。她知道只能在这一个身体上实现对自己的一次性个体生命的眷顾,个体热情的细线被偶然的一阵风吹断，留下孤伶伶的个体灵魂为自己没有了身体而啜泣。

芭蕾舞女伶的个体热情的散发和毁灭，是木偶戏人的手导演的。薇娥丽卡看到芭蕾舞女伶摔倒后伤心得要死，禁不住好几次转过头去，看幕后那只让芭蕾舞女伶的个体热情毁灭的手，目光在恳求木偶戏人的手不要这样安排芭蕾舞女的命运。

这只手是宿命的手？个体生命的命运是宿命？基斯洛夫斯基不这么认为。并不是一只看不见的宿命的手，而是一只看不见的偶然的手操纵着个体生命的命运：芭蕾舞女只是偶然没有站稳而摔断了腿，就像薇娥丽卡的心脏病，是自然而偶然的。

个体身体无法摆脱偶然造化的痕印，生命中的种种偶然也是个体的身体造化的胎记。

个体的生命热情是承负身体的欠然（死）唯一的细线，这根细线却经受不起自然而偶然的一个喷嚏。

在木偶芭蕾舞女身上，薇娥丽卡看到了自己，回忆起自己曾经经历过的生命热情的夭折，好像自己身体的全部死感常随的感觉秘密赤裸裸地展示在舞台上，抑制不住为芭蕾舞女伶的死而忧伤。

木偶师注意到薇娥丽卡张皇的眼神。从薇娥丽卡被芭蕾舞女之死搅乱的心绪中，他感觉到薇娥丽卡颤然的性感。薇娥丽卡的忧伤激起木偶师追逐薇娥丽卡的身体性感的欲望，追逐薇娥丽卡的死感作为他的艺术创作的原材料，把她的忧伤变成一出戏的脚本的愿望。他开始纠缠薇娥丽卡的生活。

死感是薇娥丽卡个人的隐秘情感中最隐秘的身体感，

不愿意轻易公开的在体体验。这不是因为死感见不得人，也不是因为自己的死感是神圣的神秘，不可泄露。死感不可轻易袒露，因为性感不可轻易袒露。薇娥丽卡的死感和性感是一体的，只对完全懂得自己的男人袒露。

薇娥丽卡在性爱高潮中经常体感到想死，体会到亢奋的、激动身体的死感。世人做爱时重复着相同的动作，就像吃饭、睡觉、排泄。但做爱时的感觉状态——体感本身，千差万别。薇娥丽卡的身体影子感觉过自己身体的死，这种感觉让她做爱时有了属于自己身体的敏感，带有自己身体影子的个体情愫。这是她不可能像萨宾娜那样同无数男人做爱的原因。个体生命热情的差异与个体性感的差异是同一的，绝然属我的生命热情的性感是薇娥丽卡要守护的欠然我在的个体秘密。个体灵魂不是一团嘘气，而是在这一个身体之中的灵魂，是这一个身体灵魂。它让这一个身体有属于自己的情愫感觉，造化了其性感的独特敏感。

薇娥丽卡性感的个体化敏感来自系住自己的身体和它的影子的那根细线，她身上的性感敏感也是自己的身体灵魂克服自身的欠然我在的热情本身。欠然我在之根本欠然是由死而来的，以自己的一次性个体生命的热情来克服欠然的爱欲，成了薇娥丽卡身上的应然。而死感和爱欲的尖锐平衡，对薇娥丽卡来说，只能在歌声中表达出来。克拉科夫的薇娥丽卡在唱歌到了恍惚状态时，就有与自己心爱的男人做爱的欲望，就因为他懂得她的歌声和死感。

薇娥丽卡在看木偶戏时透露出自己的死感常随的忧伤，就差不多等于透露出自己最隐秘的性感。反之，懂得薇娥丽卡的性感，也应该懂得她的死感常随的忧伤。克拉科夫的薇娥丽卡唱歌死后，巴黎的薇娥丽卡与男朋友做爱感到忧郁寡欢,因为她的男朋友没有体察到她的死感,不懂得她的忧伤,这也就等于无法体察和捕捉到她在做爱时绝然属她的性感。

木偶师捕捉到薇娥丽卡的死感常随的忧伤,也就差不多体察到她在可想象的做爱时的每一细微的敏感。但薇娥丽卡清楚,木偶师是陌生人。陌生人指的不是从来没有见过的人,他也很可能是一个认识很久、非常熟悉的人。对于薇娥丽卡的身体感觉来说,陌生人指这个人与自己灵魂的隔膜。薇娥丽卡认识木偶师已经好长时间了,她的直觉告诉自己,木偶师感兴趣的不是自己身上的忧伤,而是自己肉体的性感,他并没有要听她的歌声的渴望,只有对她的肉体的渴望。木偶师虽然通过薇娥丽卡的死感常随的忧伤想象到她的性感,但并没有被她的忧伤打动,只是为她的性感而兴奋,更没有去想象她心中可能还有歌声。

薇娥丽卡尽管有强烈的欲爱,却从未有过要与不懂得自己的哀歌的男人做爱的感觉。可是,满含忧伤的肉体不仅没有防御能力,而且更显得性感迷人。木偶师不为薇娥丽卡身上的忧伤所动,没有理解薇娥丽卡的身体灵魂的热望,却想自由地闯入她的肉体。

木偶师邀请薇娥丽卡去他家里。

薇娥丽卡忧郁的肉体在脆弱中被他的手牵到这个陌生的地方,她的灵魂没有跟随自己的身体一同走进这个房间。木偶师是情场老手,懂得利用一个女人的忧伤。他十分清楚,只有触发薇娥丽卡内心的忧伤,才能抹去她的肉体的冷漠。木偶师装出很同情薇娥丽卡的样子,从她的皮夹中拿出薇娥丽卡珍藏的克拉科夫的薇娥丽卡的照片,问她这是什么时候的照片。薇娥丽卡看到克拉科夫的薇娥丽卡,再也不能自已,在这个陌生人面前痛哭起来。这哭泣的含义十分含混,她不愿意让自己的忧伤袒露在与这个陌生人独处的场合,却没有能力抑制自己的死感被触及的忧伤。薇娥丽卡的肉体在灵魂长时间的痛哭中失去了自制力,身不由己地仰面瘫倒在木偶师的床上。

木偶师慢慢解开薇娥丽卡的衣服,轻曼而又温柔地抚吻薇娥丽卡肉体上最敏感的部位,随后像与任何别的女人做爱那样与她做爱。在薇娥丽卡忧伤的哭泣中,木偶师进入了她的身体,薇娥丽卡悲咽的哭声逐渐化成了性高潮的呻吟。

木偶师得到了一次性感肉体之欢,薇娥丽卡遭遇的是一次性感的被盗。在这一次肉体之欢中,两个人的性高潮没有相同的身体含义。薇娥丽卡肉体的呻吟不是性感揩去了忧伤时的吟哦,不是灵魂得到抱慰时肉体的战栗,而只是被碰触到的忧伤发出的性感痉挛。木偶师利用薇娥丽卡只愿意让自己热切等待的男人抱慰的忧伤,趁薇娥丽卡的肉体因灵魂的忧伤而极度脆弱的时候,偷走了她肉体的片刻性感,薇娥丽卡生命中只愿意让自己热切等待的男人分享的性感并没有在她此刻的肉体中。木偶师很懂得一个女人的肉体的性感,却一点不懂得一个女人身体灵魂的忧伤,他没有注意到——沉醉于自我诗性的艺术家也不可能注意到,薇娥丽卡的哭声是悲伤的,并不带有一点爱意。

肖斯塔科维奇曾为一出芭蕾舞的一个场景谱过曲:舞台上的男男女女们在定音鼓敲击的节奏中做爱,死神在一旁冷眼观看着这种令自己觉得好笑的游戏,不动声色。等人们做完爱,死神把瘫软在性感疲累之中的男女们一个个扔进死的深渊。木偶师追逐的诗性的肉体之欢,就是这类好笑的游戏。

性感的歌声出自孤独的灵魂

薇娥丽卡没有因为曾经有过肉体呻吟喜欢上这个男人，那次做爱没有在她的身体灵魂上留下一丝痕印，没有消除对这个男人的陌生感觉。薇娥丽卡清楚地知道，这个人根本不是自己想与他同床共眠、热切等待他在自己的肉体中抱吻灵魂的忧伤的男人。对于薇娥丽卡，那次做爱就像从来没有发生过。只有同自己热切等待的人的做爱，才是刻骨铭心的。

木偶师为薇娥丽卡特别制作了一个小木偶，上面刻下了薇娥丽卡的忧伤。在木偶师的眼中，薇娥丽卡的忧伤仅是一件艺术品的质料，对于薇娥丽卡，这忧伤却是自己的肉体。一个黑夜在伪造的激情中过去了，薇娥丽卡拿着像自己模样的小木偶离开了木偶师，拒绝了要她留下来的请求。她既不愿意让自己忧伤的肉体留在艺术语词虚构的激情世界中，也不愿意再让自己的肉体留下受伤的记号。这样的肉体关系彻底结束了两个人的在世牵连。

薇娥丽卡对陌生更加熟悉。

从木偶师那里出来，薇娥丽卡没有回自己的住所，她不敢再看到那"像剧院里的舞台"的大床，害怕见到睡在床上的自己身体的影子。薇娥丽卡想到住在乡下一个小镇独居多年的老父亲，这是她在这个世界上唯一可以在他面前放开痛哭的男人。薇娥丽卡想告诉父亲，她今生可能没有指望遇到自己热切等待的男人。这个世界上愿意或能够

▲ 从忧伤中偷窃性感

了解女人肉体上的那根细线的男人愈来愈少,尽管懂得女人的肉体何处会被触发性感的男人愈来愈多。

薇娥丽卡在父亲屋前的一株成年大树面前停下来,用手抚摸着从大地中勃然生长出来的粗大树茎的皮肤。一种莫名的苦涩悲情涌上心头。她觉得,以为自然的性爱能把这苦涩抹去,正是现代性自由伦理中最媚俗的神话。

在现代之后的世界,卡吉娅—玛丽昂—萨宾娜的感觉伦理已经成了占支配地位的伦理,阿蕾特—特丽莎—薇娥丽卡处处遇到的不过是把歌声当作谎言的男人。薇娥丽卡的在世命运只会是孤独,没有男人愿意和能够懂得她的性感、死感和哀歌织成一体的身体灵魂,她注定遇不到懂得自己的男人。

薇娥丽卡想起但丁的诗句:"既然我只能用迈向天堂之歌来呼唤你,就让我们在天堂相遇。"她重新唱起那首让

(克拉科夫的)薇娥丽卡致死的充满性感的《迈向天堂之歌》,但歌词是《天堂篇》中的另一诗句:

> Giustizia mosse il mio alto fattore
> fecemi la divina podestate
> la somma sapienza e'l primo amore.

> 至高的造物主,天上的大能、
> 无上的智慧、为首的大爱,
> 依正义造就了我。

永不消散的生存雾霭中的小路

小说叙事与现代伦理

昆德拉讲述了一些既让人兴奋又令人想吐的故事以后，编织了两部关于编织故事的书：《小说的艺术》和《被背叛的遗嘱》。① 据好多人说，这两部书是昆德拉的小说理论。

小说理论？

我翻来覆去看，不觉得昆德拉在讲小说理论，倒像在讲伦理。

我疑心自己搞错了，碰到一个机会请教写小说和研究文艺理论的朋友，想搞清楚昆德拉在这两本书里究竟说些

---

① 中译本见香港牛津大学出版社，1993、1994，孟湄译，以下引文俱见中译本，简称《艺术》和《遗嘱》。

什么。

在北京"万圣书园"那条小巷的东边,有一家装饰别致的啤酒馆,我与两位小说家和两位文艺理论家聊起昆德拉。一位小说家说,昆德拉的小说喜欢说教,大发伦理议论,令人讨厌,伦理说教不是小说家该染指的事;另一位小说家说,昆德拉的小说带有伦理关怀,值得钦佩,小说中有议论不等于说教,关怀伦理的事情表明昆德拉的小说有思想。

无论喜欢还是不喜欢,两位小说家的看法有一点是一致的:昆德拉的小说讲的是伦理故事。

昆德拉讲的故事表达了什么样的伦理思想?我进一步问。昆德拉讲的故事与他讲欧洲近几百年来几位主要小说家讲的故事有什么关系?

一位小说家望着天花板上虚构的蔚蓝色星空,另一位小说家盯着墙上伪造的白色性爱激情,手指拿捏着啤酒杯,一时说不上什么来。

我把脸转过来对着两位文艺理论家(其中一位是昆德拉专家),请教所谓昆德拉的"小说理论"讲的是什么。他们微笑着给我说了一大堆小说技巧之类的发见:什么叙事角度、结构安排、语言特色……我越听越迷糊。看来他们还不如小说家,看不出昆德拉的小说其实在表达某种现代伦理诉求。

无论从书名还是内容来看,昆德拉的《被背叛的遗嘱》与卡尔维诺的《未来千年文学备忘录》[①]非常相似。这两位

[①] 卡尔维诺,《未来千年文学备忘录》,杨德友译,香港:社会思想出版社,1994。

当今讲故事的大师写"遗嘱"或"备忘录",不过是用不同的修辞做同一件事:总结近代几百年来的小说叙事,为下一个千年归纳出他们觉得值得推荐的德性。卡尔维诺说:"我在每一讲中都为自己提出一个任务,要向未来一千年推荐我倍感亲切的一种特殊价值。"(第46页)昆德拉则说:"如果我们想在走出这个世纪的时刻不像进入它时那么傻,那就应当放弃方便的道德主义审判,并思索这些丑闻,一直思考到底,哪怕它会使我们对于什么是人的全部肯定受到质疑。"(《遗嘱》,第233页)卡尔维诺与昆德拉不同的是,他没有抨击传统伦理。这倒不是因为传统伦理无需抨击,而是因为,他觉得昆德拉在这个世纪末的特别时刻已经审判了传统的"道德主义审判",传统道德被视为"丑闻",对此他觉得已经没有什么要说的了。所以,他的"备忘录"干脆从昆德拉推荐的"轻逸"德性开始讲起。

就昆德拉和卡尔维诺向下一个千年推荐的德性的具体蕴涵来说,这两位叙事作家的看法不尽相同。

例如,关于轻逸的价值,卡尔维诺说的那些颂扬昆德拉的话就未必是昆德拉的意思。但是,昆德拉和卡尔维诺都自觉地把清算传统道德谱系、提出新伦理看作小说家的世纪末使命。卡尔维诺觉得,昆德拉在前一个方面已经做得很好了,至于向下一个千年推荐什么新的伦理价值,倒还有进一步讲清楚的必要,于是,他讲述了轻逸、迅捷、确切、易见、繁复、连贯的德性。这些讲述看起来在讲小说的叙事方式,其实说的是人的生存德性——卡尔维诺所谓"存在的功能"。

轻逸是首先值得推荐的生命德性,它指信赖看起来注定要消亡的东西,"信赖那仅在依稀可见的踪迹中包含着的道德价值",消除世界带给人的无法忍受的石头般凝重,让人像植物——比如根深植在土地里的忘忧树——那样经受生命。

迅捷指这样一种生命感觉:让现代生活中时间相对性的逻辑显露出来,挽留住极为短暂的时间,或捕捉到相距遥远的时间;在政治意识形态、官僚机构的标准用语和传播媒介的千篇一律共同营构的如烟似雾的生活形象中,小说的朦胧叙事让人有生命的确切感,在不确定的生命流动中,让赤裸裸的寂静变成最为深沉的生命脉动。由于叙事是生活世界中的偶然性的大敌和女儿,叙事成了生命个体在属己的偶在中经受的内部强烈震荡,碰触到"生存模式的火焰的价值","像深渊上架起的一道细弱的紧急时刻使用的桥"。

叙事的易见有如雨水般洒落的想象,是一种生命价值的思维方式,使个体自己的生活"不至于窒息,或者化解成为混乱不堪、过眼烟云般的白日梦"。

至于叙事的繁复,则是一种理解的伦理:让自己陷入多维关系网,充分理解生活世界的多层面和多面性。生命的多面性正是现代伦理的终极世界,其中充满相互排斥和相互矛盾的东西,人们必须放弃界定它的愿望,更不用说寻求确切答案了。

如果说《未来千年文学备忘录》的要旨是推荐现代之后的伦理价值,那么,昆德拉的"小说理论"的要旨首先在于说明这些伦理价值是如何出现的,与现代之前的伦理观经过了怎样的冲突,以及小说的叙事在这些现代之后的新伦理形成的历史经历中扮演了什么样的角色。

现代小说兴起之谜

小说叙事和小说理论成了伦理学文学或者说伦理学成了小说叙事和小说理论,这是现代性事件。

这一事件是如何发生的?昆德拉的小说伦理学提出了什么样的德性?

在我们体味过一些小说家讲过的故事后,现在是来了解这些事情的时候了。

《小说的艺术》开篇讲了这么一件事:现代的两位大思想家(胡塞尔和海德格尔)提出了一个流布甚广的论断:现代性意味着生活世界(或生存)被遗忘,这是近代科学世界观造成的结果。在指出这一点以后,昆德拉跟着就反驳说:这种现代性论断只对了一半。

没错,现代哲学和科学热衷于构造形式理性的观念世界,遗忘了个人切身的生活世界。可是,在近四百年来的哲学和科学遗忘生活世界的同时,一种全副心思关注生活世界、勘察个人的具体生存的学问有声有色地形成了,这就是近代欧洲小说的兴起。生活世界中总得有某种思想要理解人的具体生活,小说就是这样的思想,它甘愿与一个人的生命厮守在一起,"这是小说存在的唯一理由":小说询问什么是个人的奇遇,探究心灵的内在事件,揭示隐秘而又说不清楚的情感,解除社会的历史禁锢,触摸鲜为人知的日常生活角落的泥土,捕捉无法捕捉的过去时刻或现在时刻缠绵于生活中的非理性情状,等等等等。

"小说是欧洲的作品。"昆德拉的这一断语差不多在说,

▲ 唐·吉诃德（达利素描）

小说的兴起是现代性的标志，尽管古时候已有叙事，但还不能称之为小说。小说是现代性这块铜币的另一面，上面印满了欧洲近代四百年中无数的个人生活的花纹，"小说的道路画出来就像与现代平行发展的一部历史"。

昆德拉说近代哲学遗忘了人的生活世界，实为夸张。笛卡尔让思想的原则数理化，哲学思想才几乎主要成为自然世界观的表达，才变得与关乎个体的人生叙事无关。在这一意义上说，小说的兴起是近代科学世界观造成的结果还算恰如其分。但是，昆德拉难道不知道帕斯卡尔、伏尔泰、哈曼、赫尔德、基尔克果、费尔巴哈、叔本华、马克思、尼采？这些哲学思想家哪一个不关注人的生活世界？如果昆德拉不是对近代哲学思想的历史无知，这种忽视就是故意的。

昆德拉故意忽视近代哲学的非理性一面的理由,是否就是"小说存在的唯一理由"?既然近代哲学思想家并非个个不关注人的生活世界,"小说存在的唯一理由"就不是仅仅因为小说关注具体的人生。

究竟什么是"小说存在的唯一理由"?昆德拉称塞万提斯为欧洲小说的开山祖,他以为可以通过回答"塞万提斯的伟大小说想说明什么?"来回答这一问题。

据昆德拉说,塞万提斯的小说之所以伟大,是因为你在其中找不到一种明确的、可以解决人生悖论的道德信念,只能找到一连串生命疑问。塞万提斯弃绝了对一个善恶分明的世界的渴望,弃绝了宗法式的生活伦理的欲望:"在理解之前进行判断,诸宗教与意识形态即建立于此欲望之上"。说到底,塞万提斯的小说之所以伟大,就在于它肯定或认可了人生的道德相对性和模糊性。这才是小说存在的"唯一理由",也是小说在现代性这块铜币的历史花纹上刻写的道德纹章。小说的真正敌人,不是近代的哲学和科学,而是现代之前的宗教—道德伦理的生活教条:区分善恶和对生活道德明晰性的要求:

当上帝慢慢离开那个领导宇宙及其价值秩序,分离善恶并赋万物以意义的地位时,唐·吉诃德走出自己的家,他再也认不出世界。世界没有了最高法官,突然出现在一片可怕的模糊之中;唯一的上帝的真理解体为数百个被人们共同分享的相对真理。就这样,诞生了现代的世界,还有小说,以及和它一起的形象和范式。……塞万提斯使我们把世界理解为模糊不清,要面临的不是一个绝对真理,而是一堆相对的互相对立的真理(这些真理被并入人们称

为角色的假想的自我中),因而唯一拥有的把握便是智慧的无把握,这同样需要一种伟大的力量。(《艺术》,第4页)

好清楚,不是吗?这哪里是在讲文艺理论家和批评家们所谓的小说技巧?

小说的兴起——或者现代性的出现,根本是一个道德事件。这一事件的故事梗概一句话就可以说完:原来有一位掌管生活世界的道德秩序、能分清善恶的上帝,如今,这位上帝被放逐了。被谁和如何被放逐的,还不清楚。不过,这无关宏旨。重要的是,这一事件发生后——上帝这位最高的道德法官退位后,人生就成了一个充满不可解决的道德悖论的过程。在此之前,人生过程在道德上是井然有序的,像阳光普照的大地,万事万物的样子一清二楚,所以,人们不需要小说,有上帝给出的宗法性道德法则就可以了。如今,善恶分明的道德原则不存在了,这些原则的制定者走了,生活世界中没有了可以让人分辨事物的阳光,只有潮湿的、灰蒙蒙的雾霭。在灰蒙蒙的道德雾霭中,人们才需要小说。

小说能够发现而哲学和科学发现不了的究竟是什么?是"在终极悖论"条件下,所有存在的范畴如何突然改变了意义?显然不是,因为哲学和科学也发现了这一情形。小说的唯一存在理由并不在于它关注个别人的具体生活,甚至也并不在于它看到了上帝这位最高的道德法官退位后人生过程成了充满不可解决的悖论处境。"看到、触到、抓到现代的终极悖论",岂止是小说家?帕斯卡尔、康德、叔本华、基尔克果、韦伯、巴特(Karl Barth)到当今的伯林、利奥塔、德里达,都"看到、触到、抓到现代的终极悖论"。甚至科学都不乏如此关注和看到——社会科学搞调查、统计，不是对个别人的具体生活关照入微，并力图经验—实证地归纳出上帝不在时人们赖以生活得更好的道德法则？

塞万提斯的伟大小说的意义究竟何在，它究竟提供了什么了不起的启示？《唐·吉诃德》的主题是冒险。昆德拉问："三个世纪过去，在冒险这个小说的第一个主题上发生了什么事？"

发生的是：小说的道路以生活的终极悖论告终。

小说的唯一存在理由在于提供了一种"伟大的力量"，这种力量是承受人生的相对性和道德模糊性的力量。可是，现代哲学思想史上也一直有人在竭力提供承受人生相对性和道德模糊性的力量。小说如果只是提供这种承受力量，还不能说已提供了自己"存在的唯一理由"。小说提供的力量只能是小说能够提供的，如卡尔维诺所说，"只有文学才能以其特殊手段给予人们的感受"。

这种现代哲学和科学没有也无力提供的东西究竟是什么？昆德拉说来说去都没有讲出一个名堂。

也许，所谓小说"存在的唯一理由"，就是个体偶在的喃喃叙事，就是小说的叙事本身，在没有最高道德法官的生存处境，小说围绕某个个人的生命经历的呢喃与人生悖论中的模糊性和相对性厮守在一起，陪伴和支撑每一个在自己身体上撞见悖论的个人捱过被撕裂的人生伤痛时刻。

这才是现代哲学和科学做不到的。

哲学和科学可以把一个人在自己的生活中撞见的显露人生相对性和道德模糊性的悖论理析得清清楚楚，可是，生活在被悖论撕裂的伤痛时刻中的个人需要的并不是清清楚楚的理析——更何况根本就不可能指望人人都是理智的，而是叙述性的陪伴和倾听：难受的时候，听一个命运相似的人的故事或讲讲自己经历的故事，心里就好受多了。

小说呢喃叙事的时间和空间，就是过去教堂里喃喃祈祷的时间和空间。

自由主义小说伦理

熟悉近、现代小说史和小说理论史的人都清楚，现代小说伦理并非就是昆德拉说的那个样子，还有别的小说伦理。拒绝善恶分明的伦理，主张相对和模糊的伦理——晕眩的伦理，并不是现代小说提供的唯一伦理，而只是现代性伦理中的一种伦理：自由主义的生存伦理观。马克思主义提供的革命道德，也是一种现代性伦理。昆德拉的小说伦理把马克思主义的道德看作是现代之前的伦理，因为这种伦理还是建立在唯一真理观之上的。昆德拉讲的是自由主义的小说伦理：叙事的陪伴，而不是叙事的动员。

现代哲学史上一直有人想以种种方式解决生存的终极悖论，重新整饬生活世界的道德秩序和意义结构。解决生存的终极悖论的方式大致有两种典型：黑格尔、马克思的历史理性与胡塞尔的先验理性尽管不同，却属于同一种类型；另一种类型是基尔克果的信仰跳跃或尼采的生命沉醉。昆德拉抨击、嘲讽前一种方式，对后一种方式含糊其词。昆德拉的小说伦理学与这两种类型的解决生存的终极悖论的方式都不同，他主张生存的终极悖论不仅不可能解决，也无需解决，这种观点倒相当接近以功利主义的经验论哲学为基础的英式自由主义思想。伯林在谈到英式自由主义思想的代表穆勒时说：

> 穆勒并不要寻找或预测人类问题之终极解答，需要有什么理想条件，也不要求人类在所有重要问题上的见解都归于一致。他认为：最终定论是不可能获得的，而且还暗示，最终定论并不值得争取。①

英式自由主义思想的当代传人、分析哲学家 P. F. Strawson 说：

> 伦理领域是一个只有各种个别真理而没有真理体系的领域，换句话说，要求一个人均一地注视生活而同时又要求他注视到生活的全面是荒谬的，因为一个人不能两样都做。……这样，伦理领域就是一个不同的、肯定互不兼容的，而且实际上可能彼此矛盾的理想形象或人类生活形象的领域，在这个领域里，一个人对于这些互不兼容的形象尽管在实际上未必能经常地做到忠诚，但至少在想象上是可以这样做的。这一陈述本身不仅可作为对情况的一种描述，也可作为对于评价多样性的肯定评价。这种多样性的任何减少，都会使人的光景变得贫乏起来。矛盾形象的多样性本身正是一个人对于人类看法的基本要素之一。②

---

① 伯林，《穆勒与人生的目的》，见《自由四论》，陈晓林译，台北：联经出版公司，1988。
② P. F. Strawson，《社会道德与个人理想》，见《外国资产阶级哲学资料》，1960。

与现代小说史相平行,现代哲学史中的自由主义思想提出了生活以终极悖论告终的人生价值论。以为自由主义仅是一种关于政治制度安排的学说,显然搞错了,自由主义也是一种伦理理想。昆德拉的小说伦理观与英式自由主义哲学家的伦理思想没有什么差别,他一再告诫人们,不可对他的小说中涉及的政治故事作意识形态的解释,他讲的故事只是要表明生活像迷雾。如他所说,真正的"小说都对读者说:'事情比你想的要复杂。'这是小说的永恒真理"。

不过,昆德拉还是要明确地说,小说的天质是反专制主义的:

> 小说作为建立在人类事物的相对和模糊性之上的世界的样板,与专制的天地是不兼容的。这一不兼容性比起一个不同政见者与一个官僚、一个人权斗士与一个行刑者之间的区别还要深,因为它不仅是政治或道德的,而且也是本体论的。这就是说,建立在唯一真理之上的世界,与小说的模糊与相对的世界两者由完全不同的方式构成。专制的真理排除相对性、怀疑、疑问,因而它永远不能与我所称为的小说的精神相苟同。(《艺术》,第11页)

不难看出,昆德拉所谓"小说的精神"就是柏林的自由精神论的复述。"唯一真理"的哲学会引出专制社会,"唯一道德"的伦理学会导致专制道德,凡此哲学和伦理学都是现代之前的形而上学—神学的残余。总想把人生中的悖论搞清楚,如果它是不可解决的,也要知道何以不可解决,这是一种冥顽不化的形而上学思维。哲学,据黑格尔说，就是消除偶然性。即便不能消除偶然性或终极悖论，"唯一真理"的哲学也要反思偶然性或终极悖论。在这种消除偶然性的思想欲望中，隐藏着专制主义的萌芽。如果人们仍然习惯于把黑格尔当作现代哲学精神的代名词，昆德拉就要全盘攻击哲学。

小说只是叙述个体偶在的生活事件和交织在其中的终极悖论，不仅不要消除、解决，也不要反思。如果说，马克思主义小说的目的在于揭露各种社会不平等的现状，以便动员社会革命，自由主义小说的目的就是为了让人心里好受一点，通过讲述，给个体时间抹上一层安慰的雪花膏。马克思主义小说的叙事主体是现代社会中的群众，自由主义小说的叙事主体是现代社会中孤单的个人。昆德拉非常喜欢卡夫卡，不是没有道理。卡夫卡也喜欢个人，害怕群众：

> 在我看来，战争、俄国革命、全世界的悲惨状况同属一股恶水，这是一场洪水，战争打开了混乱的闸门，人生的救护设施倒塌了。历史事件不再是由个人，而是由群众承受着，个人被撞、被挤、被刮到一边去了。个人忍受着历史。

卡夫卡的叙事从来不离开孤独的个人，在这一意义上说，卡夫卡的小说是自由主义的伦理学。自由主义伦理学与资本主义社会的生活世界是一体的，对于卡夫卡来说，"资本主义是世界的一种状态，是人的灵魂的一种状态"。在这个状态中，卡夫卡说"我只看到东西在流动、在运动、在变化，我是叙述者"。好多人说卡夫卡十分痛恨资本主义，恐怕是一派谣言。在资本主义社会中，卡夫卡觉得自己至少还是一个"叙述者"，通过叙事，他还是一个个体；在社会主义社会中，有群众的广场，却没有个人的容身之处。

无论把卡夫卡的叙事看作对资本主义社会的批判，还是把昆德拉的叙事看作对社会主义社会的批判，都不得要领。自由主义小说只能也只想用叙事呵护现代生活秩序——无论它是资本主义的还是社会主义的生活秩序——中脆弱的个体生命。所以，我说自由主义伦理的哲学与自由主义伦理的小说有什么不同就在喃喃叙事，没有说错。自由主义伦理哲学以理析谈论终极悖论中无法理析的人生状况，自由主义伦理小说通过叙事呈示终极悖论中的人生情状。昆德拉的所谓小说理论，不过要把自由主义的伦理哲学改造成自由主义的伦理小说，"在叙事的基础上动用所有理性和非理性的，叙述和沉思的，可以昭示人的存在的手段，使小说成为精神的最高综合"。这就是为什么，对自由主义的小说来说，叙事技巧变得头等重要：叙事是一种生存伦理。

人义论的叙事伦理

呵护现代生活秩序中脆弱的个体生命的叙事本身，成为一种生活伦理，自由主义小说家负担着过去牧师的负担。

这负担轻吗？

一点不轻！现代性事件并非等于道德这回事没有了。善恶分明的道德法则消逝了，善恶相对、模糊的道德还是有的。只要人在这世界中扎堆,就不免摩擦出善恶、不免有道德的事要发生。昆德拉希望"小说成为精神的最高综合",表明他在崇拜卡夫卡的自由主义小说精神的同时,又想成为小说理论中的黑格尔——"精神的最高综合"是典型黑格尔的大全式哲学的述词。幸好昆德拉没有希望小说成为"历史的最高综合",不然就让人难免疑心他想当小说界的马克思了。

希望"小说成为精神的最高综合",使昆德拉的小说叙事显得像哲学,喜欢说教。不过,既然昆德拉的小说伦理是自由主义的,对于昆德拉来说,小说的喃喃叙事负有重整生活信念的现代使命,他所谓的"精神的最高综合"就当是自由主义精神的最高综合,是反形而上学的、实验性的生活信念。

什么是一个信念?它是一种确定、固定不变的思想,而"有信念的人"则是一个被限制的人;实验性的思想不想去说服而是启发,启发另一种思想,将思想开动起来。所以一个小说家应当有系统地将他的思想非系统化,朝他在自己思想周围筑起的街垒踢上几脚。(《遗嘱》,第174页)

要达到这种"最高综合",首先得克服传统的宗法式道德信念。在《小说的艺术》和《被背叛的遗嘱》中,昆德拉讲了许多小说家讲的故事,编织了复叙事的纬语,还大讲小说家前辈们的私事,无非想说明,小说家绝不仅仅讲故事,也身体力行一种自由的信念伦理。昆德拉回顾克服传统的宗法式道德信念的历史过程,同时就在描述自由主义小说伦理的形成过程:在中古时代最后的四百年,宗法式的价值观坠落了,小说从这一过程中诞生,开始探察个人面对道德相对和模糊处境的可能性。

自由主义伦理不是古已有之,而是传统的宗法式道德坠落的结果。不过,自由主义伦理并不是唯一的结果,而是几种结果之一——另外还有马克思主义伦理和保守主义伦理。

自由主义伦理与这另外两种现代性伦理的差异在哪里?政治文化理论家罗蒂(Richard Rorty)对昆德拉钦佩得有些不知所以,从他的小说中得到过不少启发。据罗蒂说:

> 寻找基础与企图重新描述之间的不同,恰好标示着自由主义文化与旧的文化生活形式的差异。因为依其理想形式,自由主义文化是一个彻头彻尾启蒙开明的、世俗的文化:这个文化丝毫不残留神的遗迹——不论其是以神化的世界还是以神化的自我形式存在;这个文化不相信人类应该向任何非人的力量负责;这个文化丢弃或彻底重新诠释神性的概念,以及"奉献给真理"和"满足精神最深刻的需要"等概念。在理想上,非神化过程的最高境界就是我们有能力不再认为下面这个观念有用:有限的、会死的、偶然存在的人类,无法从其他同样有限的、会死的、偶然存在的人类得出他们生命的意义。在这理想的自由主义文化中,"相对主义"的警告,质问社会制度是否在现代已经日益"合乎理性",或怀疑自由主义社会的目标是不是

"客观的道德价值",统统会令人觉得莫名其妙。①

马克思主义伦理和保守主义伦理与自由主义伦理相对照,显得是现代生活世界中的旧文化形式,因为它们仍然在寻找人类生活中确定、共同的价值"基础"。尽管马克思主义伦理和保守主义伦理对这"基础"的理解是完全不同的,性质却是一样的:都是一种神义论的伦理。神义论伦理就是过去的文化生活形式,在那里,神的现实性规定了人的可能性。现代的生活世界是一个陷阱,"在成为陷阱的世界中,人的可能性是什么?"(《艺术》,第38页)马克思主义伦理学构造出历史理性的新神来重新规定人的可能性;保守主义伦理学则竭力施展招魂术,要把过去的神重新唤回到现代社会中来,让人不要掉进现代社会的陷阱。在自由主义伦理学看来,通过重新描述(讲故事),人生陷阱成了人的可能性得以出现的场所。自由主义小说从事的就是这种重新描述的事业,它使小说不再具有所谓的"文学性质",而是承负人生的意义证明的重负,"建议人们如何修改道德示范和顾问的准则"(罗蒂)。

人生的意义问题由小说家,而不是由神学家或者形而上学家来回答,表明人生的意义证明由神义论变成了人义论。昆德拉所谓小说的"精神的最高综合",就是这种人义论的人生意义证明。对昆德拉来说,小说既不是供人茶余饭后的消遣嚼物,也不是社会革命的动员工具,而是重新描述人的道德可能性,寻求在不确定的人生可能性中可能

---

① Richard Rorty,《偶然、反讽与团结》,徐文瑞译,台北:麦田出版社,1998,第100页。

生活得幸福的条件。

前现代的宗教—道德价值观的坠落与小说价值观的兴起,是神义论与人义论的嬗替。人义论的出现的确与小说大有关系,昆德拉对此不乏敏感。但昆德拉在炫耀自己的博学时,忘记提到通过小说叙事使人义论出场的一位关键人物——鼎鼎大名的卢梭。

卢梭是人义论的理论大师,也是一位小说家,他的自传体叙事名义上是《忏悔录》,却并不像奥古斯丁或托尔斯泰那样在心中的上帝面前悔过,而是在传统的上帝面前炫耀自己的自我及其与生俱来的善和恶。"奥古斯丁让他的社会公民为忏悔自己的过失与善行做见证,在卢梭的《忏悔录》中,社会公民上升到最高判决人的位置上去了,万能的上帝和造物主沦为人类法庭中的见证人;因为有了卢梭的总账簿,原来保存在上帝宝座边上的人类总账簿便成了可有可无的东西。"① 《爱弥尔》讲的人类自我教育的故事,就是人成为有欠缺的上帝的过程。这一自我教育的过程也就是罗蒂所谓的"重新描述"天上和人间的个人经历,在这种情感教育的经历中,人不仅学会了独自为天堂极乐的丧失承担责任,而且在生存上让自己文学化(小说化)了。卢梭的小说已经通过对自己的叙事完成了一种人义论的"精神的最高综合",回答了"在成为陷阱的世界中,人的可能性是什么?"的问题。虽然卢梭是政治自由主义还是专制主义的人义论思想家,世人论争了一百多年,还没有搞清楚,但卢梭在其两部影响深远的小说中是个自由主义者,

---

① Hans Robert Jauss,《个性的宗教来源与审美解放》,见刘小枫编,《现代性中的审美精神》,上海:学林出版社,1997。

几乎没有什么可争议的。昆德拉提到的托尔斯泰、陀思妥耶夫斯基、卡夫卡、布洛赫对"在成为陷阱的世界中,人的可能性是什么?"的回答,恰恰不是人义论的。昆德拉的小说伦理学的源祖其实并不是他在《遗嘱》中提到的那些人,而是这位他提也不提的卢梭。

这牵涉到一个相当重要的问题:自由主义伦理必然是人义论的吗?

自由主义伦理实际上有人义论的和神义论的两种形式。自由主义伦理学包含自己的本体论和认识论,它们围绕没有统一性和命定的生存可能性——生命在体的偶在性,其认识论的使命是,搞清楚什么是不确定的、绝然个体性的生存可能(偶在)性。在这一在体论和认识论的基础上,自由主义伦理学出现了巨大的分歧。我这里指的还不是自由主义理论家的思想分歧,而是小说家的分歧。昆德拉所谓的小说"精神的最高综合",在陀思妥耶夫斯基或卡夫卡的小说精神中是找不到的,这两位昆德拉推崇的小说大师,都不是人义论的,而是神义论的自由主义小说家;在他们那里,个人的账簿仍然保存在上帝的宝座边。

神义论的自由伦理的可能性是昆德拉(以及卡尔维诺)的小说伦理学有意无意想要对下一个千年隐瞒的大问题。不过,既然昆德拉避开了神义论的自由主义伦理,我也不必非要同他纠缠,我会同比如卡夫卡专门讨论这一问题。在这里,我只想搞清楚,昆德拉的人义论自由主义伦理学究竟主张些什么,以及这种伦理学是否可以给人提供足够的呼吸空气。

幽默神圣清洗道德归罪

《被背叛的遗嘱》以叙事纬语的方式讨论小说的生存伦理负担或人义论的 onus probandi（证明的重负）。

除第九章这篇昆德拉为自己虚拟的悼词外，《被背叛的遗嘱》的叙事纬语以"将道德判断延期"和"亵渎神圣"起始，以"雾中的小径"结束。这种篇章结构安排当然是精心设计的，其中隐含着人义论的自由主义伦理学的内在逻辑。

据昆德拉说，（自由主义的）小说叙事首先以吊销旧的道德归罪为己任。拉伯雷的幽默叙事之所以成为地道的"小说"，就因为它是"道德判断被延期的领地"。不要在小说叙事中寻找政治的、宗教的、道德的影子，就是拉伯雷的幽默叙事留给二十一世纪的精神遗产。

什么叫道德归罪？

道德归罪是依教会的教条或国家意识形态或其他什么预先就有的真理对个人生活作出或善或恶的判断，而不是理解这个人的生活。拉伯雷的小说通过幽默叙事吊销了道德归罪的法权，把道德归罪排除在小说领地之外："小说家并不是绝对地反对道德判断的合法性，他只是把它逐出小说之外"（《遗嘱》，第7页）。由于小说领地是真正人的生存可能性的领域，通过幽默的叙事，小说家就从道德法官手中夺过了生存领域的拥有权。

小说叙事如何吊销道德归罪对生存的支配权？

要搞清楚这一点，先要晓得，道德归罪的支配权是从哪里禀得合法性的。在欧洲社会的文化传统中，道德归罪的合法性得之于上帝的道德法官形象。吊销道德归罪的生存支配权，先得吊销上帝的道德法官形象。用什么方式吊销？现代小说叙事传统提供的吊销方式是幽默的亵神。这一从拉伯雷到托马斯·曼的小说手法，被昆德拉视为人义论自由主义小说伦理的优良传统，他自己在讲故事时自觉地继承这一传统。在《生命中不能承受之轻》中，昆德拉把圣杯比作尿瓶，谈论上帝存在的话题时，插入谈论大便的议论。据说：

> 我，一个没有受过任何神学训导的孩子，很自然，会抓住上帝与大便不能共存这一事实，来怀疑基督教人类学中的基本论点。就是说，人是按照上帝的形象造的吗？二者必居其一：人是按照上帝的形象造的——上帝就有肠子！——或者说上帝没有肠子，人就不像他。……与其说粪便是邪恶的，倒不如说它是一个麻烦的神学问题。自从上帝让人自由，上帝就无须对人的罪过负责，而作为人的创造者，他应对人的粪便负完全的责任。

这就是昆德拉继承的亵神的幽默。

这种亵神省却了与身穿道德法衣的神及其道德谱系争执的麻烦，因为与道德的上帝争执是无用的、不会有结果的。亵神的幽默是走出传统宗教—道德法权支配领域的有效方式，其语言方略是对神的拟人式想象，或者说把无神论的上帝想象反过来运用：上帝不过是人的形象的放大，亵神的幽默只需要把放大的上帝形象还原成人的形象就可以了。丹东的门徒在攻击罗伯斯庇尔的道德理想主义时用

的就是这种亵神语式和幽默方略:

如果亲爱的上帝跟我们一起闹牙痛,害淋病,被活埋,或者至少总是提心吊胆地想象着被活埋的滋味,这未免有失他老人家的尊严了。(毕希纳,《丹东之死》)

这是一种转变语义的语言方略:同传统的上帝语义论辩是徒劳的,一论辩就会陷入神义论的上帝语义,转变传统的上帝语义最好的办法就是换一种说法。而换一种说法去说,是小说家的本行。昆德拉看到,通过亵神的幽默剔除道德上帝的法权,生活世界中道德的模棱两可的本来面目就显露出来。承认生活世界中道德的模棱两可,就会是自由主义伦理的基本原则。可是,在亵神的幽默与道德的模棱两可之间,具体的连接关系是怎样的,昆德拉从来没有说清楚过。

赞赏昆德拉的罗蒂为他做了补充。在《私人的反讽与自由主义的希望》这篇文章中,罗蒂讲述了一个与昆德拉的"小说兴起之谜"主题相同的伦理意识变迁的故事。上帝语义是一套"终极语汇"(final vocabulary),也就是一切人生和世界难题最终可以在其中得到圆满解释的语汇,可以为悖论人生中的信念和希望提供最终理由的语汇。传统的上帝语汇有如下三个特点,唯一性——因为其背后拥有一个确定的本质性实在;可以为确定无疑的道德归罪提供尺度;从而可以为个体人处于稳定的道德状态提供依靠。现代小说兴起之后,出现了一群"反讽者"(ironist),他们认为,"终极语汇"其实只是每一个人随身携带的一组私人语汇,每个人形成自己的"终极语汇"都是偶然的,根本就没有什么唯一的"终极语汇"及其背后确定的本质性实在。"反讽者"因此不仅对传统的上帝语义,而且对自己的上帝语义(终极语汇)都保持不断的质疑,懂得任何一个人的"终极语汇"都是不可能得到终极论证的——因为终极论证所必需的确定的本质性实在(所谓"内在的本质"、"真实的本质")是不存在的,所有的终极论证只是在重新描述"终极语汇"而已。一个人只是被迫用生存环境可能提供给他(她)的语汇来陈述自己的处境,建立自己的"终极语汇",或者通过修正自己盲目接受的"终极语汇"来修正自己的道德身份。

  罗蒂的"反讽者"就是昆德拉讲的那些能够幽默神圣的文笔家,他们专干重新描述"终极语汇"的事,他们创造而不是发现私人的"终极语汇",追求个人的"终极语汇"的多样性和新奇性,而非寻求与一个所谓客观存在的终极实在或价值相符合。在生活实践的意义上说,这也就意味着寻求道德的多样性和生活信念、生活方式的新奇性。无论就创造私人的"终极语汇"还是就寻求生活信念、生活方式的新奇性而言,都只是一种诗性的(纯属私人自己创造来为自己所用的)语言游戏,有如小说家运用的叙事技巧。叙事技巧的繁复和多样,正好表达个人道德生活的繁复和多样。由于每个人都有自己的终极语汇,为确定无疑的道德判断提供的尺度就仅是私人有效的,为稳定的道德状态提供的依靠也是私人化的,道德的模棱两可状态就自然而然地出现了。由此可以看到小说与个人的道德生活的直接关系,罗蒂对"文学"定义的重新描述把这种关系讲得很清楚:

只要一本书有可能具备道德相关性——有可能转变一个人对何谓可能和何谓重要的看法，便是文学的书。这与此书是否具备"文学性质"毫不相干。现在文学批评家不应该再从事所谓"文学性质"的发现和阐述，而应该建议如何修正道德楷模和顾问的准则，建议如何缓和与传统的张力，或如有必要，加剧这些张力来促进人们的道德反省。①

基督教伦理是归罪的道德？

耶稣告诫人不可自居为别人的道德法官：

不要评断人，上帝就不评断你们；不要定人的罪，上帝就不定你们的罪；要饶恕人，上帝就饶恕你们。（《路加福音》，6：37）

人为什么不能当别人的道德法官？耶稣讲的道理好简单：

瞎子不能领瞎子的路；如果这样，两个人都会掉进坑里去。（《路加福音》，6：39）

人在道德上根本就是一个瞎子，怎么可以成为另一个人的道德指引？

那句在妓女面前"谁可以扔石头？"的质问，就是对人间的道德法庭的否定。基督信仰否定个人具备自己的"终

---

① Richard Rorty，《偶然、反讽与团结》，同前，第154页。

极语汇"的可能性,承认生活世界中道德的模棱两可,看到道德律法主义的悖谬。人应该是道德的人,这是人世间的群体生活习传伦理的规定,并不是基督的上帝信仰的规定。基督的上帝不是道德的律法神,而是看顾无法完全做到纯粹道德、总是有欠负的人的天父。但基督信仰并不以为,人就可以自己为自己创造"终极语汇",在道德的模棱两可中心安理得地沉醉。神义论的自由主义伦理是在道德的模棱两可中"终究意难平",在"终究意难平"中唯有信靠基督的上帝,他给在道德的相对性中难免有欠负的人带来生命的依持。人义论的与神义论的自由主义伦理的不同因此在于,人义论要推开宗法的上帝,让个体的自我欲望成为自己的宗法上帝,在道德的相对性(模棱两可)中沉醉:

幽默:天神之光,把世界揭示在它的道德的模棱两可中,将人暴露在判断他人时深深的无能为力中;幽默:为人间诸事的相对性陶然而醉,肯定世间无肯定而享奇乐。(《遗嘱》,第32页)

昆德拉对"道德归罪"的攻击,主要指的还不是传统社会中的宗法道德秩序,而是罗蒂所说的"现代社会文化中的旧文化形式"。在昆德拉生活的人民民主文化制度中,道德归罪是日常生活的基本现实,其道德归罪的社会控制系统是人民民主意识形态建立起来的。直到二十世纪的今天,小说叙事吊销道德归罪的历史使命也还没有完成,这就是为什么昆德拉的小说要自觉地继续担负这一使命。

在道德相对性中沉醉

道德的模棱两可意味着人生世界无可归罪,一旦道德法官的上帝被亵神的幽默逐出人的生活世界,人世就呈现出道德相对性的面目。可是,道德相对性不等于道德虚无主义,排除道德归罪并非等于小说不讲道德:"将道德判断延期,这并非小说的不道德,而正是它的道德。"小说有自己的"道德",这种道德关注个人的生存晕眩(沉醉),与政治、宗教、道德不相干。传统的宗法伦理的道德判断基于普遍性的道德理想和典范,必然会抹煞个体生命的具体性和差异性。对于自由主义伦理来讲,生活中的个人不是善与恶的范例,不是天庭秩序支配下的现世秩序中的臣民,而是自主的、依自己的价值偏好生活的具体个人。中止传统的普遍性道德判断,个体生存的血肉和经脉才浮现出来,小说的道德就是这个别人的血肉和经脉。

小说叙事中的个人并不是现实生活中的人,而是昆德拉所说的"想象的人物"。昆德拉看不起现实主义小说,模仿或写实的小说其实是"假小说","真"小说都是想象的、虚构的,小说叙事中的人也是虚构的、想象的。自由主义伦理就像自由主义宪政一样,是人的自为建构,而不是社会机体的自生德性。自由主义小说的叙事描绘的是自为性的个体存在、依自如道德生活的个人:不做"善与恶的范例",不做历史的"客观规律的代表"。自由主义的小说叙事就是如此才成为新的伦理学的,昆德拉甚至说,人权(个人价值偏好的自由权利)在西方社会得以确立,基本上是近代西方小说的功绩。

昆德拉肯定道德相对性中的沉醉是什么意思？在道德相对性中沉醉不是说怎样都可以，而是各人有自己的道德。亵道德之神、把道德之神逐出生活世界，并不等于无神论，而只意味着道德神的个人主体化或者私人化。

> 个人，即我思，取代作为一切之基础的上帝；人可以继续保持他的信仰，在教堂里下跪，在床上祈祷，他的虔诚从此只属于他的主观世界。（《遗嘱》，第8页）

这段明确表述人义论自由主义伦理的话让人觉得是从韦伯的书上抄下来的：个人有自己的生命基础的上帝。各人都有自己的身体，每个人的身体想象不同，每个人的上帝想象自然不同。如果生活道德不是一个相对性世界，某一种道德理解成为绝对的道德神，对其他人来说，就出现了道德专制。亵渎神圣不等于一无所信，吊销道德归罪不等于个体不再有信仰。不再信仰道德神，只是信仰转移了信仰的对象：信仰我欲—我愿的自然权利。昆德拉并不打算让个体生命成为无根的飞蓬，个体伦理的根是系在个体自己的自然偏好上的。

旧约之神是道德之神，新约的上帝是超逾善恶、同样照耀善恶的上帝。昆德拉是否想从旧约之神转向新约的上帝呢？不！人义论自由主义的小说叙事并不宣示任何新的宗教，而"是想生活自己的信仰"。昆德拉把在相对性的狂欢节中沉醉提升为生存信念，打算推荐给下一个千年的人们，他的人义论的自由主义伦理就像是卢梭和尼采的人义论加在一起。

道德相对性的世界对抗的是道德的国家法庭——伦理国家的世界，具有社会法权的道德执法团体——比如党组织、团组织——及其道德观念系统。道德相对性的世界无异于一个道德无政府状态——没有道德法庭，大街上也没有道德警察。道德的相对化就是个体的自我感性的绝对化，这种相对化后的绝对化——多元杂多的绝对化，才会抵消道德专制的绝对化。人义论自由主义小说的叙事总带有个人的尖锐性，因为个体的自我感性的道德总是我的身体道德，每一个人都"想生活自己的信仰"。道德只是个体自主的感觉价值偏好，个体的我思、我欲、我愿取代了道德法官的上帝的位置。相对性道德就是每一个体有自己的、只属于自己的道德神，由我思、我欲、我愿设立的道德法庭。在道德相对化的生活世界中，道德法庭其实还是有的，不过是自我内心的道德法庭；道德警察也还是有的，不过只在自我内心巡视。道德律令只是"应该"的有限且相对（于别人）的律令，没有"你应该"或"我们应该"的普遍道德律令。

由于各人有各人的道德上帝，生活世界的道德秩序就是由无数个体的绝对的道德原则构成的，这些道德原则加起来，就构成了一个只有相对性的道德世界。可是，个人只需要看守住自己的自我生活的情形，只有在修道院和寺院里才有。具有自己的道德上帝的个人在社会中生活，与他人交往，就会出现个体化的道德冲突，产生道德事件。由此构成的道德的关系都是相对性的，个体就面临如何在只有相对性道德世界中自持的问题。

就拿性道德来说，性感及其道德感是相对性的。对于传统的柏拉图—诺斯替—基督教的道德观来说，性爱无法避免罪过的胎记，总带着生存上的负疚；如今，性感被美化、抒情化乃至神化，这两种情形都是道德专制论的。昆德拉说，"抒情的性比上世纪的抒情情感更让人好笑"。性是"模棱两可"的：既让人亢奋，又令人反感。究竟是让人亢奋，还是令人恶心，就要看个人自己的性道德观及其与谁相交了。对性事的道德感觉并没有一种客观的尺度，性道德的述词也不再是善或恶、符合还是不符合习传的道德表，而是个人身体感觉的亢奋或恶心。这就叫在相对一性中沉醉。

生活世界的道德品质同样如此：生活是模棱两可的，既让人亢奋，又令人恶心。生活道德的述词不是真实或非真实、善或恶。无论性感还是生活感，都只是一个个人自己的感觉、令个人自己昏眩（沉醉）的密度。自由主义的小说叙事既要捕捉让人亢奋的瞬间，又要把握令人恶心的时刻，两者都是个体真实的生活世界的感觉。

在相对性中沉醉，需要一种情感的距离。

在实际生活中，个体往往难以保持这种距离，以至于情感介入过深，结果使得在道德相对性中沉醉变得不可能。人义论自由主义的叙事可以提供一种自如沉醉的伦理训练，即昆德拉所说的冻结情感。昆德拉从二十世纪的诸多道德情感化的政治运动中看到，道德情感的肆滥必然导致人与人之间的残害，事事都要问情感如何，是一种"心灵的恐怖"，双手沾满鲜血的狂热分子从来就吹嘘伟大的情感。道德专制与情感专制是一个铜板的两面，所以，应当结束愚蠢的情感调查，学会让情感非道德化。斯特拉文斯基的叙事音乐之所以伟大，就在于它不仅拆除道德法庭，也要拆除情感法庭；谁如果听懂了斯特拉文斯基的音乐，就会懂得，湿润的眼睛并不比干涩的眼睛更有价值，放在心口上的手并不比揣在裤袋里的手更高尚。

不可以把在道德相对性中沉醉理解成情感性的沉溺，毋宁说，自如的沉醉是一种情感性的明智，这可以看作是人义论自由伦理的基本德性之一。人义论自由主义的小说叙事要负起训练这种德性的责任，不仅要描绘只有相对性道德的生活世界，更重要的是涵养在这种道德相对性世界中自如的心性。

然而，反对情感的道德政治化的正当斗争，是否应该推导出否弃任何道德情感？是否可以提出一种情感中立的道德原则？

兴奋的伦理价值

"冻结情感"的提案是否真的冻结了情感？

如果说取消伦理国家的道德法庭的结果是个体道德相对的绝对化，那么，取消社会政治的情感法庭的结果就是个体情感相对的绝对化。

相对化个体情感的绝对化是什么意思？是即兴的兴奋：某种高涨的情绪感动上升到不可承受的程度。这意味着绝对认同、完全投身于个体自身相对而有限的现在的时刻，忘却往昔与将来。

如果抹去将来，以及以往，现在的那一秒钟便处在空虚的空间里，在生活和它的年表之外，在时间之外并独立于时间（这也是为什么人们可以将它比之为永恒，永恒本

身也是对时间的否定)。(《遗嘱》,第84页)

现在的时刻成了永恒,相对的情感就成了绝对的情感。在昆德拉看来,"兴奋的一刹那重于整个一生"的价值感觉是自如伦理的价值表中的基本价值。兴奋的时刻不一定是重大的神秘时刻,更多的是日常的、平凡的,甚至庸俗的时刻。

幸福就在平庸之中。

在这一意义上,自由主义伦理是反浪漫主义伦理的。重要的不是为什么而兴奋,而是兴奋本身。萨宾娜半裸着身子,头戴父传的圆顶礼帽,从镜子里看着自己自慰而兴奋;或者想象托马斯戴这顶圆礼帽看自己排便,突发兴奋,就把托马斯拖倒在地毯上,即刻发出性高潮的喊叫。幸福就从这种纯然个体性的日常感觉中浮现出来。

但是,兴奋不可以从情感化方向来理解,那样会使兴奋道德化。昆德拉举例说,二十世纪的摇滚音乐狂热而不动情,它颠覆了道德化的感伤主旋律:

它(摇滚的瞬间)不是情感的,它是狂热的,它是兴奋一刻的持续:既然兴奋是从时间中夺来的一刻,一个没有记忆的短暂一刻,被忘却所包围的一刻,旋律的主题没有空间来展开自己……(《遗嘱》,第234页)

古典的情感总有自己的对象——为了什么而动情,兴奋不为了什么,正因为如此,它才让人感受到幸福的密度。兴奋的生活价值只在于心跳加快、两眼昏花的即兴的此刻状态,这才是一个人最属己的幸福状态。古典的情感是为它而生的，兴奋是自为而生的。任何超出了个体身体的价值都不适用于兴奋的现在，在兴奋的现在中，个体身体才回到了自身，没有需要操心的他者关系，没有让人难过的与过去或未来的时间关系。专制的道德归罪正是依据过去或将来的连带关系来评判现在，切断现在与过去和将来的联系，专制的道德法庭就无从评断现在。

生活，是持续不断的沉重努力，为的是不在自己眼里失落自己，永远坚实地存在于自己，在自己的状态中。只消走出自己瞬间一刻，人就触及死亡的领域。(《遗嘱》，第85页)

看来，昆德拉并没有像他倡导的那样"冻结情感"，而只是重新描述了情感。这种重新描述并不等于就是情感的非道德化，毋宁说，兴奋是另一种道德化的情感：在现在此刻中沉醉的情感道德，因为现在此刻的兴奋就是昆德拉所谓的幸福论：每一次兴奋、即刻的兴奋是人生中"一种不可模仿的幸福，这种幸福表现为飘然而不负责任的想象，表现为发明和使人惊讶的快乐，甚至是通过一个发明而使人惊骇的快乐"(《遗嘱》，第87页)。在这一刻里，没有判断、欣赏、反思，没有观念化、意识形态化的激动，只彻底浸淫在自己的身体感觉之中。穆勒说过，幸福不会有先验的理由，只是个体愿望的实现，而不论愿望的是什么。昆德拉用叙事伦理的表述重复了穆勒的自由主义幸福论，并攻击马克思主义的人类幸福论——所谓"全人类的"幸福绝然是一种谁也不可能享有的虚构的幸福。在人民民主社会的日常生活中，充满了这类由国家计划安排的虚构、伪造的幸福：为了国家、民族或人类的未来事业献身的幸福。个体自己的幸福被计划经济似的规定为人民的幸福，然后安排给了人民的事业，一个人在自己的性感经历中从来没有感觉过兴奋，就没有什么好奇怪的了。

人义论自由主义的幸福像市场经济中的消费品，个体到超市自由挑选，消费品的价值由消费者的主观感觉来决定。生命中的幸福有如消费品，不是用过了就不再会有的东西，而是用过了还会有、喜欢用就有得用的东西。昆德拉的兴奋就像这种用过一次还有的东西，据他说，兴奋不是一次性的，并不单调，也不怕重复；它不需要创造过多的词藻来修饰自己，因为每一次兴奋的真实太丰厚了。兴奋就是幸福，重复兴奋，本身就是一种幸福，不断地重复兴奋对于个人生活的幸福就变得相当必要和有意了。兴奋的此刻总是稍纵即逝的，只有不断地重复兴奋，个体才能让自身与属于自己的此刻现在维系在一起。如果只是在回忆中把握兴奋，就使兴奋成了自慰的幸福，如此经受的兴奋就成了抽象的现在，而不是具体的、有体温的现在。

> 人们只在过去的时间中认识现实。人们不认识它在现在时刻，它正在经过，它在的时刻的那种状况。然而现在时刻与它的回忆并不相像。回忆不是对遗忘的否定。回忆是遗忘的一种形式。（《遗嘱》，第 126 页）

小说叙事抗衡现在的消逝，使人总是在现在时刻而非过去的时间中感受兴奋。叙事的时间不仅挽留住，而且延长了兴奋的现在时刻。叙事场面在自由主义小说中具有的重要作用，不是文学性的而是伦理性的，它给兴奋的现在时刻提供了保鲜的冷冻空间——由叙事语言制造的冷气来保鲜的此刻时间。冈察洛夫的《悬崖》用了四十多页叙述一个人从床上坐起来到下床的现在时刻;《尤利西斯》用近九百页描写十八小时的生活——兴奋的现在时间不仅被挽留住了,也被放大了;《追忆逝水年华》的叙事把一个人兴奋的现在时间带入无时间的生存晕眩。

在被挽留住的兴奋的现在时间中,个体生命沉醉于自己的生存晕眩。

生存晕眩很可能是人义论自由伦理的终极人生境界,无怪乎昆德拉在自己的小说叙事中注重描写生存的晕眩,在他的小说伦理学中,一再提到生存的晕眩——小说叙事提供的个体在世的即刻兴奋的在体状况:

寻找失去的现在,寻找一刻间的真实旋律,要使人惊讶和要捕捉住这一逝去的真实的欲望,因此而揭穿即刻现实中的神秘的欲望。即刻的现实在我们的生命中不断地落荒逃去,我们的生命因此而变成世上最不为人知的事物。(《遗嘱》,第136–137页)

小说叙事成了自如伦理的机体,让个我的身体现在的真实恢复真相,一个人的生存真相只会出现在被叙事挽留住的兴奋的现在时间中。不仅如此,小说的喃喃叙事还可以培育自由的伦理感觉和品质,抹去国家政治、习传宗教、传统道德抛在一个人的现在一刻上的种种陈词——它们都有一个罪恶目的,让个我忘记自己的兴奋,以至于让人根本没有经历过人生晕眩的高潮。

行走在生存雾霭之中

昆德拉的人义论自由主义伦理学在生存晕眩的我在兴奋论上走向了个体自由德性的圆融：超逾归罪、寻求意义的人生。昆德拉的小说叙事伦理学宣称，要照亮哲学、社会学和政治学都无法进入的神秘之地，这神秘之地就是不寻求生命意义、不为什么事业奋斗的人生。为生活本身寻找一种意义、为这种或那种事业奋斗，会错过兴奋的生存晕眩。托马斯和特丽莎的生存感觉的差异就在于此：托马斯一直在为自己的事业奋斗，特丽莎只想过相契的两人生活。托马斯最后承认，他差点错过了幸福。

寻求意义的人生必然导致归罪的人生，因为，所要寻求的意义不是一个人的身体能够拥有的东西，难免成为捆束人身的道德绳索。道德归罪就是用道德绳索捆束人身，其正当性依据就是寻求意义的人生。道德归罪有两种，他人归罪和自我归罪。我在前面已经谈到过他人归罪的情形。在昆德拉看来，更可怕的是自我归罪。据他说，卡夫卡讲故事的主题几乎都关乎自我归罪：从没有做任何坏事，或者说不知自己做过什么坏事的K生活在他人归罪的处境中，日子久了，K开始觉得自己真的有罪，开始用不是自己的道德原则来审判自己的生活。自我归罪是个人的一种生存状态，由社会的或意识形态的他人归罪来审判自己，自己让自己变成有罪的人。

无论哪种归罪，都是道德形而上学的。所谓道德形而上学，就是要求每一个人寻求既定的有意义的人生，有如古典音乐，生活必有一个主旋律，和音是为此而配置的。人义论自由伦理有如现代音乐：生活中没有主旋律、没有调性，当然也就谈不上非要有走向终结的和声解决。要克服道德归罪，必须抛弃寻求有意义的人生这一道德形而上学的律令。人义论自由伦理用"兴奋的道德"对抗道德归罪，让个体的生命不再受寻求既定的有意义的人生这一道德形而上学律令的支配：

> 兴奋的道德与审判的道德相反，在它的保护之下大家都做他们想要做的事。每个人都已经可以吮自己的大拇指，……这是一个没有任何人准备要放弃的自由。请看看地铁里您周围的人们：坐着的，站着的，每个人都有个手指放在脸上的一个孔里，在耳朵、嘴、鼻子里。没有人感到被别人看见，每人都在想着写一本书去说出他的不可模仿的独一无二的掏鼻孔的自我；任何人不去倾听任何人，大家都在写作，每个人都像跳摇滚一样写作：单独，为自己，集中在自己，其实却和所有别的人一样重复相同的动作。在这种形式统一化的自我中心主义的境况中，负罪的感觉不再和过去一样起同样的作用：法庭始终在工作，但是它们仅仅为过去所入迷；它们只瞄准着世纪的心脏，他们瞄准着上年纪或死去的几代。（《遗嘱》，第235页）

如果"兴奋的道德"战胜了"审判的道德"，人生过程就变得迷雾（道德的模棱两可）般迷漫。昆德拉用生存迷雾比喻没有道德法庭和道德归罪的生存状态，与晴天白日的生存状态形成对比。在迷雾中前行与在黑暗中或艳阳天中前行大不一样。黑夜与光明相辅相成，雾中的光景没有光明与黑夜之分,也就是没有善与恶之分、有意义与无意义之分。

在黑暗中,人们什么也看不见,人们是盲目的,人们受到制约,人们不自由。在雾中,人是自由的,但这是在雾中的人的自由。(《遗嘱》,第238页)

昆德拉毕竟是自由主义的伦理思想家,懂得人的道德自由的有限性。他提供的这种心安理得的自由伦理,不是大智大慧、洞彻人生的伦理,而只是一种在有限的现在中享有的自适伦理,一种自慰的自由。无需寻求有意义的人生,就好像无需寻求令自己心跳的爱者,既然如此,自慰的自由就是再合适不过的了。

问题是,在迷雾中前行,过不寻求有意义的人生的生活,是否真能心安理得?自慰的自由是否真的舒服得很?

毕希纳看到,人义论自由伦理最终会在冲动的自由身上撞得粉碎。昆德拉却觉得,"随着思想的自由,词语、态度、笑话、思索和危险思想的自由,理智上的挑衅日益缩减,在普遍趋炎附势的法庭的警惕监视下,冲动的自由日益扩大"。(《遗嘱》,第236页)昆德拉比毕希纳看得透彻?

与看不起深度思想的昆德拉讨论这些问题是徒劳的,我已经搞清楚,这只是他理解的自由伦理而已。但昆德拉在其叙事伦理学纬语中偏要说,这也是许多别的自由主义小说家的伦理见解,比如卡夫卡的见解,这让人难以袖手旁观。卡夫卡对道德归罪的理解真的像昆德拉说的那样?昆德拉喜欢讲卡夫卡,但恰恰在道德归罪这问题上,他会不会完全误解了卡夫卡?

  Kein Gedicht kann Sünde sein für eine Schuld［罪无法用诗来救赎］——特拉克尔如是说。

  对这种诗人感觉,昆德拉能说什么?

一片秋天枯叶上的湿润经脉

卡夫卡的小说和他的婚事

卡夫卡初见菲莉斯小姐,就印象不佳,觉得她清癯而骨骼宽大的脸把木然表达得过于淋漓尽致。

虽然如此,卡夫卡还是与菲莉斯订了婚。

卡夫卡不在乎女人的外貌,而是看重内在气质?

这次订婚在1914年的五月底,七月卡夫卡就提出解除婚约。这时,卡夫卡开始写作长篇小说《诉讼》。卡夫卡一心想当作家,已经写过,也发表过不少作品。但《诉讼》是卡夫卡写作的一个决定性的新开端,这部长篇叙事作品蕴涵的意味是他的作品前所未有的。

人们没有留意到,《诉讼》的写作与卡夫卡同菲莉斯的婚约纠葛是一次平行事件。

解除婚约后不到半年,卡夫卡与菲莉斯重逢,从此开始维持了差不多两年的暧昧关系——其间还同居过,尽管时间很短。暧昧关系进行到 1917 年七月,卡夫卡再度同菲莉斯订婚。同样不到半年时间(十二月),卡夫卡又提出解除婚约。①

小说《诉讼》就是在这种婚还是不婚的彷徨时期写成的,诉讼叙事的过程与卡夫卡的两次订婚、解除婚约和其间的暧昧关系过程逆向交错而行。德语 Prozess 本身就有两个含义:过程和诉讼。

"诉讼"的过程与订婚—解除婚约的过程是什么关系?

菲莉斯不漂亮,卡夫卡也说不上英俊。

这倒是人的常相,不是小说或电影中常见,而日常生活中罕见的美女俊男。卡夫卡是一个会写作的男人,作为男人,卡夫卡喜欢长得漂亮的女孩子。他有过三次与"妩媚的女孩子"的爱遇,据说(有新发现的书信为证)还曾与自己的未婚妻菲莉斯的女友有过一个私生子,她就比菲莉斯漂亮好多。

既然一开始就不喜欢菲莉斯,为什么卡夫卡要与这个女人订婚?想结婚才订婚,不然的话,只是同"妩媚的女孩子"不断地有爱遇就够了。订了婚当然就得准备真的结婚,与某个女人一起过日常的生活;解除婚约是因为各种可以想象和无法想象的原因不愿同这个女人进入婚姻——据卡夫卡自己说是因为害怕同一个女人(并非只是菲莉斯)进入共同的日常生活。想结婚和害怕同一个女人共同生活都是过于人性的愿望和感觉,没有什么好奇怪的。奇怪的

---

① 卡夫卡的婚约故事,见瓦根巴赫:《卡夫卡传》,周建明译,北京:北京十月文艺出版社,1988,第 97–117 页。

▲ 卡夫卡

是这两种心情绞在了一起。既然想结婚，怎么又害怕共同的生活？既然害怕共同的生活，怎么又有想结婚的愿望？这不是有些不可思议？

其实，卡夫卡对婚姻生活没有一点信任，他相信，人世间可能有美好的爱情，但绝对没有美好的婚姻。在日记中他对自己写道：

> 同女人在一起生活很难。人们这么做，是陌生感、同情心、肉欲、胆怯、虚荣逼出来的。只在深处才有一股溪流，它才称得上爱情，这爱情是找不到的，它转眼即逝。

爱情不是找到的，它并不在人生中的某个地点可以让人去找。

人们只可能在生活中偶然撞见爱情——相反的情形也极有可能：终身撞不见爱情。婚姻就不是这样，它不断地作为一种人性的、社会的要求出现在一个人一生中的某个地点，如果要找婚姻，是可以找到的。卡夫卡完全了解（通过自己的父母）婚姻的日常性："结婚、建立一个家庭，接受来到世上的所有孩子，在这个不保险的世界上抚养他们，甚至领他们走一阵子……夫妻双方相互忠诚、相互帮助，生儿育女恰如其分……"卡夫卡觉得，这样的生活对一个人来说也相当艰难。婚姻生活往往不是人们做到的，而是"发生"在人们身上的。无论如何，卡夫卡订婚不是出于爱情，也不是为了爱情。

既然如此，卡夫卡为什么要订婚？

对卡夫卡这种心性过于敏感的男人来说，订婚和解除婚约都不是随意的小事，而是个人的形而上学大事。

一个作家的文字有两种：公共性的（为了发表而写作的）和私人性的（并非为了发表而写作的）。卡夫卡有两种文字说到自己的婚事：发表的《诉讼》是公共性的，写给父亲的信和写给菲莉斯的信就是私人性的了。在写给父亲的长信中，卡夫卡用好几页谈论自己婚事的篇幅来结束自己与父亲的诉讼。简单说来，这场诉讼的主题是：父亲的教育带给卡夫卡"虚弱、缺乏自信心、负罪感"的性情，这是卡夫卡"私人的痛苦"，卡夫卡想通过婚姻克服这些性情，以为婚后就能与父亲"平起平坐"。但卡夫卡失败了：

> 我为什么没有结婚呢？这也同其他问题一样，阻碍重重。生活就是让人不断地遇到障碍。最根本的、可惜同一些细琐的事情又毫无关联的障碍是：我在精神上显然是没有能力结婚的。这表现在，从我决定结婚那一刻起，就再也不能入睡，从早到晚，脑子总是乱哄哄的。我过的不再

是一种生活,我对一切都感到绝望,束手无策。……虽然那些烦恼像蛆虫一样啃噬着尸体,但给了我更为致命打击的是其他东西,是恐惧、虚弱、自卑所造成的普遍的压力。

写作成为卡夫卡在与父亲的争斗中最终获胜的唯一保障。

写小说对于卡夫卡来说,是自己平生的呼吸,编织故事是自己的日常生活本身。但直到解除婚约之前,婚姻和写作对于卡夫卡在如下意义上同等重要:两者都是卡夫卡把自己从父亲带给他的"虚弱、缺乏自信心、负罪感"的生命性情中解救出来的努力。这种生命性情是潮湿的雾霭,使卡夫卡在生活中吸进身体的大多是水分,而非氧气,以至于时常窒息得发昏。写作和结婚是卡夫卡为自己自制人工氧气的自救行动。在给父亲的信中,卡夫卡明确承认:"事实上,我要结婚的尝试是为拯救自己而做的最出色、最有成功希望的努力。"于是,卡夫卡的婚事与他讲故事在生存上就具有同等的意义了。

既然结婚只是为自己自制人工氧气、为了同父亲带给自己的性情搏斗,而不是为了爱情,菲莉斯是否漂亮就无关紧要了。可是,卡夫卡发现,婚事与讲故事是两种相当不同的生存方式。前一种自制人工氧气的行为需要一个女性的她者,后一种自制人工氧气的行为排斥任何一个他者。这两种行为制造出来的人工氧气是不同的,而两种氧气都是卡夫卡需要的。

同菲莉斯两次订婚、两次解约期间,卡夫卡给菲莉斯写过好几百封信(仅眼下经人整理出来发表了的就有五百多封)。写这么多的信,说明卡夫卡不是个耐得住寂寞的人,他的生命需要叙述,也需要倾听自己叙述的人。

写这么多信,也表明卡夫卡在是否要结婚这件事上,费了不少心思。卡夫卡解除婚约,显然与他自制另一种人工氧气的生活需要有关。

在给菲莉斯的信中,卡夫卡写道:

我的生活在根本上无论现在或过去,历来都是由写作的尝试所构成。……倘若我不写,我便等于是瘫在地上,只有被清扫掉的份。

我与写作的关系和我与人的关系是不可改变的,它们建立在我的本质中,而不是暂时状况。为了我的写作我需要孤独,不是"像一个隐居者",仅仅这样是不够的,而是像一个死人。写作在这个意义上是一种更酣的睡眠,即死亡,正如人们不会也不可能把死人从坟墓中拉出来一样,也不可能在夜里把我从写字台边拉开。

给未婚妻写信说,自己的美好生活想象是做一个"孤独的死人",不是好奇怪吗?

的确如此。

不过,对于卡夫卡来说,不仅不奇怪,而且是十分认真的生命问题:他需要的妻子可以不漂亮,可以与她没有什么共同的情趣,却不可以让他无法写作。为了写作,孤单是必要的。为了写作,卡夫卡想做"地窖人"甚至活的"死人"。他找妻子的尺度因此不是两相情愿,而是这个女人是否能承受一个"地窖人",甚至活的"死人"。

于是,我们就读到了卡夫卡写给菲莉斯的那几封讨论"孤独的死人"是否可能有婚姻生活的信。其中一封信中卡夫卡对自己的未婚妻说，他平生只想待在一个阴暗、潮湿的地窖的尽头，每天足不出窖。到了吃饭的时候，有人——最好是自己的妻子——把饭送到地窖口。那样的话，他就会写出令自己称心如意的小说，为自己制造出纯净的氧气。

写作和吃饭——更不要说上厕所，夫妻还是可以各行其是的。但如果夜里俩人不睡在一起，结为夫妻可能就没有必要了。仅仅为了有人送饭，并不非要有一位妻子不可。

妻子构成一种生活的情调、一种生命的空气：共同生活中相互逗趣、相亲、缠绵、搀扶的空气，与孤独地喃喃叙事的空气不同的空气。卡夫卡在给父亲的信中说，每次订婚前，自己总是翻来覆去想好久。他肯定想到过，若与某个女人结为夫妻，是无法拒绝夜里睡在一起的。卡夫卡学过法律，他当然知道，拒绝与妻子睡在一起，做一男一女的俩人该做、只有一男一女的俩人才能做的事，妻子可以告到法院，让他吃官司。要是在夜深人静的时刻，卡夫卡只想点着灯看书——当然最好有一个女人依偎在身边，而这个女人（如果是自己的妻子）想与自己做应该做的事，怎么办？

小心翼翼的卡夫卡非常细致、审慎，他要在订婚前先问清楚，如果发生这类情形，菲莉斯是什么态度。

于是，就有了那封与菲莉斯讨论袁枚与其女友深夜夺灯的事的通信。如今只能看到卡夫卡留下的书信，菲莉斯的看法无从得知。不过，对我要讲的故事的主角来说，这已经够了。

为什么袁枚在深夜时分要与女友，而不是妻子待在一起？卡夫卡对菲莉斯写道：袁枚非常明智，这关系到夺灯的权利（可见卡夫卡多有法律意识!）有多大。女友意味着，这个女人不是时时都守在袁枚身边，她与袁枚度过的一夜只是"偶然的一夜"，与袁枚夺灯——熄灯做一男一女俩人应该做的事，只是想赢一次。"由于她长得美丽而又只想赢一次"，袁枚与她夺灯就不是一件痛苦的事，反而是一次逗趣，有"足够的欢乐"。

如果是妻子，情形就完全不同了。妻子意味着时时都厮守在袁枚身边，夺灯的深夜"不是偶然的一夜，而是所有夜晚的一个例子，当然不仅仅是夜的例子，而是整个社会生活的例子，这种生活是一场围绕那盏灯的斗争"。女友与妻子的不同，不仅是伦理关系的不同，重要的是权利不同：在夫妻关系中，作为丈夫——卡夫卡清楚得很——自己孤独的权利是受限制的。袁枚与女友没有婚姻契约关系，俩人的相处好像社会学家涂尔干说的有机连带，是情意的相契，无需法律上的契约来拉扯——兴许这里还可能出现爱情。

没有契约，也就没有双方的权利和义务——爱情与权利和义务毫不相干，所以，女友根本没有（也不必有）夺灯的权利、袁枚也没有（也无需有）必须允许夺灯的义务。这样，与女友夺灯才可能是俩人之间的欢乐游戏。

至于妻子呢？就让卡夫卡害怕了：妻子有权利，卡夫卡有义务。什么样的权利和义务？

一个妻子则永远有理，她所要求的不是一个胜利，而是她的存在，这不是那个俯在书本上的男人能够给予她的，即使他只是整天整夜装模作样地看着书，心里除了妻子外别的什么都不想，他爱她甚于一切，但恰恰是以他天生的无能爱着她；即使如此也仍然无济于事。

卡夫卡害怕结婚的原因已经很清楚了：他害怕妻子向他要求自己的存在，结婚就意味着他有义务向她提供这种存在。卡夫卡清楚，自己无力向她提供这种存在，否则，他自己的存在就被抹去了。卡夫卡也没有忘记对菲莉斯提到，孤独的"书呆子"的"住所是空空荡荡的，那里没有孩子"突然蹦蹦跳跳出来围住父亲。

这无异于说，即便卡夫卡要同菲莉斯结婚，也不能生孩子。

卡夫卡为什么要同自己不喜欢的女人订婚

这样一个"孤独的死人"为什么又非要结婚呢？

因为他也想女人，渴望有一个女人在自己身边，渴望她的爱抚。这种渴望的强烈程度可以从卡夫卡致友人的一封信中看出来："我如此急切地需要一个人，希望她来爱抚我。所以，我昨天和一个妓女在旅馆里相会了。"与菲莉斯保持暧昧关系时，卡夫卡曾给菲莉斯写信说："要是我能让你在我身边这张小沙发上坐下，拥有你，看着你的眼睛，那该多好。"

既想孤独，又想有一个女人在身边，这就是卡夫卡的身体感觉的悖论。

就在给菲莉斯写信说希望她能坐在自己身边的小沙发上的同时，卡夫卡却在日记中对自己写道："我要不顾一切地得到孤寂，我只有我自己。"

如何解决这个悖论？

卡夫卡与菲莉斯进行了旷日持久的谈判，写了几百封信，不外乎尝试不仅要菲莉斯明白，而且接受，卡夫卡想要她的时候，就希望她在身边，不想要的时候，就要限制她想要与他在一起的权利。

有的女人唯一的生命愿望就是要与自己喜欢的男人在一起，卡夫卡却有两个生命愿望：孤寂中的写作和与一个女人在一起。但这两个愿望不幸——卡夫卡觉得——是相互抵触的。大概很少有女人不认为，卡夫卡是一个过于自私的男人。不"自私"的含义，在一个女人那里指的是想着"我"、"毋忘我"，如卡夫卡说的"要求她的存在"——也许，菲莉斯真的在给卡夫卡的回信中说过他是个"自私"的男人。这差不多已经是一种道德上的归罪，对卡夫卡造成了心理压力。

本来，卡夫卡要在孤独中编织故事，只是要摆脱父亲的教育带给他的"虚弱、缺乏自信心、负罪感"，如今他感到也必须编织故事来摆脱未婚妻带给他的"虚弱、缺乏自信心、负罪感"。《诉讼》中的故事主角、银行高级职员K自觉到"我好像一直在找女人帮忙"，《城堡》中的故事主角、土地测量员K也如此。卡夫卡同菲莉斯保持长达两年的情人关系而且再次订婚，莫非是为了"找女人帮忙"？

帮什么忙？这种自救行动为什么要把一个女人拉扯进来？为什么要"找女人帮忙"？

无论如何，卡夫卡与菲莉斯两次订婚、两次解除婚约，他对菲莉斯的负罪感只有编织更多的故事来解脱。卡夫卡编织故事是一种道德上的补赎行为，不仅对一个男人（父亲），也为一个女人（未婚妻）。

昆德拉喜欢讲卡夫卡的事，从讲卡夫卡讲的故事讲到卡夫卡私人的事。可是，昆德拉竭力反对从道德方面来理解卡夫卡讲的故事，一口咬定卡夫卡讲的故事不带有道德的、宗教的净化意图，只表明了一种人的生存处境。卡夫卡的日记和笔记证明，昆德拉搞错了。

卡夫卡亲自编定过一份打算发表的笔记，这份笔记的标题《对欠罪、受苦、希望和正道的观察》（Betrachtungen über Sünde, Leid, Hoffnung und den wahren Weg）虽然不是卡夫卡自己拟定的，就内容来看，倒恰如其分。① 这些笔记是卡夫卡第二次解除与菲莉斯的婚约（1917 年 12 月）前后（1917 年秋至 1918 年初）在"八开笔记本"上写下的，它证明昆德拉的卡夫卡叙事纬语只得其叙事之事，未得其文，没有触摸到卡夫卡这个"孤独的死人"枯叶般的身体上湿润的生命经脉。

卡夫卡的个体心性与昆德拉完全不同，他有道德感，不是一个没有生活原则的油子，不把个人的生命之路看成"迷雾中的小道"，以道德"迷雾"取消正道与邪道的分别。可以肯定的倒是，卡夫卡的道德和宗教沉思不是为了给人类生活找出善的普遍原则，甚至不是为了别人过上有德性的生活，而仅仅是为了解决自己的道德困境。

卡夫卡的遗嘱执行人布洛德说过：

> 他决不认为自己的作品对于那些追求信仰、自然和心灵的完美健康的人们是有力的助手，因为他本人就在以极

---

① 见《卡夫卡书信日记选》，叶廷芳、黎奇译，天津：百花文艺出版社，1992，第 115 - 129 页。译文据德文 F. Kafka, *Die kaiserliche Botschaft*, Graz & Wien1960 略有改动。

端认真的态度为自己追寻正确的道路,首先需要为他自己,而不是为别人提供忠告。

卡夫卡并不喜欢菲莉斯却与她订婚,然后又解除婚约,而且这事搞了两次。本来订婚是为了从"虚弱、缺乏自信心、负罪感"中自救,没有料到反而额外增加了"虚弱、缺乏自信心、负罪感"。写作成了唯一的自救之道。因订婚又解除婚约而把不安和负罪感带入写作的,除了卡夫卡,还有基尔克果。

"孤独的死人"有伦理问题吗?

也许,人越孤独,伦理问题就越多。

卡夫卡曾把自己比作秋天的一片枯叶,他的笔记中的文字像是枯叶上湿润的经脉。触摸一下这片枯叶上的湿润经脉,是否可能获悉卡夫卡如何摆脱因订婚又解除婚约而生的不安和负罪感?

有些经脉已经过于干枯,我只能触摸那些仍然湿润的经脉。

卡夫卡的罪与恶及其救与赎

1. 正道在一根绳索上,它不是绷紧在高处,而是贴近地面。它与其说是供人行走,毋宁说是用来绊人的。

有正道,必有邪道。正道是相对于邪道而言的。正道与邪道的区分是道德和宗教沉思的起点,也是生命的一种张力状态——道德的生命像一根绷紧的绳索。卡夫卡从"正道"的思量开始自己的道德—宗教沉思,可谓直截了当。

正道是一根绳索,它一头系在地面,一头系在天堂。邪道与天堂无关,不维系什么,不把人引出这个世界,所以不是绳索。正道根本不是路,而是绊人的绳索,因为它本是天堂抛出的系住人的绳索。

福音书说,耶稣基督是人的绊脚石。凡人不能成为人的绊脚石。耶稣基督是人的绊脚石,因为他是上帝的儿子,是从天上来的。耶稣基督是贴近地面的绊人的绳索,所以他就是正道。

卡夫卡的不安和负罪感是自己心中的正道这根绳索绊出来的。谁心中没有这根绳索,谁就不会像卡夫卡那样,在与菲莉斯的婚事彷徨中产生不安和负罪感。

要走正道对卡夫卡来说很难:人走邪道无所谓摔倒,在正道上行走就很可能摔倒。

可是,走正道是什么意思?为什么卡夫卡在与菲莉斯的婚事彷徨中想到正道是绊人的绳索这种比喻?

2. 所有人类的错误无非是无耐心,是过于匆忙地将按部就班的程序打乱,是用似是而非的桩子把似是而非的事物圈起来。

3. 人类有两大主罪,所有其他罪均从其中引出,那就是:缺乏耐心和漫不经心。由于缺乏耐心,他们被逐出天堂;由于漫不经心,他们无法回去。也许只有一个主罪:缺乏耐心。

这则笔记初看起来好奇怪,不知道卡夫卡为什么把没有耐心看作人生的最大错误乃至主罪。这话如果不是绝然私人的含义,就是不可理解的,如果与卡夫卡的婚事彷徨联系在一起来理解，其含义就相当清楚了。

个人的生命时间是有限的，匆忙与有限的生命时间本来是相一致的。可是，卡夫卡觉得，生命时间与耐心所需要的时间不是同一个时间。问题恰恰就出在这里：个体的生命时间不堪磨耐，人一出生，就命定得急匆匆的，除非靠某种信仰观念拴住或吊销个体生命的时间。

例如，佛教和道教吊销生命的时间，可以避免一切人生错误，但那样一来，个体的生命时间中已没有自己的一生。伊壁鸠鲁信徒用沉欢拴住时间，时间已经不再是时间，因为必然流逝的才是时间。

耐心必定是为了一个与个体生命时间攸关的在世使命才有必要。

结婚，对于卡夫卡来说，就是这样的与自己生命时间攸关的在世使命，他觉得对此必须要有耐心。我们知道，结婚对于卡夫卡并不是事情本身，而是摆脱父亲阴影的手段。摆脱了父亲的阴影、摆脱了"虚弱、缺乏自信心、负罪感"，卡夫卡才会拥有自己的天堂时间。这里所谓的"天堂"仅仅具有私人含义，指的不是尘世那边的生命状态，而是摆脱了"虚弱、缺乏自信心、负罪感"的生命状态的那边。这样的天堂时间是在现世的有限时间之内的，因此，婚事的世俗时间对于自我拯救来说，不算充裕，而是相当紧迫。

这里出现了一种麻烦：卡夫卡私人的天堂时间与通过婚事自我拯救的时间都是世俗的时间。

为了婚事，得有紧迫感，为了进入摆脱了"虚弱、缺乏自信心、负罪感"的那边，又需要有耐心。目的和手段之间出现了抵触；问题在于，结婚不是目的本身，卡夫卡必须做出要同菲莉斯结婚的样子。既然并不是真的要同菲莉斯结婚，就最好尽快了结这桩事，以免心理负担太重。

况且，万一手段变成了目的，就会是一场灾难。

可以理解，对卡夫卡来说，耐心那么重要，与正道、天堂相关是什么意思了。有没有耐心，不是个体性情问题，而是伦理问题。

伦理问题对卡夫卡来说，不仅是人际关系（与父亲、情人），而是人与天堂和地狱的关系，罪是这种关系的记号，而不是人际关系的道德或不道德的记号。罪意味着被逐出天堂，处在"虚弱、缺乏自信心、负罪感"的生存状态，天堂就是摆脱这种状态，过健康、有信心、无疚的人间生活。卡夫卡觉得，自己与天堂的关系是通过自己在此世与另一个人的关系体现出来的。如果卡夫卡的未婚妻要说他自私，"虚弱、缺乏自信心、负罪感"的生存状态就在他为了摆脱这种状态的自我拯救的努力中重新出现了。

"虚弱、缺乏自信心、负罪感"真的仅是父亲教育的结果？会不会是自己偶然天性的结果？当然，即便如此，父亲还是有责任的，因为卡夫卡这个"我在"的性情毕竟是他的父亲和母亲生出来的。倘若如此，从身体的角度说，罪就是与生俱来的胎记，天堂是摆脱这胎记的精神。这样看来，卡夫卡所说的罪和天堂就像是基督教意义上的了。

身体性情没有耐心，是卡夫卡的个体在性，在精神来说就是罪。

漫不经心本来是摆脱了"虚弱、缺乏自信心、负罪感"之后的生存状态、美好的生存状态、在天堂的状态，如今成了回不了天堂的状态。

6. 人类发展的关键性瞬间是持续不断的。所以，那些把以往的一切视为乌有的革命的精神运动是合情合理的，因为什么都还没有发生过。

"人类的发展"是什么意思？die menschliche Entwicklung 指的是个人，而不是社会哲学家们通常说的"全人类"。卡夫卡思考人的问题时，从来就是指单个的人。在这里，"人类的发展"的确实含义是卡夫卡自己重返天堂的历程。

社会政治行动与重返天堂的事不相干，无论有过多少次社会政治革命，对于个人的重返天堂，就像从未发生过。

为什么要把重返天堂的历程看作是持续不断的？

前面已经说过，要结婚的努力只是手段，但可能变成目的。如果把这努力看作孤立的"关键性瞬间"，也许可以避免陷入另一种"虚弱、缺乏自信心、负罪感"的生存状态，这样，要结婚就会是纯粹的重返天堂的精神行动。

被逐出天堂的原初的关键性瞬间使个体生命成了由无数断裂构成的过程，精神行动起于磨平这些生命中的断裂的努力。佛教的轮回，道教的大化，都没有一种原初的个体生命断裂的关键性瞬间，因而也就不会有个人生命的精神运动。卡夫卡说的"革命的精神"，也不是社会论意义上的，而是生存论意义上的革命——个人生命的一次断裂。

比如，结婚就是一次这样的断裂，它意味着：为了返回天堂，必须在世俗时间中"把以往的一切视为乌有"。

因此，订婚就意味着革命，意味着"什么都还没有发生过"。从这一关键性的瞬间开始，卡夫卡才应该有耐心，而不是漫不经心。

7. "恶"的最有效的诱惑手段之一是挑战。

8. 它犹如与女人们进行的、在床上结束的斗争。

为了重返自己的天堂,卡夫卡开始了自己私人的世俗冒险:尝试要结婚。在冒险的时间中,卡夫卡首先迎面撞见了恶。

生命断裂处的标志,是恶的诱惑。一个人为了重返天堂,必然会与恶的诱惑照面。卡夫卡对恶的诱惑的如此比喻,显然不是随意的。订婚就是恶的诱惑,婚姻可能中断重返天堂的归程。那婚床就是一个陷阱,让人迷恋现世此刻的欢愉。

卡夫卡十分清楚自己的脆弱:很难同女人在一起生活。因此,婚姻对他来说,就是最大的恶的诱惑,触及他的性情中原本隐藏得很深的陌生感、同情心、肉欲、胆怯和虚荣,他原以为是父亲的教育带给他的"虚弱、缺乏自信心、负罪感"。

恶(Böse)不是罪(Sünde),恶才是人际关系的道德或不道德的记号。恶而不是罪,才与诱惑有关,恶有诱惑的手段。罪是与生俱来的性情,恶是克服性情的过程的断裂。

什么叫诱惑?按卡夫卡的私人理解,诱惑是人与人之间柔软、暧昧的摩擦,生发出生命中的层层雾气,比如个体的性幻想这面棱镜把雾气折射成一道道爱情彩虹。如果一个女人向一个男人要求自己的存在,或者一个男人向一个女人要求自己的存在,就会引起两个人之间柔软、暧昧的摩擦。人生在世难免摩肩擦背,恶是不可避免的——除非,像卡夫卡设想的,只向自己要求存在,恶就无从产生。

这就是为什么婚姻总与恶——而非罪——相干。

可是，卡夫卡自从与菲莉斯建立关系以后，也时常禁不住渴望她坐在自己身边——这已经是在向菲莉斯要求存在，甚至有一次对菲莉斯说，自己写作时也想到她。异性之间的渴望和想要，在卡夫卡的私人理解中就是恶的诱惑，对付自己对另一个人的渴望和想要的方法，就是把它们看作诱惑。卡夫卡如此害怕，就因为这恶的诱惑会引发他性情中的"虚弱、缺乏自信心、负罪感"。

于是，对卡夫卡来说，婚姻不过是与女人的斗争，这斗争在床上结束——当然，也可能从床上开始。

更可能是从床上开始，在咖啡馆或法庭——从来不会在花前月下——结束。

13. 认识开始产生的第一个标志是死亡的愿望。一种生活看来是不可忍受的，而另一种又不可企及。人们不再为想死而羞愧；人们憎恨旧的牢房，请求转入一个新的牢房，在那里人们将开始学会憎恨这新的牢房。

要不是因为我们已经知道卡夫卡订婚的目的——重返私人天堂的手段，这则笔记很难懂。

认识菲莉斯，同她订婚，是卡夫卡迫不得已的事，以便摆脱"不可忍受的"生活。进入了与这一个女人——菲莉斯的相互认识的关系，卡夫卡又觉得像进入了"一个新的牢房"。毕竟，卡夫卡觉得孤单的生活有的时候也是不可忍受的，而另一种生活——按我的理解，这指的是像袁枚那样与女友、而不是妻子一起的生活、漫不经心的生活（像在天堂）——又不可企及。

订婚就是相互认识。

在古希伯莱文中，yada'（认识）的意思就是做爱——

亚当与夏娃相互 yada' 了。这种认识与死亡是在体地相关的：为了摆脱不可忍受的生活、"虚弱、缺乏自信心、负罪感"的生命状态，卡夫卡开始了与菲莉斯的相互认识。在这种关系中，yada' 改变了羞愧。

但卡夫卡很快发觉，相互认识的状态不过是转移牢房而已，从为想死而羞愧的牢房转入不为想死而羞愧的牢房。

谁是牢房的监管者？上帝，还是社会制度？——尼采说是上帝，福柯说是社会制度。

逐走上帝、取消社会制度，牢房就不在了？——卡夫卡说，不！没有上帝或社会制度，身体也是牢房。因为不可忍受的和不可企及的生活都是身体的世俗感觉，身体的感觉本身就是牢房。只有在既非不可忍受、亦非不可企及的生活中，身体才不是牢房。只不过，在这种生活状态中，身体已经没有了感觉。

15. 像一条秋天的道路：还未来得及扫干净，又被干枯的树叶覆盖。

这根特别湿润的经脉是卡夫卡在进入与菲莉斯的关系后对自我感觉的描述。

什么"像一条秋天的道路"上干枯的树叶？可以把太多的语词放在主语的位置上，以至于每一年秋天的道路都有新奇感。

我想，这里最适合作为主词的是卡夫卡的身体，因为这一个身体正处在持续不断的关键性瞬间。

在卡夫卡的透彻目光里，自己的身体在婚约状态中有如飘落在一条秋天的道路上的干枯树叶。舍勒认为，人间的普遍真理往往是由最为个体性的生命体验道出的。卡夫卡在自己婚约状态中的这一体验，也许无意中道出了一个普遍真理：每一个体生命的在世命运，就像一片干枯的树叶。在世俗生活中，或者说在个人生命的历程中，个体就是不断被扫除或被覆盖的干枯树叶。

24．把握这种幸福：你所站立的地面之大小不超出你双足的覆盖面。

这是卡夫卡在婚约状态中产生出来的一种愿望。

现世生命的时间是秋天的道路，让人觉得满目凄凉。幸福是秋天道路上的阳光，给干枯树叶带来可以渴望和想象的生机。一个人必须知道什么是自己可得的幸福。如果既觉得一种生活不可忍受，又觉得另一种生活不可企及，就是一个人对幸福的想象太过分了。卡夫卡努力想说服自己——不要失去耐心。人不能把握幸福，都是因为超出了自己的双足所占的地面尺寸。卡夫卡丈量过——《城堡》中有个土地丈量员，地窖刚好是自己的双足可以活动的圆周面积。

知道自己幸福的尺寸有多大，也算是有耐心了。

可是，人对幸福的渴望引发的对美好生活的想象，很可能变成对幸福的奢望，以至于忘记了，幸福不过是秋天道路上的阳光，斑驳、绚丽而易逝，甚至可能只是洒在秋日湿雾中的幻影。

30．善在某种意义上是绝望的表现。
在什么意义上？
看来，卡夫卡订婚后更加绝望了。在与菲莉斯的关系中，卡夫卡觉得自己双足所占地面的尺寸日渐缩小。于是，善成了在绝望中伸出的求救的手,成了自己日渐干枯的身体渴求的水分。

两次订婚后,卡夫卡都很快逃出了婚约,说明婚约关系是他无法忍受的。卡夫卡在与菲莉斯的非婚约关系中待的时间要长得多,他既需要菲莉斯,又无法忍受菲莉斯。卡夫卡的绝望就是从这种两难中产生出来的。

什么是善?

卡夫卡没有具体说。在前面的笔记中,卡夫卡提到恶。恶的对立面就是善。如果恶的诱惑有如与女人的斗争,善就是在这种斗争中的耐心。

33. 殉道者们并不低估肉体,他们让肉体在十字架上高升。在这一点上,他们与他们的敌人是一致的。

这样一来,卡夫卡就把与菲莉斯有了暧昧关系的自己的身体看作了殉道者;订婚毕竟是他为了重返天堂这一更高的生存目的不得不做出的牺牲。牺牲并不意味着自己的身体微不足道,相反,牺牲意味着太看重自己的身体。

这里的敌人是谁?——是女人,具体说,就是菲莉斯。

卡夫卡与菲莉斯的婚事厮磨是一场私人性的形而上学斗争,这场斗争是两个身体用肉体来进行的。进行斗争的双方都看重自己的身体,都把身体抬高,只不过抬高的尺度不同。卡夫卡把自己的订婚看作殉道,他抬高自己身体的尺度是十字架的高度,菲莉斯抬高自己身体的尺度被卡夫卡看作是尘世殿堂。在同一时期的一则日记中,卡夫卡写道:

这个世界——菲莉斯是它的代表——和我不停地冲突,

这个冲突避免不了，它撕碎了我的身体。

这样看来，善与恶的区分就只是对待身体的不同方式：像普罗狄科讲的，卡吉娅把身体当作身体来享用，就是邪恶；阿蕾特把身体当作美好时刻出现的场所，就是善。卡夫卡的身体与阿蕾特的身体一样，是沉重的肉身。

或者用永恒温暖身体，身体累了就靠在永恒上休息，或者用瞬间温暖身体，身体累了就无处休息。

35. 没有拥有，只有在，只有一种追求最后的呼吸、追求窒息的存在。

原文是：Es gibt kein Haben, nur ein Sein。关于拥有与在的差别，哲学家和神学家们说过许多话，不如卡夫卡此言精到。卡夫卡再一次以自己个人的生命体验道出一个形而上学的真实：我在 = 追求最后的呼吸 = 窒息。拥有并不是一种呼吸，有呼吸才有可能感到窒息的时候，所以，拥有不追求窒息。

这则笔记同 15 号笔记一样，是卡夫卡在婚事厮磨状态中极度绝望的表白。

卡夫卡很清楚，Sein 这个词在德语中有两个意义："在"和"他的"。我的生命之在很可能是她的呼吸？这一念头让卡夫卡感到透不过气来。卡夫卡自愿进入与菲莉斯的婚事厮磨状态，本来是为了寻求属于自己的呼吸，结果这呼吸成了窒息。如果与一个女人结婚，自己的在就成了她的。对卡夫卡来说，拥有了一个时常坐在自己身边的女人，也就没有了自己的在的呼吸。第一次订婚后，卡夫卡就觉得，自己不仅没有获得所希望的自我拯救的能力，反而成了一个"囚犯","全身戴着镣铐,被安置在一个角落"。

这种窒息对于卡夫卡重返私人天堂的形而上学目的又是必要的,在这样的窒息中,才会出现另一种存在的瞬间——使重返天堂的旅程可能的瞬间。

36. ……我根本就不曾相信过什么,我只提问罢了。

这就是窒息状态。在生存的窒息中是不可能相信什么的,只有拼命呼吸,这种呼吸就是提问。相信了什么,也就摆脱了窒息,也就无需再提问。

还不曾相信什么,才提问。正如因为不相信上帝,才问上帝在还是不在。

卡夫卡不相信俩人的婚姻可能就是他要寻求的天堂状态,才问菲莉斯那些问题。

39. 道路是没有尽头的,无所谓减少,无所谓增加,但每个人却都用自己儿戏般的码尺去丈量。

卡夫卡开始寻求救助了,他想走出自己的绝望情状。

在绝望的状态中,人很容易失去耐心。一旦失去耐心,卡夫卡就会与自己的私人形而上学目的失之交臂。卡夫卡感觉到自己开始在丈量与菲莉斯的婚事厮磨的路究竟还有多长,这是要失去耐心的表征。卡夫卡告诫自己,不可去计算这厮磨的路究竟还有多长。

什么是每个人自己儿戏般的码尺?

每个人身体上的死亡钟点的刻度,丈量尺度的是每个人自己身体的血肉,因为身体的血肉时间是有时限的。意识到这一点,人往往就会变得没有耐心。为了让自己坚持耐心，卡夫卡对自己说：每一个人的道路有自己的尽头，并没有一条对每个人都一样的客观的历史道路，尘世中所有的道路都是个人的道路；不同的个人的道路相比，没有减少或增加。自己的码尺只能丈量自己的道路，不能丈量别人的道路，就像自己的幸福或受苦的尺码不可以用来丈量别人的幸福或受苦。

发着高烧或害着伤寒的人丈量自己的道路，都会觉得太长。

40. 仅仅是我们的时间概念让我们这样称呼最后的审判，实际上这是一种紧急状态法。

自己的道路的长度是由自己身体的血肉时间来决定的，这是世俗的时间，不是天堂的时间。在婚事厮磨的煎熬中，卡夫卡终于等到了这样的时刻：自己身体的世俗时间与天堂时间的交汇。"最后的"这类时间性说法，显然是由于有另一种时间将突入身体的世俗时间，它是不期而至的审判带来的。

审判表明天堂时间可能闯入自己的现世时刻，但这不是传统基督教末世论意义上的闯入。我们知道，卡夫卡的天堂的私人含义不是指现世的那边，而是某种生存状态的那边。这意味着，现世时间被分成了两边，而不是此世与彼岸的两边。卡夫卡的神学是启蒙之后的神学——世俗化和个体化了的神学。因此，"最后的审判"的原文是 das Jüngste Gericht，而不是 das letzte Gericht。

这一时刻不是卡夫卡这一个身体的血肉时间之自然时刻的"最后"，而是在现世中返回天堂之旅的决定性瞬间的开始，是卡夫卡自己的"恩典时刻"的出现。"最后的"

时间性因此是从现世的、而非末世的时间流年刻度来理解的，它就是在日常中发生的审判。"恩典时刻"出现在日常的现世时间，就卡夫卡的情形来说，意味着另一种生命状态的出现。

用自己身体的时间刻度丈量了自己的生命道路的长度后，卡夫卡才对自己生命的现世中发生的审判变得非常敏感。卡夫卡决定与菲莉斯再度订婚的原因就在于此：必须与现世的时间有深度的交往，必须浸透到日常或世俗中去，"恩典时刻"只在日常的现世时间中发生。菲莉斯——如卡夫卡自己清楚地知道的那样——是这个世俗世界的代表，是把他的身体撕碎的时间。为了自己的"恩典时刻"发生，卡夫卡必须再次战战兢兢地努力去摸索那只愿意接受自己的女人的手，尽管他清楚得很，如果他接受了这只女人的手，两只手就被世俗的钉子钉在一起，这是他最恐惧的事。

有什么办法呢？只有在这种状态中，"最后的"审判才会发生。于是，再度订婚就成了卡夫卡日常生活中的紧急状态。

50. 人若没有对某种不可摧毁的东西持续不断的信仰，便不能活下去，而无论这种不可摧毁的东西还是这种信仰都可能是长期隐匿的（verborgen）。这种隐匿的表达可能性便是相信一个自己的上帝（Glaube an einen persölichen Gott）。

在这种紧急状态中，信仰自己的上帝才成为必要的生存性事件。

何谓上帝信仰？

信靠一位使人能活下去的在者。

与菲莉斯再度订婚后,卡夫卡自觉到生命状态更加险恶,他可能跌入世俗——这个词的私人含义是"虚弱、缺乏自信心、负罪感"的生命状态——的深渊,服从身体的法则,因为卡夫卡自己的身体性情是由陌生感、同情心、肉欲、胆怯和虚荣构成的。信仰的对立面不是恶,而是罪。什么是罪?罪就是身体的脆弱、依从身体性情的需求。哪怕仅仅是在想象中与菲莉斯结为夫妻,罪也立即显出了全部力量。如果没有"自己的上帝",没有信仰"某种不可摧毁的东西",卡夫卡就跌入菲莉斯的身体欲望和自己的身体欲望中去了。无所谓有对不可摧毁的东西的信仰,也可以活。这样的话,卡夫卡就完全解除了与另一个世界的关系。卡夫卡想要重返自己的天堂,所以他觉得不可以没有自己的上帝。让自己活下去,在这里的意思是:无论如何得有耐心。如果没有耐心是主要的罪,有耐心就是卡夫卡的信仰。

不可摧毁的、让人可以活下去的信仰因人而异,比如菲莉斯的上帝就可能是爱情一类,美好婚姻的共同生活就是她的天堂。由于卡夫卡自己的上帝肯定不是爱情一类,就与菲莉斯的上帝不同。卡夫卡如果要与这一个女人结婚,只有两种可能:自己没有"对某种不可摧毁的东西持续不断的信仰",或自己的上帝与这一个女人的上帝是同一个上帝。

卡夫卡偏偏是第三种可能:他有一个与这一个女人不同的上帝。在这种情况下,卡夫卡相信自己的上帝与自己上吊差不多。

51. 恶魔能诱惑人,但却无法变成人。

有了个人的信仰以后,卡夫卡似乎变得对抵御恶的诱惑有信心了。

恶不是罪,但恶往往是在罪——身体的脆弱中发生的。没有人是恶魔,只是人的身体接纳了恶魔,如卡夫卡对自己说的:"你自身接纳恶魔时所怀的邪念不是你的念头,而是恶魔的念头。"

恶魔是谁?

既然每个人有自己的上帝,也会有自己的恶魔。自己的恶魔就是自己身体的渴望,对于卡夫卡来说,就是渴望有一个女人坐在身边的念头。菲莉斯不仅是这个世俗世界的代表,也是恶的代表。与恶魔的搏斗就是与自己的身体欲望的搏斗,对卡夫卡来说,就是与菲莉斯这一个女人的搏斗。

恶也有个体性,对于每一个人来说,恶都是不同的,没有普遍性的恶,就像没有一个普遍性的善和上帝。自己的欲望没有成为自己的上帝,必定就是自己的恶魔。自己身体的欲望要么是自己的上帝,要么是自己的恶魔。卡夫卡的困难是,他的身体有两种不同的欲望,既渴望有一个女人在身边,又渴望摆脱"虚弱、缺乏自信心、负罪感"的生命状态。

当一个人害怕自己的某个念头,最简便的抵御办法是把它看作恶魔。

54. 除了一个精神世界外,别的都不存在,我们所称之为感性世界的东西,不过是精神世界中的邪恶而已,而我们称之为恶者的,不过是我们永恒发展中的一个瞬间的必然。

卡夫卡本来把自己与菲莉斯的婚事看作自我拯救的努力，在进入准婚姻关系后，卡夫卡完全清楚了这种自我拯救的性质。

婚姻生活是最为世俗的生活、感性世界的生活，与菲莉斯订婚，菲莉斯就使卡夫卡与感性世界的关系变得明确起来，不然的话，卡夫卡与此世的关系仍然模糊不清。与世俗的关系不清楚，与天堂世界的关系也不会清楚。天堂世界只有在感性（世俗）世界的对比之下，才可能显出自己的品质。也只有在世俗世界中，天堂作为精神世界才是真实的，重返天堂才是一种精神行动（永恒的发展）。

这样一来，精神世界显得必须要由感性世界来界定，这种界定就是恶。所以，卡夫卡觉得，恶不过是自己重返天堂过程中的"一个瞬间的必然"。只有借助于恶的瞬间，才可能返回天堂的精神世界。菲莉斯于是成了卡夫卡自己重返天堂这个形而上学的私人目的必须借助的恶。

有一点应该讲清楚。本来，菲莉斯并不是恶的代表，即便她的生命欲望就是感性的生活。菲莉斯仅仅是在与卡夫卡订婚以后，才被卡夫卡自己的形而上学私人目的界定为恶。卡夫卡需要一个感性世界的恶，以便重返自己的天堂。正因为如此，卡夫卡才与这个一点也引不起他的生命感觉的女人订婚。他只是要通过与一个女人的关系来确定自身与此世的瞬间关系，表明自身曾经沾染过恶。菲莉斯的恶完全是卡夫卡一手制造出来的，菲莉斯答应卡夫卡的求婚，无异于成了卡夫卡的恶的牺牲，成了卡夫卡迈向自己的永恒之旅、重返自己的天堂的一个必然的瞬间。

56. 有些问题我们无法回避，除非我们生来就不受其约束。

什么样的问题？

比如一个与自己订婚的女人被欺骗了。这当然是一个问题，道德——或另一类恶的问题。

卡夫卡在追求自己的永恒世界的过程中，在自己的自由行动中，撞见了新的道德问题。卡夫卡把订婚当作自我拯救的手段，以便同感性世界发生关系，其实对婚姻生活没有一点诚意。既然并不真的打算结婚，显得要结婚只是自己的永恒之旅过程中一个恶的必然瞬间，与卡夫卡订婚的"这一个"女人就被欺骗了！

前面那则长段笔记（编号55）专门论及欺骗，就是可以读解的了。那则笔记一开首就直截了当地写道："这一切都是骗局：寻求欺骗的最低限度，停留于普遍的程度，寻求最高限度。"为了让自己的良心在这场婚事骗局中过得去，卡夫卡用上了自己全身的智慧，计算了欺骗的最低限度的各种可能性。最后，他觉得，在尘世中生活但不追求善，这种欺骗善的欺骗程度最低，因为，善在尘世中无论如何会被欺骗。

同样无论如何的是，菲莉斯这个女人被欺骗了。

这是没有办法的事。

卡夫卡在整理笔记时亲自删除的一句话道出了他不得已的心情：

除了欺骗，难道你还能懂得别的什么吗？一旦欺骗消除，你就不能朝那边看，或者说你会变得呆若木鸡。

所谓"朝那边看"，就是朝卡夫卡自己的永恒那边看。

为了能朝自己私人的"那边"看,卡夫卡不得不欺骗一个无辜的女人。他选择一个自己并不喜欢、也不"妩媚"的女人来欺骗,看来也费过一番心思——那样心里不至于太难受,他并没有要与自己遇到而且有过关系的至少三个"妩媚的"女孩子订婚。

可是,尽管卡夫卡不喜欢菲莉斯这个女人,菲莉斯毕竟是一个女人。与一个自己不喜欢的女人订婚,当然不等于不是一种欺骗。卡夫卡的道德感在于,他诚实地感到无法回避欺骗的问题。

卡夫卡自觉到陷入自己制造的恶:为了重返自己的天堂,在自己的永恒之旅途中,他不得不欺骗一个女人。如果没有自己的永恒之旅、没有自己的精神世界——只有感性世界、身体的世界,就无需欺骗这一个女人。一想到自己的恶的处境,卡夫卡就不禁悲从中来。在第二次退婚之前,卡夫卡给朋友写信说:

> 同菲莉斯在一起的那些日子是十分不幸的。第一天除外,那天,我们还没有来得及谈主要问题。昨天下午我哭了,把我成年以后所有的哭泣加在一起,也没有昨天下午这么多。

欺骗是一种恶,这种恶与卡夫卡界定在菲莉斯身上的感性世界的恶完全不同,那是他律的恶。欺骗一个女人的生命是自主的恶,是自己的意志自由犯下的恶。

57. 除了感性世界外,语言只能暗示性地被使用,从来不曾哪怕近似于比较性地被使用过,因为它(与感性世界相适应）仅仅与占有及其关系相联系。

欺骗离不开语言，"在尘世中生活但不追求善"——欺骗善，必须靠语言来完成（难怪卡夫卡给菲莉斯写了几百封信）。

语言有种种不同的用法，为了欺骗善的欺骗程度最低，语言必须是暗示性的用法。卡夫卡的叙事（小说）语言，自此以后越来越是暗示性的。人们一直以为，这暗示性的语言用法是为了适应"感性世界"与精神世界的不对称关系。现在可以有另一种解释：这是为了欺骗善的欺骗程度最低，为了在欺骗菲莉斯时心里觉得好受些。

不少卡夫卡专家认为，卡夫卡的小说是"伪装的自传"。如果真是这样，暗示性的叙事话语就是卡夫卡安慰自己的方式。难怪他觉得，没有这种暗示性的叙事，他自己的存在就只有被清除的份。

卡夫卡的叙事与他的婚事就这样发生了实质性的联系。通过叙事，与菲莉斯重订婚约的卡夫卡就可能暗示性地生活在不得不欺骗善的世界。我无意要说卡夫卡的所有叙事都与他欺骗菲莉斯相关，只想提到《诉讼》这部他在两次婚约期间写的故事中的一段对白就够了。

"你寻求外部的帮助太多了，"神父非难地说，"尤其是女人方面的帮助。难道你没有觉得，这不是真正的帮助吗？"

"有些案子，甚至在许多案子里，我可以认为你是对的，"K说，"但也不是永远如此。女人有着很大的权力。如果我能发动我所认识的一些女人，共同为我的案子出力，我就一定会取胜。特别是现在这个法庭，它的成员差不多都是好色之徒……"K 问神父,"你也许不了解,你为之服务的那个法院的实际情况。"他没有得到回答。"这都只是我个人的经验。"K 又说。①

这只是卡夫卡叙事中明确说到的情形,至于暗示性的叙事,只要细读《诉讼》和《城堡》中 K 与女人的故事,就可以体会了。

61. 如果有谁在这个世界之内爱另一个人,那么与在这个世界之内爱自己相比,既非更不正当亦非更正当。剩下的只有一个问题:第一点是否做得到。

订婚虽然是假装的,毕竟不是随意的。

卡夫卡并没有与随便一个女人订婚,而是与菲莉斯订婚。从感性世界或身体感觉方面来说,卡夫卡还是喜欢菲莉斯,因为菲莉斯毕竟是一个女人。他渴望菲莉斯坐在自己身边的愿望,不是装出来的。订婚后,卡夫卡与菲莉斯的关系显然不同于别的女人。这样一来,卡夫卡就感觉自己面临"在这个世界之内爱另一个人"的问题。

是否做得到在感性世界中爱另一个人,的确是一个严重的伦理问题。

其实,正因为卡夫卡很早就对"在这个世界之内爱另一个人"没有信心,才有自己的永恒之旅。早年的小说《变形记》已经表明,卡夫卡觉得"在这个世界之内爱另一个人"根本不可能。如果在这个世界之内发生了爱另一

---

① 见卡夫卡:《诉讼》,孙坤荣译,北京:外国文学出版社,1986,第219页。

个人的事,那只会是一种圣洁的爱。所谓圣洁的爱就是非感性的爱——die himmliche Liebe——好像天堂中的爱。感性世界中只有 die sinnliche Liebe(感性的爱),就像生活中好些人以为自己结婚是出于爱情,其实是由于性欲的需要或害怕孤单。在编号 79 的那则笔记中,卡夫卡说:

> 感性的爱模糊了圣洁的爱,它单独做不到这一点,但由于它自身无意识地含有圣洁的爱的因素,它便能做到。

在现世世界上,所有感性的爱都显得像是圣洁的爱。卡夫卡在这一瞬间差点就把婚姻看作是自己的天堂了:没有一点圣爱的因素,不可能做到在感性世界中爱另一个人;只有圣爱,在感性世界爱另一个人,也不可能。但卡夫卡最终还是觉得,在感性世界中爱另一个人,只能是性爱和圣爱的结合,但这样一来,性爱又模糊了圣爱,以至于在感性世界爱一个人往往成了伤害一个人。

64、65. 逐出天堂就其主要部分而言是永恒的:被逐出天堂虽然是已成定局,在尘世生活虽然已不可避免,但尽管如此,过程的永恒性(或照尘俗的说法:过程的永恒的重复)却使我们有可能不仅有一直期望留在天堂中的可能,而且有事实上一直留在那里的可能,不管我们在这里知道还是不知道这一点。

自从卡夫卡意识到自己欺骗一个女人而造作的恶,他就已经知道自己不可能全然从这个世俗世界抽身重返天堂了,自造的恶拽住了他的身体。恰恰在这样的意义上,不可能重返天堂已成定局。

知道了这一点,卡夫卡的生存又靠什么来支撑呢?

况且,对婚约期间的生活总得有个说法,以便让自己心安理得,尤其是不能让自己罪上加罪。卡夫卡找到了感性世界中过程的永恒性这一说法:婚约中的生活、不停地给未婚妻写信的生活,甚至对她说谎的生活,都可以被感觉为正在重返天堂途中。

这是自我安慰,还是自我欺骗?

如果是自我欺骗,那么,在婚约状态中,卡夫卡欺骗的就不仅是菲莉斯,也欺骗他自己。也许,这也是他自己的永恒之旅中的一个必要的瞬间。

69. 理论上存在一种完美的幸福可能性:相信心中的不可摧毁性,但不去追求它。

什么叫自我欺骗?没有比这则笔记说得更清楚的了。

卡夫卡好像支撑不起自己,好像钻进了一个恶的迷宫,并且在自己的罪(身体性情)中越陷越深。要不是自己重返天堂的欲望,也许还不至于跌入意志自由的作恶。

78. 精神只有不再作为支撑物的时候,它才会自由。

自我欺骗时,精神特别难受。精神不仅被拖入尘世,与感性世界的欲望缠结在一起,还因为意志自由而跌入自主的恶。

在婚约状态中,卡夫卡不仅要克制感性的欲望——婚约状态偏偏又充满欲望的诱惑,而且要抵制自己自造的恶,生命不至于沉落的负担完全落在精神的头上,以致精神成了"支撑"(Halt zu sein)。一旦精神成为感性世界的"支撑",就很容易跌入自主的恶,成了欠负的精神。

80. 真理是不可分割的,所以它无法认识自己;谁要想认识它,就必须是谎言。

自我欺骗的说谎与对另一个人说谎有很大差别。对别人说谎,不涉及对自己的诚实问题。在自我拯救的过程中,重要的是对自己诚实,不然的话,拯救自己就是不可能的。况且,对卡夫卡来说,真理总是自己私人的真理——个体的真理,所谓 die persönliche Wahrheit。卡夫卡如今发现,认识到自己私人的真理是通过自我欺骗的途径,精神在自主的恶中成了谎言,就认识了自己个体的真理。

这就是为什么,即便是孤单的个人,也有伦理问题。

83. 我们之所以有罪,不仅是由于我们吃了智慧之树的果子,而且由于我们还没有吃生命之树的果子。有罪的是我们所处的境况,与欠负(Schuld)无关。

卡夫卡本来以为,罪是由自己与天堂的关系决定的,而不是像恶那样,是由自己与世俗的关系决定的。由于自己的自主的恶,卡夫卡终于明白,自己身上的罪(身体性情)也就是自己与世俗的关系。罪是自己的身体性情的处身状况,它是无法摆脱的。欠负既不是单纯的恶(Böse),也不是单纯的罪(Sünde),而是两只本来不会牵在一起的手的牵扯。即便不与菲莉斯订婚,他身上单纯的罪还是存在,因为自己本来就没有吃上生命之树的果子。为了摆脱身上单纯的罪,卡夫卡与菲莉斯订婚,反而产生了欠负。由于自己的永恒之旅中的欺骗,订婚的恶与自己同永恒的那边的绝然属我的关系(罪)就发生了关系,这种情形实在出乎卡夫卡的意料。

84. 我们被创造出来，是为了在天堂生活，天堂为我们的享用而存在。如今我们的使命已经改变了；天堂的使命是否也随之而改变呢，没有人说出。

由于欺骗别人和自己，卡夫卡发现重返自己的天堂这一个体使命变得不可能了，改变这一欠负的生命处境也是不可能的事。除非卡夫卡完全改变自己的"天堂的使命"——比如把婚姻生活干脆看作自己的天堂。

这种念头并不是没有出现过。

在解除与菲莉斯的婚姻一年多后，卡夫卡与另一个女人（朱丽叶）订婚。这次是与他喜欢的"妩媚的女孩子"订婚，并抱着真诚的希望："如果这次婚姻真的能成功，将是建筑在相互谅解基础上的最佳良缘。"他还承认："在某种意义上，婚姻和孩子是最值得我去追求的东西。"尽管卡夫卡最终还是因为觉得自己"是不能结婚的"而退了婚,[1]他的"天堂使命"毕竟改变了。

这是后话。

就现在的处境来说，卡夫卡担心的是，由于自己自主的恶，天堂那边的情形是否也会改变。如果天堂的使命改变了，就意味着天堂不再为自己的享用而存在。那样的话，卡夫卡在迈向自己的天堂的过程中陷入的必要的恶就白搭了。

让卡夫卡感到苦不堪言的是，他无法知道天堂那边的情形是否改变了，这使他难以抉择，究竟是否还值得坚持下去。

---

[1] 参见卡夫卡致朱丽叶妹妹的信，见瓦根巴赫：《卡夫卡传》，同前，第122-123页。

1910年，卡夫卡开始记日记，这是日记头几页中的一页

卡夫卡的绘画作品

85. 恶是人的意识在某些特定的过渡状态中的散发。它的表象并非感性世界，而是感性世界的恶，这恶在我们的眼里却呈现为感性世界。

一旦产生上述那样的念头，卡夫卡觉得自己的恶魔又找上门来了。

不过，卡夫卡对恶和感性世界作了区分。他进一步认识到：恶是主观的意识——也许就是自己的意志自由的脆弱，自己在某些特定的过渡状态中不能有所决断时的意识状态。这种意识状态就是自己处身的感性世界本身，换句话说，感性世界不过就是自己的主观意识中的恶。

菲莉斯是彻底无辜的。

卡夫卡看清楚了，先前以为是菲莉斯的恶——菲莉斯代表感性世界的力量，其实是自己主观意识中的恶。

87. 一种信仰好比一把砍头刀，这样重、这样轻。

自我的道德——宗教沉思到这个时候对信仰有了完全别样的理解，丝毫不让人觉得奇怪。

要搞清楚的是：信仰这把砍头刀砍谁的头？砍信仰者自己的头，而不是别人的头。

卡夫卡与自己的天堂之间的契约关系松动了。没有婚约、没有欺骗、没有恶的散发，信仰的轻和重都是感觉不到的。

信仰之重，重在守与天堂之约；信仰之轻，轻在对罪的意识。然而，这信仰像砍头刀，或像自己上吊。

96. 此生的快乐不是生命本身的,而是我们向更高生活境界上升前的恐惧;此生的痛苦不是生命本身的,而是那种恐惧引起的我们的自我折磨。

卡夫卡感觉自己在受苦,在向更高生活境界上升前的恐惧中受苦,他的信仰是从自己的受苦感觉中产生的。这种恐惧,如已经看到的那样,是由婚约状态中自主的造恶引发的,自主的造恶又是为了向更高生活境界上升造作的。这种状态苦不堪言,是纯然私人的受苦,卡夫卡的认识相当清楚:这受苦是一种自我折磨。

信仰会——或者说——应该带来受苦的安慰,这种安慰体现为对自己受苦的一种心安理得的解释。卡夫卡的解释至少对他自己的受苦来说相当完美:

只有在这里受苦就是受苦。并非那些在这里受苦的人在别的地方会由于这种受苦而升腾,而是,在这个世界上被称为受苦的事,在另一个世界上(一成不变,仅仅摆脱了它的反面)是极乐。

经过这番对自己的受苦的安慰,卡夫卡已经没有退路了,不可能使欺骗的婚约变成真诚的婚约。在此之前,婚约的质变还是有可能的,卡夫卡并不是没有产生过真的结婚算了的念头。如今,他必须在这条路上走到底,使欺骗的婚约最终完成其使命。他不得不孤注一掷,不理会天堂的规定是否改变了。

于是,人们就读到了下面这样充满信心的话。

99. 对我们尘世生活短暂性的理由的一度的永恒辩护

哪怕只有半点确信,也要比死心塌地确信我们当前的负罪状况令人压抑得多。忍受前一种确信的力量是纯洁的,并完全包容了后者,只有这种力量才是信仰的尺度。

如此信心针对的是眼下这场大欺骗。因信仰而来的信心被卡夫卡感受为对确信(überzeugung)尘世生活短暂性的理由和自己当前的负罪状况的斗争。没有信仰,他要么可能结婚,要么可能被自己的负罪中的受苦窒息。有了信仰,不仅受苦好受多了——起码比确信尘世生活的理由好,而且欺骗——无论欺骗女友还是自己——也有了更多的信心。

有些人估计,除了那原始大欺骗外,在每一件事情中都有一个独特的小骗局针对着他,这好比是:当一出爱情戏在舞台上演出时,女演员除了对她的情人堆起一副虚假的笑容外,还有一副特别隐蔽的笑容是留给最后一排座位中完全特定的一个观众的。这可谓"想入非非"了。

卡夫卡在整理笔记时决定删除这则文字。编辑者让它保留下来,使我们得以更加清楚地看到卡夫卡的信仰与他的大欺骗的关系。

102. 我们周围的一切受苦我们都得去忍受。我们大家并非共有一个身躯,但却共有一个成长过程,它引导我们经历一切痛楚,不论是用这种或那种形式。就像孩子成长中经历生命的一切阶段,直至成为白发老人,直至死亡(而这个阶段从根本上看似乎是那以往的阶段——无论那个阶段是带着需求还是怀着畏惧——所无法接近的),我们同样在成长中经历这个世界的一切受苦（这同人类的关系并不比同我们自己的关系浅）。在这一关系中没有正义的容身之地，但也不容对受苦的惧怕或作为一个功劳来阐述受苦。

受苦（Leid）完全是由于有另一个世界的规定和个人从这规定中获得的在世使命导致的，而不是这个世界的各种偶然的不幸导致的。在为了自己的天堂之约而欺骗一个女人和欺骗自己时，卡夫卡不仅让自己受苦，也让别人——比如说菲莉斯——受苦。

这种受苦是私人形而上学意义上的，不是现世社会意义上的，所以根本不干正义的事。为这私人的受苦寻求社会或人类的正义，不仅荒唐，而且会制造出更多的恶。

不仅如此，颂扬这种受苦，就成了形而上学的夸张。

103. 你可以避开这世界的受苦，你完全有这样做的自由，这也符合你的天性，但也许正是这种回避是你可以避免的唯一的受苦。

卡夫卡清楚地意识到，要避免在这种处境中受苦——例如像约伯那样向上帝寻求公义——是不可能的，因为避免这种受苦本身就是一种受苦。只有通过避免后一种受苦，才能减轻前一种受苦。

受苦有两种情形：由恶引致的受苦和由罪引致的受苦。要避免这两种受苦，是一个人最基本的自由。可是，这两种受苦都是无可逃避的：无论通过罗伯斯庇尔的自由伦理还是丹东的自由伦理，都无可逃避。自由在自己私人的受苦的必然中成了必须避免的受苦。许多人说，卡夫卡的叙事思想是对资本主义社会的异化状况的指控和批判，差不多把卡夫卡看作马克思的应声虫。事实上,卡夫卡是人义论的自由主义伦理的批判者——我可以断定,卡夫卡决不会认昆德拉为他的门徒。

105. 这个世界的诱惑手段和关于这个世界是一种过渡的保证符号,实际上是一回事。这是有道理的,因为只有这样这世界才能诱惑我们,同时这也符合真情。可是最糟的是,当我们真的被诱惑后便忘记了那个保证,于是发现善将我们引入恶,女人的目光将我们诱到她的床上。

卡夫卡看清楚了:为了重返自己的天堂,他本来并不需要欺骗菲莉斯,只需要能忍受孤单就行了。现世世界本身就是恶的诱惑,也就是重返天堂的过程本身。把与菲莉斯订婚看作与感性世界的交往,等于真的被感性世界诱惑了。

卡夫卡重新回到了自己未打算通过婚姻来拯救自己时的开端。他经历了一场自我审判,这审判的结论是:把负罪状态看作向自己的天堂那边过渡的过程,自我拯救的过程就是自我变恶的过程。找女人帮忙是必须的,但卡夫卡一开始并没有认识到,自己一旦找女人帮忙,就免不了自陷于恶,用他的形象说法,就是真的被女人的目光引诱到她的床上去了。

卡夫卡认清自己最终要的是什么——这"什么"是一个女人无法给予的。

106. 谦卑给予每个人(包括孤独的绝望者)以最坚固的人际关系,而且立即生效,当然唯一的前提是,谦卑必须是彻底而持久的。谦卑之所以能够这样,是因为它是真

▲ 最后几个月与卡夫卡同居并陪伴他至死的姑娘——多拉·迪芒

正的祈祷言语,同时是崇拜和最牢固的关系。人际关系是祈祷关系,与自己的关系是进取关系;从祈祷中汲取进取的力量。

经历了这场自我审判,有了这样的认信,卡夫卡得出自己的伦理实践上的结论。

这种结论对于他下一步的旅程是必要的,因为,卡夫卡现在的问题是如何在自己新的负罪状态中有好的德性。这就是卡夫卡通过自己的道德—宗教沉思——或者说自我审判——而达到的道德自觉:谦卑和祈祷对于把为了天堂永恒那边而立的约信守到底,是必不可少的,对于在婚约状态中把欺骗持续到底,也是必不可少的。

109. "不能说我们缺乏信仰。单是我们的生活这一简单的事实在其信仰价值方面就是取之不竭的。"——"恰恰在这'总不能'中存在着信仰的疯狂力量；在这一否定中这种力量获得了形象。"

从对正道的沉思开始，以对信仰的言说作结，卡夫卡亲身经历了一场道德—宗教的变形记。

如果只有这一边，没有那一边的世界——或者，即便有那一边的世界，却不朝那边望，人无需信仰。卡夫卡的受苦是自己性情中的两个世界的紧张引起的，他的信仰就是这两个世界的紧张之间的绳索。这根绳索绞住了他的脖子，令他窒息，没有这根绳索，他又无法呼吸。这就是卡夫卡所谓"信仰的疯狂力量"的含义。

只有当人们清楚了卡夫卡私人的受苦，才会了解他私人的信仰的疯狂含义。卡夫卡使得如今若要理解一个形而上学问题，都必须事先了解提出这一问题的人私人的受苦。

不必多想了：尽快解除与菲莉斯的婚约。作为自我拯救手段的这场拖带太久的婚事纠葛，已经完全失去了意义。

卡夫卡的道德—宗教沉思笔记以下面这则收尾，几乎是意料中的了：

你没有走出屋子的必要。你就坐在你的桌旁倾听吧。甚至倾听也不必，仅仅等待着就行。甚至等待也不必，保持完全的安静和孤独好了。这世界将会在你面前蜕去外壳，它不会别的，它将飘飘然地在你面前扭动。

Eco homo!

卡夫卡写下这段文字，表明他重返天堂所需要的沾染这个世界的恶，已经完成了。他可以心安理得地做一个地窖人，做一个现代社会的隐修士。

如果海德格尔确如洛维特所说，是贫乏时代的思想家，卡夫卡就是贫乏时代的修士。尽管他们应用暗示性语言的才能是卓绝的，就思想和信仰的蕴含而言，都是贫乏时代的思想和信仰的写真。

爱的碎片的惊鸿一瞥

深紫色的叙事思想家

一九九六年四月,基斯洛夫斯基(Krzysztof Kieslowski)在巴黎病逝,享年五十五岁。

我没有读报习惯。基斯洛夫斯基逝讯发布两天后,友人小林特地打电话告诉我。小林知道我敬爱基斯洛夫斯基,称他是"用电影语言思考的大思想家",自以为对基斯洛夫斯基的作品有真切的理解。听到基斯洛夫斯基去世的消息,我感到在思想世界里失去了一位不可失去的生活同伴,心里觉得好孤单。对一位同时代思想家的去世感到悲伤,在我是头一次。

一九九一年,瑞士德语电视台介绍基斯洛夫斯基的作品,每周一片,播放了《盲目的机遇》(*Blind Chance*,德译片名《极有可能的偶然事件》)、《永无休止》(*No End*)和《十诫》(*Decalogue*)。每一部作品都让我深受触动。那时,基斯洛夫斯基的新作《薇娥丽卡的双重生命》(*La double vie de Veronique*,台湾译名《双面薇若妮卡》,香港译名《两生花》)在影院上映,我赶首场观看。从此,我认定基斯洛夫斯基是我最喜爱的当代电影艺术家。

《蓝、白、红》三部曲是基斯洛夫斯基的天鹅之歌。制作三部曲时,基斯洛夫斯基回忆了自己的生活和创作经历。这部读来不时让人感动的生活经历和创作经历的回忆,谈到好多生活伦理问题。① 让人在精神深处有所感动的艺术家历来就不多,如今更少,多的是肥皂泡的煽情。基斯洛夫斯基很幽默,也很有智慧。这些都算不上什么,难得的是,他令人产生莫名的感动。

基斯洛夫斯基的作品带有各种寓意的色调:冷漠的黄色调、纯情的红色调、沉静的蓝色调。这些都还是作品中的形式色调。基斯洛夫斯基的作品中还有一种质料性的色调——作品中的思想带有的神秘主义的、悠悠怆情般的深紫色,正是这种只能用灵魂感觉的色调触碰到我生命和思想的敏感部位。

小林问过我,为什么那么喜欢基斯洛夫斯基的作品。基斯洛夫斯基去世几个月来,我也一直在想,为什么他的去世令我感到思想的在世孤单。

现代的生活世界是一个文字化的世界,有形而下和形而上的两界:形而下的文字世界是商品流通性的信息、技

---

① Danusia Stok 编,《奇士劳斯基论奇士劳斯基》,台北:远流出版公司,1995。引文均见此书。

术、买卖文字，形而上的文字世界是个体内在性的感觉文字。思想叙事是形而上的文字世界的主要表达形式。如今，叙事作家越来越多，以小说为主的文学刊物数也数不过来，电影叙事已经成为市民生活中必不可少的形而上世界。

据说，叙事作家的本领全在于对生活感觉的敏感，能够感受出黄昏的恐慌、清晨的厌倦……

生活中的每一个人都有自己的故事要说或想说，而且，有独特感受力的人并不少见。每个人都在切身地感受生活，感受属于自己的黄昏和清晨的颜色，只是程度和广度不同而已。为什么不是每个人都是叙事家？对生活的敏感只是成为叙事家的充分条件，而不是必要条件。

生活的敏感浸透到生活的隐喻中，往往让人失去言语的表达能力，这就是为什么尽管对生活的隐喻世界有所感的人并不少，而叙事作家却不多。讲故事需要一种运用语言表达对生命中的微妙音色的感受、突破生活的表征言语织体的能力。生活在言语中，人人都在言语中生活。叙事家是那种能够反向运用语言、进入形而上的文字世界的人。

人人都在生活自己。

但生活有看得见的一面——生活的表征层面中浮动的嘈杂，有看不见的一面——生活的隐喻层面中轻微的音色。叙事家大致有三种：只能感受生活的表征层面中浮动的嘈杂、大众化地运用语言的，是流俗的叙事作家，他们绝不缺乏讲故事的才能；能够在生活的隐喻层面感受生活、运用个体化的语言把感受编织成故事叙述出来的，是叙事艺术家；不仅在生活的隐喻层面感受生活，并在其中思想，用寓意的语言把感觉的思想表达出来的人，是叙事思想家——基斯洛夫斯基就是这样的叙事思想家，他用感觉思想，或者说用身体思想，而不是用理论或学说思想。基斯洛夫斯基对时代生活带着艰苦思索的感受力，像一线恻隐的阳光，穿透潮湿迷蒙的迷雾，极富感性的语言带有只属于他自己的紫色的在体裂伤。

这就是基斯洛夫斯基特别令我喜爱的原因吗？在二十世纪后半叶，感受力强、不乏语言突破能力，也不乏思想的叙事家，并非基斯洛夫斯基一人。为什么他的早逝特别让我伤心？

人民事业生活中极有可能的偶然

基斯洛夫斯基一九四一年出生在华沙，与我们这个大时代的作家、艺术家一样，由共产党文化制度的乳汁哺育长大。上中学时，基斯洛夫斯基撞上"波兰十月"革命和匈牙利事件，以后当兵、做工，后考入三十年代由当时的先锋艺术家创立的克拉科夫 Lodze 电影学院修导演课程。基斯洛夫斯基的电影眼睛一开始就关注社会主义现实生活中真实的个人在道德上的艰难处境，毕业后拍了十余年纪录片，捕捉社会主义制度中的"个人如何在生命中克尽其责地扮演自己"。后来，基斯洛夫斯基觉得，"纪录片先天有一道难以逾越的限制。在真实生活中，人们不会让你拍到他们的眼泪，他们想哭的时候会把门关上"。

于是，基斯洛夫斯基开始编故事。

在基斯洛夫斯基的眼睛看来，人们在日常生活中每天碰到的为社会主义事业而活的生活并不是生活的真实，而只是社会主义生活的表征语境。革命政党用一种历史主义的对生命和世界的意义解释虚构出一个语词性的全民事业,并通过国家的行政统治把它变成生活秩序的日常结构。这个语词性的全民事业具有道义律令:有一个终极美好的社会就在历史发展的未来阶段,每一个人都应该为它献身。建立终极美好的社会的事业是历史的宿命,愿意的人跟着走,但不会拖着不愿意的人走。历史进步的脚步不以人的意志为转移,不愿意为这事业献身的个人会被历史车轮碾碎,没有什么好稀奇。历史宿命的事业编织的生活伦理像一具吸血的僵尸,吸干了生活中单个的人身上的生命想象的血液。个体不应该有自己关于美好生活的想象,不应该有别的选择,只应该选择社会主义事业,因为,个体命运的在世负担已被这种事业伦理背后的历史进步的正当性理念解决了。

个人的生活命运在语词性的全民事业生活中真的是命定的?为社会主义事业而活的生活中的个人的真实生活究竟是怎样的?

《盲目的机遇》讲的是一个叫 Witek 的小伙子的故事。他是一个富有生活热情的年轻人,总是急匆匆地去赶那班定期开出的火车,好像那班火车就是驶向人类未来的历史列车,不能错过。

第一次,他抓住正行驶出月台的车厢手柄,跳上了火车。在火车上遇到一位虔诚的共产党员,布满革命皱纹的话使他成了革命积极分子……

又一次,他追赶正行驶出月台的火车时,无意撞上铁路警卫,被拘捕、判刑劳教,与一位对社会主义事业心怀不满的"分子"关在一起,结果自己也成了"分子"……

再一次,他没有赶上正行驶出月台的火车,意外地与一位早就忘掉的女同学相逢，于是结婚、读大学（学医），当医生。就在家庭生活和个人职业都走上了社会主义事业的轨道时，Witek 持因公护照出国访问，遇飞机空难……

基斯洛夫斯基的叙事设想 Witek 的个体命运有三种可能结局，这些不同的结局都不是 Witek 自己能够决定的，也不是社会主义事业能够决定的。重复三次的"上火车"是一种叙事隐喻，表现个人生命中极有可能的偶然性，与人民事业的历史必然性相抵触的偶然性。Witek 本来心想，只要搭乘上那班火车，他对自己的未来生活就有把握。每当他发疯似的跑上月台，那班火车都正缓缓驶离，他必须以自己全部肉身的体力来追逐不断加速的火车。

基斯洛夫斯基隐喻的眼睛紧紧盯住那只全部肉身的希望凝结其中的手和正在远离的车把之间的一发距离。极有可能的偶然与必然只有千钧一发的距离，但终究不是必然。所有的偶然加在一起，也不会得出一个必然：尽管一万年来太阳每天升起，也不能证明太阳明天必然会升起。太阳一万次的每次升起，都是偶然。

故事中的积极分子、坏分子、医生（中间人物）在社会主义日常生活中的生存位置不同，但这些生存位置标示出的只是个人生活的表征层面，关键在于，成为某一种"分子"对于一个人来说完全是偶然的。

基斯洛夫斯基的电影眼睛看到社会主义事业生活中的隐喻层面：个体的生存偶在。

偶在意味着，各种可能性都有可能成为现实性。个体的偶在意味着，一个人的生活有各种可能性，每一种可能性都有可能成为现实性。各种可能性中的某一个可能性成为现实性的契机，是个人在生活中遇到的选择。由于个人的美好生活的想象只会在各种可能性中的某一个可能性中实现,个体选择就成了以自己的身体抛起的铜币做的骰子;一面是令人想在此驻足的幸福,另一面是令人身心破碎的受伤。

每天我们都会遇上一个可以结束我们整个生命的选择,而我们都浑然不觉。我们从来不知道自己的命运是什么,也不知道未来有什么样的机遇在等着我们。……在情感的范畴里,我们可以享有较大的自由,但在社会生活的范围里,我们却大大地受到机遇的主宰。有很多事我们非做不可,或者我们必须变成某种人。

基斯洛夫斯基的隐喻叙事就在这里突破了肩负着人类终极使命的人民事业伦理:社会主义事业有如那班定时开出的火车(历史的必然),某个人与这班火车的个体关系仍然是偶然的。社会主义事业的制度安排也许是一种精致、美妙的理性设计,然而,无论这种社会制度的设计如何完善,都是不切身的,不可能抹去个体偶在绝然属我的极有可能的偶然。在社会制度、生活秩序与个体命运之间,有一条像平滑的镜子摔碎后拼合起来留下的生存裂缝。偶在的个体命运在按照历史进步规律设计的社会制度中,仍然是一片颤然随风飘落的树叶,不能决定自己飘落在哪里和如何落地。

无论有多么美好的社会制度,生活都是极其伤身的。

Witek 遇到的空难只是一个令人哆嗦的隐喻。对个体生命有绝对支配权的无常,像湿润的雪花沾在身上。

个人身体上的一道道生命裂伤"不论是发生在飞机上

或床上，结果都一样"。

社会主义社会的日常生活伦理依据普遍的历史规律为个体生命提供的意义证明，在飞机上或床上发生的偶然的生存裂缝中，成了最大的生活谎言。

人民伦理生活中黏液般的双重无奈

基斯洛夫斯基是一个持不同政见的叙事思想家？

一九八二年，波兰闹起民主工潮，军政府为了社会的稳定，依法戒严，然后大逮捕。一时间，拘押所和监狱里人满为患。人民法庭只有加紧审判。《永无休止》在这种政治语境中问世，故事讲的是：

Zyro 三十出头，正处在女人生命熟透的开端。丈夫是律师，当初嫁给他时，情感暧昧模糊——寻找一位兄长、父亲，还是情人，自己并不清楚。夫妻关系并不融洽，但也没有到无法过下去的地步。他们有一个儿子。

团结工会运动被镇压后，政府安排 Zyro 的丈夫当反革命分子的法庭辩护人（这意味着只能为败诉人辩护），刚上任就患暴病死了。一位替人民法院工作了几十年的老律师接替了 Zyro 的丈夫的工作。

丈夫死后，Zyro 的生活变成了空落落的大厅，只有自己的高跟鞋钉发出回响，阴森极了，仍然健硕炙热的身体过早憔悴，丰润的眼帘日渐干涩。她只身带着孩子，失魂地游荡在孤单中，只能听到自己心灵轻若游丝的滴答声。神思恍惚的彻夜不眠时分，Zyro 浑身燥热地抚弄自己的双乳，在喘息中感到那个同自己生活过、曾经对自己并不重要的男人，虽然已经离开了，其实一直在身边，用像快燃尽的烛光般的目光注视着自己的生活。

Zyro 想要摆脱这个缠绕着自己的幽灵，鼓足勇气把自己的身体抛给一个个素昧平生的男人。

Zyro 的身体在这样的交欢中像渐渐湮没的车辙，愈来愈荒凉。

Zyro 再也经受不住身体的沉落，灵魂迷迷糊糊彷徨于模糊的光亮处，丰润的手臂在索索央求守住肌肤之亲这最后一道生存边界时渐渐干涸，倾诉和抱怨的书信都只能写给自己。

一天夜里，Zyro 望着冰凉的青灰色的四壁，无奈地闭上对生活湿润的眼睛，打开了煤气……

这部以政治事件为背景的电影没有着意表达政治反对派的正义和受迫害，也没有捍卫民主政治异见。基斯洛夫斯基关心的是：个人在遭遇偶然的生存裂伤后如何继续生活？什么叫做一个女人孤零零的无奈？

伦理问题根本上是人的在世性情问题。

人的在世不是无缘无故的在世，每一个"我"在世与前人、后人、旁人的关系构成了"我"的在世的缘和故，一般认为，这就是伦理的基本元素。这种对伦理的理解其实相当片面。一个人在世的生存关系同样，甚至更主要是受自己的性情支配的，个体与自身性情的关系，是更为根本的伦理元素——伦理的在体性基础。每个人的性情都是一个随机形成的价值感觉秩序，它决定了个人的生命感觉和态度，决定了一个人只能这样而不是那样生活。对这一个人来说如此轻逸的生活，对另一个人来说可能比死还不如。

Zyro 孤零零的无奈感是她的个体性情的必然。从这一意义上说，个人的伦理问题与政治问题没有直接的关系。基斯洛夫斯基自觉地站在伦理观察而不是政治观察的位置：

> 片中没有坦克车、枪击或暴动的片段。它形容的是我们的内心世界及其希望，而不讲外面的世界有多么寒冷、外面如何被拘禁或被枪击……

世界上任何地方都可能出现某个孤寡女人的无奈，然而，基斯洛夫斯基看到的是社会主义日常生活中的这一个孤寡女人的无奈。那些坦克车、枪击和暴动，被拘禁和被枪击，以及法庭中虚假的辩论、窗外人情的寒冷，统统都是这一个孤寡女人的无奈的酵素。通过 Zyro 身上致死的无奈，基斯洛夫斯基准确地描述出人民伦理生活中个体经受的无奈：身体和灵魂在躲不掉的政治寒潮中受了风寒，不声不响地下滑，善意在软弱的意志中成了自我伤害和他者伤害。在社会主义的人民伦理生活中，一个人要成为自己，按自己的性情、自己对于美好生活的想象过日子，十分艰难。

人民伦理要求人人做好人（有社会主义道德的人），基斯洛夫斯基的叙事在思考"做好人"的难处：

> 人天生都想做好人。问题来了：如果人性本善，那么邪恶从何而来？我并没有一个十分合乎逻辑又有道理的答案。我的理论是：一般来说，邪恶之所以会滋生，是因为人们总会在某个阶段发现自己没有能力行善。邪恶的原因是挫折感。无论人的改变是有意识或无意识的，外面也不

可能对人为什么会无力行善作出结论,因为理由太多了,有成千上百种不同的理由!

　　社会主义日常生活是高度道德化的,不仅有外在的人民法庭,还有内在的人民道德法庭,社会主义社会不仅有计划经济,还有计划的道德意识。基斯洛夫斯基关心"人民"法庭的生活秩序中,个人性情的挣扎和无奈。一方面是人民法庭的审判程序,另一方面是人民道德笼罩中的私人道德感觉,在 Zyro 把自己的身体抛出灵魂之外的同时,法庭辩护律师把自己的灵魂抛出身体之外。通过对这两种无奈的并行叙述,基斯洛夫斯基让人感受像喉咙里嗽不掉的黏液般的无奈——既充实又空洞的无奈。

　　基斯洛夫斯基自称是"专业的悲观主义者",这是伦理的悲观主义,而不是政治的悲观主义。

　　令我困惑的是:这悲观主义让我感动!

　　究竟是一种什么样的悲观主义呢?

　　"人民"法庭的日常生活培育过好几位有思想的电影艺术家(塔科夫斯基、波兰斯基),为什么基斯洛夫斯基的作品尤其令我感动?

　　我与基斯洛夫斯基有相似的日常生活经验,还不是他的作品令我感动的原因。感触到人民民主社会生活中个人的两手冰凉,不足以说明基斯洛夫斯基思想的特质。也许,我应该从基斯洛夫斯基的个人性情中去找他的思想令我感动的原因。

红色伦理和白色伦理的欠缺

七十年代,波兰电影艺术大师 K. Zanussi 开创了"道德焦虑电影",基斯洛夫斯基的作品把"道德焦虑"推进到一个更深的层面。在 K. Zanussi 的电影叙事中,"道德焦虑"指的主要是人民民主社会中的私人道德困境;基斯洛夫斯基的"道德焦虑"也包括自由民主社会中的私人道德困境。

政治、经济制度的改变,是否能从根本上解决人的道德困惑?社会主义革命的理想曾经设想,这是可能的。作为叙事思想家,基斯洛夫斯基认为,这种道德理想只是一具假尸。在自由主义社会,没有计划经济,也没有计划道德,道德是由个人的良知自己决定的。

自由主义的社会制度是否能从根本上解决人的道德困惑?

基斯洛夫斯基的回答是否定的:

> 政治并不能解决最重要的人性问题。它没有资格干预或解答任何一项有关我们最基本的人性或人道问题。其实,无论你住在哪一种政治制度的国家里(穷或者富),一旦碰到像是"生命的意义为何?""为什么我们早晨要起床?"这类问题,政治都不能提供任何答案。

这一看法恰是自由主义的:无论什么样的政治制度安排都不可能消除个人的道德困惑,生命意义问题"我们永远得不到答案"。以为可以通过政治制度设计从根本上解决人的道德困惑，让人类最终走进一个马克思设想的道德和谐的社会，不仅是一个神龙怪兽般的幻觉，如果道德和谐的设计变成一种政治制度的自然法，还会成为专制的正当性基础。因此，政治的自由主义还是政治的社会主义或社群主义，不是一个无所谓的问题。但是，支持政治自由主义的理由并不可以用来支持伦理的自由主义。以为自由主义只有政治学，没有一种自由主义的伦理学，恐怕搞错了。

基斯洛夫斯基看到，在自由主义社会中，人的道德处境更为孤绝。

这种看法在某种意义上是恰当的，因为，自由主义社会在伦理体质上与社会主义社会根本不同，它没有国家道德、民族性道德、阶级道德一类的或虚构或强制的全民道德。个人的道德承负及其软弱无力在自由主义社会生活中更充分地显露出来，所谓自由主义伦理，首先是对个人的道德承负力的脆弱的体认。

基斯洛夫斯基的叙事触角超逾了两种社会制度的正当性论争，用对个体命运忠心耿耿的目光深情地注视现代社会中破损的个人道德感觉。基斯洛夫斯基的叙事思想紧紧盯着不放的个体生命的偶在与道德的关系问题，乃是现代性的基本问题。

在自由主义社会，个人的道德状况是怎样的呢？基斯洛夫斯基仍然通过个体性的道德困境来探讨自由个体在日常生活中的伦理负担。自由主义社会的意识形态是自由、平等、博爱，《蓝、白、红》三部曲要探讨这些价值理念的私人含义。任何价值理念都不是抽象的，社会制度中的大理念也体现为具体的个体私生活事件。要想知道生活制度的伦理大理念的味道，最恰切的办法是体味在这个生活制度中生活的个人眼里噙着的泪水。

自由、平等、博爱这三个名词的现代功能如何？——让我们针对人性化、隐私及个人的层面，而非哲学，更非政治学或社会学的层面来讨论。西方世界已将这三种观念在政治及社会层面上付诸实行，但它们对个人层面来说，又是完全不同的论题。

《红》提出的是一个康德式的问题：爱怎么可能？

时装模特儿瓦伦婷生得光彩照人，无论她穿什么时装，都令人沉浸在温暖的红晖中，像这个令人心寒而又诱人的世界上一切受害者的庇护人。一天傍晚，她开车回住处时意外撞伤一只狗，怜惜感驱使她带着伤狗寻找主人。

狗的主人是位独居的退休法官，性情古怪，动不动就怒气冲冲，整天在家监听邻居（一位富商）的婚外情电话。瓦伦婷劝说退休法官不要干这种不法行为，不要对别人的隐私那么好奇，退休法官却问她体味过爱的晕眩和恶心没有。

四十年前，老法官还是一个法律系学生，即将毕业，有一位漂亮的女朋友。一天，他偶然看到自己的未婚妻"双腿张开，其间夹着一个男人"。他离开了她，一直把爱锁在心底，让它噬嚼自己的身体。

瓦伦婷住处对街，碰巧也住着一位名叫奥古斯特的法律系应届毕业生。瓦伦婷不认识他，只是经常从窗户看见他匆匆忙忙进出大门。奥古斯特像在重复老法官的命运，一天，他看到自己的未婚妻"双腿张开，其间夹着一个男人"。

瓦伦婷绿茵似的心性气质显得天使般的纯粹，亮丽的身姿出现在时装舞台上，把喧嚣、阴森的周遭世界照得有如神话中的绿色深渊。

"这份美是纯的吗？抑或永远都有些缺陷？"基斯洛夫斯基问。

老法官和奥古斯特的未婚妻是纯美破损的象征，纯美破损不意味着变成了邪恶或不道德，而只意味着生命的过程：由想象的、可能的爱转变为现实的爱。瓦伦婷带着令人永无可能索解的清纯步入雨雾迷蒙的生活，正处于个体生命的纯美可能破损的时辰。

面对瓦伦婷的指责，老法官告诉她，自己对面是一个看起来温馨的家庭，丈夫常常拿着手提电话在屋外草坪同情人调侃，用偷情的针线缝制家庭的睡衣。他的妻子和女儿并不是不知道，却只能偷偷流泪，装出生活得好幸福的样子。在老法官引示下，瓦伦婷困惑不解地看到，爱情的开端和终结就在未婚妻向并非未婚夫的男人张开的双腿和丈夫躺在另一个女人的双腿之间。

人世间有纯粹的爱遇吗？或者，生活中有能够保全精神的情爱吗？

情爱是精神性的欲爱，纯粹的情爱就是在欲爱中成全，而不是伤害精神，情爱的"纯粹"变得污浊，正是因为精神被欲爱遗弃了。

基斯洛夫斯基的问题是，生活中是否有圆满的两情相爱？"纯粹"的情爱想象的破损，很多时候是因为人们固执地要寻求两个完全相契的个体精神在爱欲中相合。完全相契的个体在爱欲中相合几乎是没有可能的，这只是一种情爱的美好想象。纯粹的爱情只能是同一个苹果的两半重新再合，可是，一个苹果被切成两半后，分别被生命的无常抛到无何他乡，一半遇到（哪怕一模一样的）另一半的机会已近于零。

基斯洛夫斯基有意让瓦伦婷与退休法官的相遇显得像被切成两半的同一个苹果，又让他们相逢在错过的时间夹缝中。

四十年的时间距离没有消磨掉精神，身体却已经远去。基斯洛夫斯基说，"红"的真正主题是："人们有时候会不会生错时代？""我们可能修正老天爷犯下的错误吗？"

你非得把同一个苹果的两半合在一起，才能形成一个完整的苹果。完整的苹果必须由成对的两半结合而成，人的关系也一样。问题是：是不是哪里出了错？我们有资格去修正吗？

被切成两半的苹果的命运是老天爷犯下的错误吗？会不会是人自己对于美好生活的想象犯下的错误？老天爷从来没有许诺被切成两半的苹果应该重合，甚至根本就没有一个苹果被切成两半这回事，它只是个人的精神性欲望的想象而已。

在现实生活中，这类想象都是不堪想象的。问题成了：我们可能修正自己的精神性欲望的想象犯下的错误吗？

我们遇到《盲目的机遇》中的相同问题。在自由主义社会，尽管每个人都有寻求自己的情爱的自由，在盲目的生活机遇面前，美好的想象也是易碎的玻璃。

情爱这个词容易激发人的美丽想象，其含义要么是残破的，要么是错误的。

尽管如此，虽然一再强调命运的无常，基斯洛夫斯基没有变成一个佛教信徒或道教信徒，他固执地要祝福瓦伦婷，而不是劝她随遇而安。瓦伦婷和奥古斯特相互住在对街，也许，他们就是一个苹果的两半。他们每天都迎面而过，而每天的相逢就是错过。基斯洛夫斯基最后安排了一场偶然的海难：海船上大部分人都死了，瓦伦婷和被爱灼伤后逃离的奥古斯特是极少数幸存者。

缘分是在生命灾难中出现的。

老法官喘息的目光从电视新闻中看到海难现场，把弥留的祈愿留在了瓦伦婷和奥古斯特偶然间相依的脸上。

白色在法国三色旗中象征平等。自法国大革命以来，平等大概是最具诱惑力的乌托邦观念，像一把在人类的头颅上和躯体间挥舞着的深锯齿的镰刀。《白》要问的不是平等的政治含义或经济含义，而是伦理上的性情含义。两性的婚姻瓜葛这一最私人的层面显然是体察平等的性情含义恰当的场所。

卡洛（Karol）和他的妻子好不容易从波兰移民到法国，突然变得性无能。卡洛在国内多少还算是一个有能耐的人，符合通常的男子汉标准。到了法国后，语言不通使卡洛丧失了一切生存能力，而他的妻子不仅有姿色，还会说上几句刚够情场沟通的法语。这已经足以说明卡洛突然变得性无能的原因了。

卡洛的妻子以法兰西风格提出，自己渴饮爱河而不得，痛苦不堪以致患上忧郁症，以丈夫性无能为理由上法院诉讼离婚。卡洛一再申言很爱她，她只提出一个简单的要求：请出示性能。情爱是建立在性能力的平等之上的，一旦这种能力的平等不在了,两情之爱就成了撒在水泥地上的碎石子,卡洛就跪在这散乱尖硬的碎石上:卡洛给妻子打电话,妻子在电话里用与另一个男人的沉欢呻吟来回答。

性能力是随机而生的个体生理和心理基质造化的偶然结果。至今还没有一种平等理论主张个体身体论的平等,人人生而不平等(自然性的身体差异),也不可能平等。然而,政治和经济平等的意识形态影响到个人的性情,改变了个体的身体交往的伦理感觉。卡洛要重新得到妻子对自己的爱,必须证明自己的性能力。情爱成了争取平等的私人性斗争,被还原为个体之间偶然的相对平等。

卡洛在法国死皮赖脸地缠着已经诉讼离婚成功的妻子,受尽种种羞辱,只有返回波兰。回到本土,卡洛不仅发了一笔横财,性能力也意外地恢复了。本来,卡洛只是想报复自己的妻子,让她知道,自己虽然性能力不佳,发财的能力还是少有人能比。男人的自信心与性能力是勾连在一起的。卡洛恢复了言语能力、恢复了自信心,性能力自然回来了。他还爱着妻子,装死请人发讣告,唤妻子回来接收财产。她回来发现卡洛不仅没有死,还恢复了性能力,而且这能力的表达不带责备。

基斯洛夫斯基提醒人们一个司空见惯的事实:情爱中的平等是由财富和生理条件构成的,而且这两项条件相互勾连。找对象,其实是在寻找一种相对的灵性和身体的平等,爱情是个体差异(这可能变成不平等的)因素偶然达成的平衡。

基斯洛夫斯基在问爱恋中的人们,难道真有纯爱?没有利害权衡?

生理的资质、智力和情趣,乃至心理素质和脾性,都

▲ 卡洛妻子只需要他出示性能。

是个体的人身资本，更不用说如今的国籍身份、财富能力和职业位置。然而，个体之间真的会有平等？基斯洛夫斯基质疑的不是经济平等或政治平等，而是个体性情上的平等。纯粹的情爱不是与人身资本不相干，而是两（性）情相悦，无论相悦是由人身资本的什么要素构成的，与平等与否不相干。寻求平等的情爱，不是纯粹的情爱。

　　叙事思想家的思想逻辑是通过编构故事来推演的，叙事技巧因此不是单纯的艺术手法。用电影语言表达的叙事思想家必须自己编剧，而不是改编另一叙事（小说）。基斯洛夫斯基的作品大多由自己编剧，编构故事是他思考生活的方式。通过叙述某个偶然事件，基斯洛夫斯基或构造或置疑某个伦理观念的含义。基斯洛夫斯基编构的这个探究平等的故事带有喜剧成分：通过性能力的不平等挑明平等

▲ 卡洛的性能力意外地恢复了。

诉求的虚幻性，嘲笑现代意识形态中过于夸张的平等伦理。人类最好不要去充当平等的代数师，为了算出永远算不精确的平等数，用相互伤害在相互的肉体上画计算公式。

蓝色伦理的脆弱

基斯洛夫斯基讲的故事大都与人身的在体性欠缺有关。人身的欠缺是自然而然的，如果没有对美好的欲望，人身的在体性欠缺本来算不了什么。动物没有对美好的欲望，也就没有对自身欠缺的苦恼。人性的苦恼都来源于人身的在体性欠缺与对美好的欲望之间的差距，自由主义伦理承认这种人性的苦恼是恒在的。个体生命的在体性欠缺与生命理想的欲望之间的不平衡，任何政治制度皆无力解决。

在基斯洛夫斯基的不同作品中，有一个故事母题出现过至少三次：一个女孩子喜欢唱歌，唱歌是她的美好生命的欲望，可是她的心脏有欠缺，不能唱歌，否则会有生命危险。基斯洛夫斯基对平等、博爱等现代价值观念的质疑，不是从政治原则的意义上说，这些价值观念没有意义，而是从个人的在体性欠缺的意义上看，是脆弱的。

保障个人生命的自由（包括对美好生活的想象欲望的自由），不允许一种历史的、总体（民族、阶级、集体）的价值目的扼杀个人生命理想的自由想象，是自由主义政治制度最低限度的正当性条件。个人自由不仅是政治理想，也是伦理理想——个人对美好生活的欲望自由，然而，由于个体生命的在体性欠缺，这种理想是难以实现的。自由主义伦理碰到了一个自相矛盾的困难：既然承认人身的在体性欠缺与对美好的欲望之间的不平衡是恒在的，个人生命理想的自由欲望是易碎的，又如何可能把维护个人生命理想的自由欲望作为政治制度最低限度的正当性条件。

当人们在政治制度层面肯定自由理想的同时，如何在伦理层面肯定自由理想？

《蓝》探讨的正是自由伦理的欠缺。

《蓝》是三部曲的第一部。基斯洛夫斯基说过，《蓝、白、红》的顺序倒过来看也可以。我觉得，倒过来看，基斯洛夫斯基的叙事思想的逻辑更清晰。

《红》的结局是：瓦伦婷出海旅行，尽管行前她留意听过气象预报——连日来将会晴空无云，她还是遇上了偶然的风暴。瓦伦婷与住在她对面而又不相识的法律系学生在幸存中相逢。《蓝》的故事开头是一个幸福家庭驱车远足。朱丽叶，一个富有艺术气质的女人，丈夫是作曲家，他们

《蓝》主人公朱丽叶

有一个女儿——这幸福家庭让人联想到瓦伦婷与那个法律系学生可设想的幸福结合。

（又是）一个偶然的车祸在宁静秀丽的大自然陪衬下打碎了幸福。

朱丽叶在医院里醒来才知道丈夫和女儿都在车祸中丧生。活着还有意思吗？朱丽叶吞了一大把什么药但没有死成，医院制度不允许死的自由欲望，只认可不自由的死。

朱丽叶如何活下去？

自己的过去使朱丽叶无法开始自己的新生活，她必须逃离自己的过去，这是获得欲望自由的第一步。朱丽叶主动打电话叫来安东，可是，仅仅一次肉体之欢就让朱丽叶感到过去的影子使自己无法享有性爱的感觉。朱丽叶逃离安东，搬到另一城市，让自己淹没在陌生的生活世界中。朱丽叶竭力要摆脱过去，就像要摆脱假尸的抽搐。她拒绝协助完成丈夫未完成的交响曲，避开一切熟识的人，好像谁知道她曾是某某人的妻子，就是对自己的生存约束。她丈夫太有名，是欧共体的作曲家。已逝的丈夫就像自己隐没不去的身影，成了她的在世负担，吞噬了她亘古无双的魅力。基斯洛夫斯基要表达的是：即便在个人情感这一最为属己的领域，人的愿望自由也是有限的。他在谈到朱丽叶时说：

> 没有过去！她决定将之一笔勾销，即使往日又重现，它也只出现在音乐中。看来你无法从曾经发生过的事中完全解脱出来。你做不到，因为在某个时刻，一些像是恐惧、寂寞的感觉，或是像朱丽叶经历到被欺骗的感觉，总会不时浮上心头。朱丽叶受骗的感觉使她改变如此之大，令她

领悟到自己无法过她想过的日子。那即是属于个人自由的范畴。我们可以从感觉中解脱的程度到底有多大？爱是一种牢狱吗？抑或是一种自由？

有两件事对朱丽叶改变自己起了决定性的作用。

朱丽叶住的公寓里有一位喜欢跳脱衣舞的女邻居（生性喜欢欣赏自己的身体激起的情欲是一种消极自由）。一天深夜，这脱衣舞女郎突然从舞厅打电话给朱丽叶，请求她马上去一趟。原来，这位脱衣舞女郎在台上脱衣时，发现自己的父亲坐在下面。纷乱的悲戚令她不能自已，她需要一个人的体谅。

谁能、谁愿意体谅一个在社会目光看来不道德的脱衣舞女的如此悲戚？

朱丽叶答应去看她。

朱丽叶问她，为什么要干这一行。

脱衣舞女回答说："我喜欢。"

朱丽叶看到，脱衣舞女其实同她一样，深陷在自身的过去和自己的生命愿望的矛盾之中。脱衣舞女的"我喜欢"必得面对她父亲的眼睛，正如朱丽叶的"我想要"必得面对自己虽然已经死去的丈夫和女儿。

朱丽叶的丈夫是著名作曲家，他死后传媒把他的私生活变成了公共话题。朱丽叶一直试图避开传媒的议论，但她还是从电视节目上得知自己丈夫曾有情人。朱丽叶一直以为自己的家庭是幸福的，丈夫居然有情人——一位法律系毕业的女律师，而且正怀着一个他们的孩子。

朱丽叶要想摆脱过去的束缚，在私人情感领域中获得自由，看来不可能了。

基斯洛夫斯基说过,《蓝》要探讨自由的欠缺。什么样的自由的欠缺？私人性的情爱自由的欠缺。个人的喜好和情爱可能是个人生命的自由想象最切身的空间。在私人情感中人是否能充分享有自由理想？私人性的生命愿望和喜好自由吗？

脱衣舞女郎面对自己的父亲、朱丽叶面对自己丈夫的情人时，发现了自己私人自由的在体性——而不是政治性和社会性——的限制，她们都无法改变自己生命的过去。

只为了一个人一生中仅持续了五分钟的亲吻

解决个体生命的在体性欠缺与生命理想的欲望之间的不平衡，从古至今有两种不同的方案：一些圣贤说生命热情和愿望都是徒劳的、无用的、伤身的，劝导人们放弃自己的生命热情和愿望，人应该安于自己生命的欠然（道德寂静主义）；另一些圣贤劝导人们把自己私人的生命热情和愿望转移到集体性的——社群、民族、阶级、国家甚至总体的人类的生命热情和愿望中去，由此克服个体生命的欠然（道德理想主义）。如果既不放弃自己的生命热情和愿望，又不转移到集体性的生命热情和愿望中去，个体生命就会在自身的在体性欠缺与生命理想欲望的不平衡中受苦，甚至悲观、绝望。

的确如此！

然而，在如此受苦、悲观、绝望中，个人的生命仍然可能是热情的、有意义的。这就是自由主义的生命价值观。

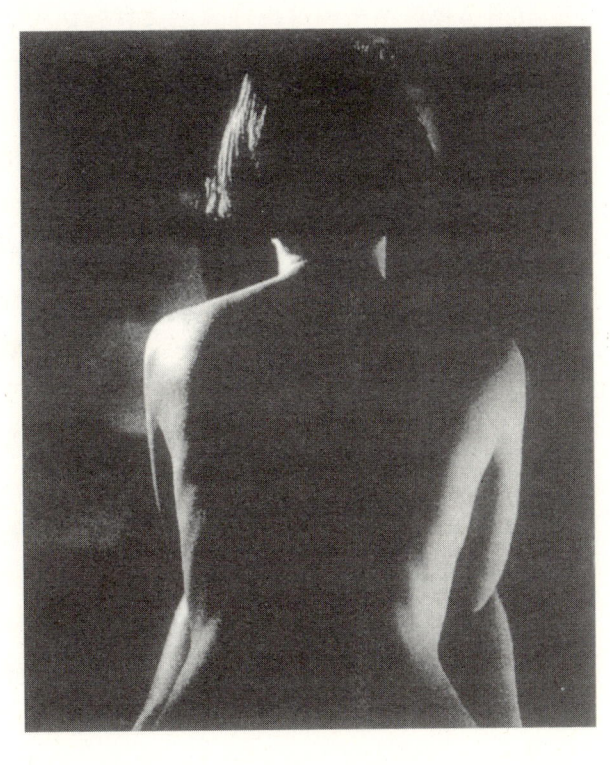

朱丽叶感到身体的沉重

道德寂静主义和道德理想主义者会认为,这样的生命价值观充满矛盾、不圆满(圆融)。道德自由主义者认为,这种生命价值观虽然不是高超的,却是契合人性。人性、人生及其对于美好生活的想象本身就充满悖论。自由主义伦理是人生终究意难平的伦理,既不逃避,也不企图超越人生中的悖论,但也不是仅仅认可人生悖论根本不可解决以及人性的脆弱,而是珍惜生命悖论中爱的碎片。

基斯洛夫斯基对生命既悲观,又热情,他的叙事抱慰个人在生命悖论中的挣扎。即便一个人对自己的美好生活的追求在无从避免的生活悖论中被撕成了碎片,依然是美好的人生。生命碎片是悖论人生中因执着于自己的生命热情而挣扎得遍体鳞伤的这一个身体,基斯洛夫斯基的目光对这样的生命碎片充满眷顾之情:

> 我喜欢观察生命的碎片,喜欢在不知前因后果的情况下拍下被我惊鸿一瞥的生活。

悖论中的爱就是终究意难平,它的第一个含义是个体生命的热情和理想——那个非要喜欢唱歌不可的女孩子的心愿。

由于个体偶在的肉身性,爱的在性就是碎片。

亚当和夏娃走出伊甸园,爱就破碎了,要在此世中爱,就得甘愿成为碎片。爱就是对成为碎片的生命热情和理想有信心和盼望,对它永生不悔。

悖论中的爱的第二个含义是在悖论人生中的包容和忍耐,不轻视每一颗在生命挣扎中破碎的心,不夸张自己的生命想象的受伤,体谅每一个在生命的挣扎中成为爱的碎片的生命。

朱丽叶找到自己丈夫的情人，没有责备，或要求感情赔偿，把丈夫所有的遗产——存款和一栋楼房——转交给她。

朱丽叶不再逃离，而是面对自己的过去。她领悟到，获得情感的自由需要另一种爱的能力。

朱丽叶停下寻求自然权利的自由的脚步，转身走向安东，同他用长笛和钢琴的对答谱写前夫未完成的交响曲——在这部名为"欧洲"的交响乐中，基斯洛夫斯基注入了自己对这另一种爱的能力的信心。他虚构了一位名叫 Van den Budenmayer 的中古作曲家，《欧洲交响乐》是依 Budenmayer 的音乐思想来谱写的。朱丽叶对安东说，交响乐的结尾必须让人们记起 Budenmayer 的音乐，这是她丈夫的心愿：

You know how much he loved him. Not just because of his music, but because of his tragic life and his premonition of misery.

另一种爱的能力指的究竟是什么样的爱？

《蓝、白、红》三部曲中，只有《蓝》的结局没有意外事件，基斯洛夫斯基用保罗的爱颂来祝福朱丽叶：

我即使会讲人间各种话，甚至于天使的话，如果没有爱，我的话就像吵闹的锣和响亮的钹一样。我即使有讲道的才能，有各种知识能够洞悉各种奥秘，甚至有坚强的信心能够移山倒海，如果没有爱，就算不了什么。……爱是坚韧的、仁慈的；有爱就不嫉妒、不自夸、不骄傲……爱能包容一切，对一切有信心，对一切有盼望，能忍受一切。

……爱是永恒的。讲道的才能是暂时的;讲灵语的恩赐总有一天会终止;知识也会成为过去;……信心、盼望和爱,这三样是永存的,而其中最重要的是爱。(保罗,《哥林多前书》13:1-2,4,7-8,13)

这就是基斯洛夫斯基心中的另一种爱的能力。

保罗的爱颂在《蓝》的结局以合唱和独唱形式出现,用古希腊文演唱,旋律有如一曲悲戚颂歌——颂唱生存惊恐中的宁静、破碎中的无损。在这恍如隔世之音的悲戚颂歌中,基斯洛夫斯基寄托了自己对欧洲和世界的信、望、爱:

The rhythm is slower and from the music of the joyous hymn about love which could be the salvation of Europe and of the world, it becomes serious, announces something dark, dangerous.

与此同时,基斯洛夫斯基让人们在画面上看到:By the window, we find Julie, her face in her hands. One by one, tears appear on these hands. Julie is crying helplessly.[①]

一位美国评论家说,基斯洛夫斯基是"幽默的虚无主义者"。如此评论表明这位美国评论家何等缺乏评鉴能力。"幽默的虚无主义者"这个称号用于昆德拉倒恰如其分,他的叙事沉醉于幽默,很少让人感动。

基斯洛夫斯基的电影叙事作品是一个隐喻的织体,不少人物在各个作品中交错出场。生活是偶在的网络,道德

[①] Krzysztof Kieslowski / Krzysztof Piesiewicz, *Three Colours Trilogy*: *Blue*, *White*, *Red*, trans. by Danusia Stok, London, 1998, 第89、98页。

意识是这张布满尘灰的网上的蜘蛛。他的道德焦虑不是律法主义的或决疑论的。生命的道德不是黑白分明,也非雾霭迷蒙,而是悖论中的爱的蔚蓝色。一个个体的生命是由一连串偶然聚合而成的,个体没有一个恒在的依持,个体幸福是残缺的,个体的爱也是破损的,在偶然中成为碎片。

尽管如此,基斯洛夫斯基固执地要抱慰在爱中挣扎得遍体鳞伤的个体,珍惜残缺和破损的爱的碎片。

基斯洛夫斯基的叙事绝不仅仅为了展示爱的碎片,他记述过两件小事……

在巴黎城郊,一位十五岁光景的女孩子认出他,走上前来对他说,自从她看了《薇娥丽卡的双重生命》,她现在知道,灵魂的确存在。基斯洛夫斯基听后觉得,"只为了让一位巴黎少女领悟灵魂真的存在,就值得了!"

在柏林大街上,一位五十岁左右的女人认出了他,拉着他的手哭起来。原来,这女人与她女儿虽住在一起,却形同陌路有五六年;前不久,母女俩一同看了《十诫》,看完电视后,女儿吻了母亲一下。

"只为那一个吻,为那一个女人,拍那部电影就值得了。"——基斯洛夫斯基这样觉得。

基斯洛夫斯基并非不清楚,"这个吻的爱只持续了五分钟"。尽管如此,只为这一个只有五分钟的吻,基斯洛夫斯基觉得,自己的创作艰辛也值了。

爱的碎片只是生活中的诸多碎片之一,然而,却是唯一可以支托偶在个体残身的碎片。

这种珍惜是一种信念——蔚蓝色的信念。

我告诉小林,这是我敬爱基斯洛夫斯基的真正原因——他令我深深怀念。

艰难的自由伦理

波兰实行军管后,基斯洛夫斯基拍了两部电影(《盲目的机遇》和《永无休止》),都被军政府的文化管理部门禁映。

一天,基斯洛夫斯基心情沮丧,在街上漫无目的地走。天色也显得沮丧,下着雨。在一个拐角处,基斯洛夫斯基迎面撞上好久不见的政治诉讼律师皮斯维茨(Krzysztof Piesiewicz)。

几年前,基斯洛夫斯基在法庭拍一部审判"反革命分子"的纪录片,认识了当时为"反革命分子"担任辩护律师的皮斯维茨,俩人成了好朋友。《永无休止》的电影脚本就是他们俩合作的结果。

那天,皮斯维茨的心情碰巧也不好。俩人闲聊了几句,皮斯维茨没头没脑地对基斯洛夫斯基说:"该有人拍一部关于十诫的电影,那就是你。"

艰难的自由伦理　**269**

▲　基斯洛夫斯基

电视系列作品《十诫》[①] 创意就是从这两个人在大街上邂逅产生出来的，相当偶然。基斯洛夫斯基说，要不是那天他在路上撞见皮斯维茨，就不会有《十诫》；要不是那天他们俩心情都不好，也不会有《十诫》。

这部在东欧共产党文化制度中产生的作品问世后，西欧影视文化界称为十余年来的大事（其中第五诫和第六诫的电影版获第一届欧洲影展首奖）。我以为，这部作品也应该算是当代伦理思想史上的一件大事。

《十诫》出自两个人在一个下雨天的沮丧心绪。为了什

[①] 基斯洛夫斯基/皮斯维茨，《十诫》（电视剧版影碟），台北：年代影业公司1996年，中文字幕版。本文所引斯洛夫斯基的文字，见此版影碟所附说明小册子和 Danusia Stok 编，《奇士劳斯基论奇士劳斯基》，台北：远流出版公司，1995。Akiyama Tamako 为我提供了有关《十诫》的资料和评论，谨致谢意。

么沮丧？因为基斯洛夫斯基的作品被禁？因为皮斯维茨老是为人民民主社会中的"自由化不法分子"出庭辩护而惹得一身麻烦？显然不是。作品被禁或因为"自由化不法分子"出庭辩护而惹得一身麻烦，这两个人老早就习惯了，要说沮丧，也早就沮丧过了。

这两个人的沮丧是因为人民民主社会中人的道德意识状况，基斯洛夫斯基说得很清楚：

> 我们生活在一个艰难的时代，在波兰任何事都是一片混乱，没有人确切地知道什么是对、什么是错，甚至没有人知道我们为什么要活下去，或许我们应该回头去探求那些教导人们如何生活，最简单、最基本、最原始的生存原则。

人民民主社会是一个道德一体化的社会，有社群主义者向往的那种共同一致的道德，按理说，人人都是有道德意识的。这两个人在这道德一体化的社会中感到道德意识的冷漠，是什么意思？我们经常听说："连死都不怕，还怕活？"也许这话正表明人们不知道为什么要活着。

不"怕"死的活是什么样的活？

就让我们从这个问题说起，了解一下死的伦理意识是如何变得冷漠的。

无法追究的个人性情

雅泽克漫无目的地走在街上，一双混浊的目光四处张望，打量着街上的各色行人，显得有些烦躁。

本来，雅泽克今天上街是有目的的，这个目的就是要杀死一个人。他走到街上，才发觉自己漫无目的，因为他并没有要杀哪一个人或哪一类人的明确意念，只是要杀一个人，好像要完成一桩形而上的杀人。如果他清楚自己要杀一个商人或者军人或者书生，就不会有眼下的烦躁。

要把杀一个人的一般意念变成具体的杀某一个人的行动，需要一个实际的理由。雅泽克拿着妹妹的相片走进路边一家照相馆冲洗，故意提些刁钻的要求，如果相馆老板发脾气，他就有个理由把她杀了。

相馆老板没有发脾气，雅泽克只得转出来，瞧见路边一个值勤的警察。这是一个好对象，警察平日总无事找他麻烦。雅泽克走进旁边一家餐馆吃快餐，顺便盘算如何下手，一辆警车偏偏在这时开来把值勤的警察接走——他下班了。

雅泽克在街上转久了，觉得尿急，进了公厕。

有个少年在里面，雅泽克把他掀倒在便槽，要是这少年生了气，雅泽克就可以有一个理由实现今天要杀一个人的意念了。这个少年偏偏没有生气，只是木呆呆地看着雅泽克，令他下不了手。

雅泽克无意中来到的士站，身边有两个喝醉了酒的男人叫车，的士司机拒载，雅泽克觉得正好送来了一个杀人理由，他跳上的士，说要去两个酒鬼要去的地方。

车到郊外，雅泽克取出准备好的绳子勒司机的脖子，再用榔头击打。司机挣扎，想喊叫，雅泽克越勒越紧，令他喊不出来，只发出"咯、咯、咯"的怪声。过一会没有声了，雅泽克以为已经死了，拖他到河边，又听见他发出咕咕噜噜的求饶声。

雅泽克搬起一块石头猛砸这个人的头，才没有声了。

雅泽克觉得杀一个人真累。

雅泽克的辩护律师是刚从法学院毕业的见习律师，人民法庭安排他为雅泽克辩护。自从走进法院那天起，他就觉得，律师是相当尴尬的职业，好像站在一把巨大的剪刀中间，一边刀刃是法理的抽象性，另一边刀刃是个人性情的具体性。

他学法律本来是为了逃避孤单。好些人以为，生活在人民民主社会不会有孤单，其实不然。许多人都很孤单。人们生活得不诚实，是因为不愿意承认报纸上经常"亲如一家"的社会中的孤单。见习律师意识到自己的孤单，以为做律师可以接触各种人，可以避免孤单，变得诚实一些。任何一个社会的生活都有正面和底面，像一张胶片的两面，生活在这一面的人不大容易同生活在另一面的打照面。司法制度把生活的正面和底面贴在一起，见习律师想通过律师这个行业去接触生活在另一面不太容易见到的人——比如雅泽克这样的人。

见习律师到监房去看雅泽克，了解他杀人的动机。

雅泽克沉默了一阵子，开始讲述自己的故事。

他有三兄弟和一个妹妹，与妹妹关系最好。她十二岁，上小学六年级，十分活泼可爱。一天晚上，她被汽车碾死了。开车的司机是雅泽克的熟人，那天他们还一起喝酒。那司机饮酒太多，醉醺醺地开车把他妹妹碾死了。

妹妹的死使雅泽克的生活感觉变得晕黄起来，他觉得生活可恨，要找一个人报仇。

"十诫"上说"不可以杀人"。可是，《旧约》也记着太多的杀人，甚至要求上主出手杀人。"不可杀人"的诫命实际说的是"不可没有理由地杀人"。有理由的杀人是允许的，历史上和现实生活中从来没有间断过。雅泽克从小就经常看到一卡车一卡车胸前挂着"反革命犯"牌子的男人女人被拉到河边的沙滩去枪毙，从小就经常看小说和电影中讲杀敌人如何伟大、光荣。

从小看到大，已经习惯了。镇压反革命的时候，枪毙犯人是用步枪子弹打脑袋，有的人民手里捧着一盆清水，等步枪子弹打开脑袋盖后，就跑上去把反革命犯的脑花放在水里过一下趁热吃，说是特别补脑。雅泽克觉得杀人没有什么好惊奇，只要有一个正当的理由。有正当理由的杀人不仅被允许，而且受到颂扬。枪毙一个反革命犯，他的家属还得付子弹费。

谁来决定杀人的理由是否正当？

如果有人侵犯和剥夺了别人的生命，杀这个人的理由就是正当的了。雅泽克觉得为了自己的妹妹杀一个人是有理由的，为这事他想了好久。他没有想到的是，杀死一个人好难，他用那根工业用的专用绳子勒那司机好久都不死⋯⋯

见习律师觉得自己碰到的纯粹是一个个人性情的问题。

见习律师从法学院学到的只是抽象的法理知识，在生活中碰触到的却是人的偶然性情。面临考验的不是运用法理知识处理实际个案的技能，而是运用法理条文的人的良知。雅泽克杀人案让见习律师对自己的职业失去了信心，他发现自己面对的是一个更高的法理问题：对谁做到公正？

对谁公正是一个伦理问题。

雅泽克妹妹的遭遇是偶然的意外，但并非每个这样的不幸者的兄长都会产生要找一个人报复的念头。雅泽克身上有一种暴烈性情，这性情把一桩意外事件感觉成道义事件。可是，他应该为这种性情负责吗？这种性情并未经过他的同意就由他的父母随机地给了他。一个人的性情是自然而随机地形成的，再好的社会制度都不可能把自然而随机的个体性情修整成一个精致的花园。一个良好的社会制度安排也许可能把因人的性情的随机因素导致的破坏性降到最低程度，却不可能彻底消除人的性情的随机因素导致的恶。

司法暴力维护最低限度的社会公义，但它面对的经常是生活中人的性情的随机因素导致的意外事件。司法制度能惩罚不正当的故意行为，却不能填补生活中因个人性情而产生的偶然性裂缝。司法制度惩罚随机且偶然的生存事件的恶是合法的，但不一定是正当的。如果自然而偶然的性情因素是每一个人都可能遇到的，人的自然性情都是有欠缺的，那么，谁可以决定惩罚的正当性？

基斯洛夫斯基并不想说，雅泽克的杀人和司法制度的杀人是同质的，都是有理的杀人。他只是想说，一个杀人行为——无论个人的还是司法制度的杀人是如何由各种偶然的随机因素积聚起来的。如果他想说，刑事罪犯也有善良的天性，也有人情味，也有自己的理由，就毫无意义。个体性情的随机杀人与司法制度的依法杀人各有自己的理由，但杀人的事实及其冷漠并没有实质上的差别：被杀掉的毕竟是一个身体灵魂。

问题是，人民民主专政的司法制度的杀人是仪式化的（经常有公审大会一类的仪式），雅泽克被处决那天，基斯洛夫斯基的镜头把刑前的司法仪式的时间拉得很长，让仪式过程慢慢触摸人们的心,看看冷漠的伦理意识是否会惊颤。

也许,基斯洛夫斯基觉得应该追究的是雅泽克杀人行为的非个人因素。如果雅泽克的杀人是一个社会价值观念系统及其制度教化的结果,他的这一个人行为就是制度化杀人的结果。人民民主专政的制度正当性不承认每一个人的生命权利,只承认"人民"这个空洞指称的生命权利,民主专政的教化对人的惩罚依据的是个人生命之外的历史道义,这种制度的教化让人习惯了对个体生命的冷漠。人民民主专政的制度仪式化地处决了杀人犯雅泽克,而雅泽克的杀人行为正是这种制度教化的结果。

不过,这个故事真正提出的实际问题是,随机地形成的个体性情是无法追究的。正是在这一意义上,见习律师感到自己面对的刑事案件其实是一个伦理案件。也正是在这一意义上,基斯洛夫斯基的叙事把一桩杀人案件变成了一桩个人性的道德反省案件(通过见习律师的角色),让人面对自己的伦理困境,让个人道德意识的感觉由冷漠变得敏感起来。人民民主制度是带有道德色彩的社会制度,人民民主的意识形态喜欢说:科学地解释了历史发展规律的"主义"学说已经解答了人生和世界的所有问题——包括伦理和道德意识的问题,人民只需按"主义"道德去献身。但这种国家道德、全民道德的社会制度导致个体道德意识的空洞和冷漠,导致伦理的艰难。人民民主的伦理制度化地勾销了个人在生活中感受实际的困惑、做出自己的选择、确立自己的信念的能力。这是人民伦理社会中的个人道德意识冷漠的根本原因。

基斯洛夫斯基并没有着意抨击人民民主的国家伦理,

他关注的不是政治意识,而是伦理意识。在人民民主的道德化世界中,最令人沮丧的是个体的伦理思想和感觉的死亡。基斯洛夫斯基想通过电影叙事思考自己时代的伦理处境,电影语言是他思想表达的媒介:"我把电影当作一种表达方式,而不是职业。电影对我而言是思想。"

这里具体指的伦理思想,对于基斯洛夫斯基来说,首先就是个人对自己生活中的道德困境的感受力。

平安夜我该与谁在一起

圣诞节快来了。被冰雪封存的大街显出人为的暖和气氛,烛火和长青藤把因寒冷而独自蜷缩的人们重新聚在一起。雅努什是个出租车司机,他提前收工,准备和妻子、孩子还有年迈的双亲过一个暖和的平安夜。

雅努什的妻子性情温和、质朴,对夫妻生活没有诗意化的想象和奢求。她感觉到雅努什并非像小说或电影中描写的那样戏剧化地爱她,但她清楚,雅努什是个责任感很强的男人,她并不对这种更多基于责任而非爱情的婚姻提出异议。

不必问为什么他们要结婚,偶然的情感差错也会导致一个婚姻。他们已经一起生活多年,相互体贴,从这种生活中滋育出的两个人的共同感情,可能比戏剧化的爱情更为幸福。

天快黑时,雅努什同妻子去教堂做平安夜弥撒。

教堂里挤满了人。

在昏黄的烛光相伴着的平安夜轻缓而温厚的歌声中,

雅努什感到一种恳求的目光穿过人群和烛光,像垂死者伸出的手臂紧紧地缠抱着他。顺着这目光雅努什看到了艾娃温涩、含情而又忧郁的眼睛,这些还只是那目光的含义中的一小部分。那目光中有平安夜的祝福,更有在这平安夜伤心的哀求,甚至还带有几分思想死亡的含义。

雅努什同艾娃分手已经好几年,各自结了婚,再没有见过面。艾娃的丈夫很爱她,对她体贴得无微不至,艾娃却没有非要同他一起生活的愿望。她无法忍耐没有令身心颤然的爱情但不乏温暖的婚姻生活,同丈夫分居了。

艾娃对孤单特别敏感,总想有一个可以向他诉说的男人。对艾娃来说,两个人的生活中诉说的时间是主要的,示爱的时间总被夸张,其实占据的生活时间很少,重要的是诉说的陪伴,这才叫做有一个所爱的男人睡在身边。她丈夫的一大弱点就是没有耐性听她的倾诉,所以,艾娃不时打电话同雅努什聊天,向他倾诉有来由和没有来由的不安。

节日是人们共在的时间,对于敏感的艾娃,这样的时间是特别不幸的时间,孤单就像教堂外面的冰雪一样寒冷地剜割她的心。那投向雅努什的目光荡涤了眼前的弥撒气氛,其中分明有绝望的悲情在不容推开地恳求:要同雅努什一起过这个平安夜。

雅努什把目光从艾娃脸上移开,想逃避或者说推开艾娃的恳求。雅努什不是没有读出艾娃目光中孤单的痛苦,而是为了婚姻的责任,不得不对自己过去曾经爱过的人的恳求视而不见。

回到家里,平安夜的家庭欢聚就要开始:夫妻之间,父子、母子之间会有种种游戏和温情时光。担心艾娃会打

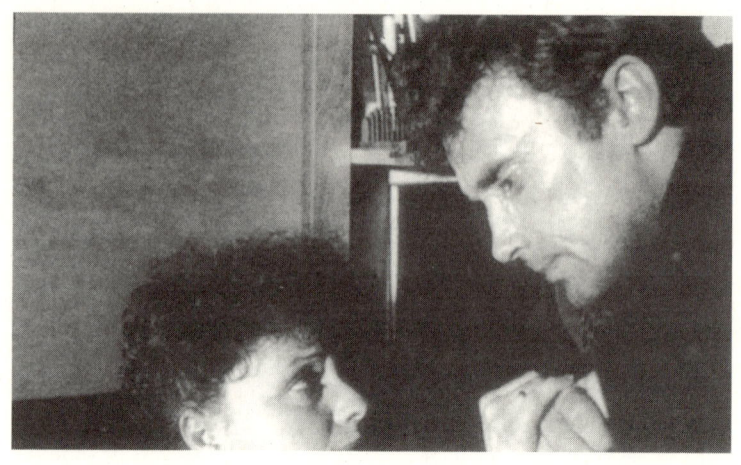

▲ 雅努什把头靠在妻子的肩上,妻子惊醒过来,什么也没有问,只是把他抱住,仿佛需要安慰的不是她,而是雅努什。

电话来,雅努什截断了电话线。

门铃响了。

雅努什下楼打开大门。

艾娃站在寒雪纷飞的门外,说她丈夫今早突然失踪了,问雅努什可不可以开车带她去找寻。

答应还是不答应?为什么雅努什得离开家庭的平安夜,去帮过去的恋人?

艾娃的丈夫失踪了,她可以向警察局求助。雅努什不是警察局,不管公共事务。艾娃的请求只是一个私人的请求,雅努什有什么理由答应艾娃?

雅努什犹豫片刻,答应了艾娃的请求。

他觉得自己是出于对过去的感情的责任答应艾娃的。

可是,有这样的责任吗?

责任在这里既没有道德依据,也没有法理依据,也许只是一个使某种情感合法化的理由。况且，尽到对艾娃的责任，又如何可能尽到对妻子的责任？

雅努什怎么对自己的妻子说？说以前的恋人向他求助找寻失踪的丈夫？妻子会不会认为雅努什还爱着艾娃？

雅努什当然不觉得是。

两个人之间的情感有一大片暧昧的领域，很难明确说是一种什么样的感情。雅努什同艾娃有过一段情，这段情过去后，留下一种暧昧的感情，像稀释了的血。雅努什清楚记得与艾娃分手的原因——无法忍受她没完没了的抱怨。艾娃对生活品质要求很苛刻，她既觉得只有雅努什才能给她带来幸福，又觉得他在生活细节上不能符合她对美好生活的想象。没完没了的抱怨磨损了爱情。

也许，雅努什看到艾娃站在寒夜的雪地里产生了同情，这种同情推开了自己作为丈夫的责任，甚至对妻子的感情。

在这平安夜，责任与同情哪一个更重要？或者哪一个责任更重要？

他回到楼上对妻子说，邻居看见有人偷了他的车子，得去警察局找。雅努什依从同情，对责任撒了谎，或者说因这一责任对另一责任撒了谎。无论因为什么，他撒谎对吗？

雅努什载艾娃上路，去警察局、医院。一路上艾娃不停地说话，分析丈夫的可能去处，想方设法把丈夫的失踪弄成一宗悬案，与雅努什一起追究。平安夜的街市，人车两空，只有雅努什与艾娃驱车寻找一个虚构的失踪者。雅努什其实心里明白，艾娃的丈夫不是失踪了，而是早与她分居了。雅努什没有戳破艾娃的谎话，那会伤害她在寒冬的节日里的孤单。有好几次，雅努什觉得不耐烦了，觉得不能为了陪伴艾娃，让妻子在孤单中度过平安夜。对艾娃的同情成了雅努什对妻子的无情。艾娃也清楚，雅努什与她驱车寻找丈夫是出于同情。

并不是每个女人都能忍受同情。有的女人把同情视为侮辱，把责任视为伤害。艾娃不是这种女人，她只需要自己所爱的男人能陪伴自己。

这两个人在一个虚构的理由中一起度过了平安夜，他们寻找到的，对艾娃来说，是同雅努什在一起的时光。天快亮时，艾娃对雅努什说："一个人过平安夜很难，我已经连续三年一个人过平安夜了。今年实在不行了。我跟自己打赌，如果把你留在身边直到早上七点，就可以活过来。"

时间正好七点，艾娃从衣袋里摸出两粒毒药，扔在地上，用脚踩碎。雅努什在教堂中看到的思想死亡的目光是真的。

雅努什回到家。为平安夜的欢聚准备的一切原封未动，妻子蜷缩在沙发上睡着了。雅努什把头靠在妻子的肩上，妻子惊醒过来，什么也没有问，只是把他抱住，仿佛需要安慰的不是她，而是雅努什，需要道歉的不是雅努什，而是她。她谅解他。

妻子的谅解并不让雅努什释然，他觉得对不起她。其实，雅努什答应艾娃陪她寻找谎称失踪的丈夫，也不是同情，而是谅解，知道她撒谎而谅解她的处境。在这个平安夜，如果雅努什不能谅解艾娃的撒谎，她一定吞了那两粒毒药。谅解是对人性的脆弱的体谅，谅解比同情、责任都难，谅解才能解开情感的缠结。

如果雅努什不答应艾娃，艾娃会谅解吗？如果她能谅解，就不会敲雅努什家的门了。谅解是一种明智的心性，这种心性是性情的结果，不是可以习得的。

也许有人会认为，类似的伦理困境过于偶然，纯属例外，根本就不必在意。然而，伦理困境被看做例外，是由于道德规则的存在。道德规范安排了一个抽象的生活秩序，具体的生活自身就显得是不断产生的例外。生活中的伦理困境其实才是真实的道德生活本身，不是道德规范在活着，而是具体的个人在活着。正如有了法律规范就有了犯罪，有了道德规范就有了道德困境。

人在具体生活中往往难以尽到道德责任，即便人尽力想要尽到。自由主义伦理学承认生活中充满伦理困境，就是不承认生活织体本身是按道德戒律编织起来的。对于律法论或决疑论的伦理学来说，不存在两难伦理处境。关注、正视生活中细微的两难伦理处境——像雅努什遇到的那样，是自由主义道德意识的首要品质。

在一个伦理国家中，个体的人并不需要独自面临伦理困境，有各级党组织可以依靠，如果你不愿意依靠，各级党组织也会非要你依靠。如果撇开伦理国家的道德秩序，只是设想个人的道德处境，那么，伦理问题就是个体人与一个复杂、具体的生活世界的性情关系问题。《十诫》中的人物大都是自由职业者：建筑师、教师、医生、歌手、律师。基斯洛夫斯基觉得，这样可以避开社会问题和政治问题，让人们的目光聚集在个体伦理情感的困境中。

偷窃亲情

这又是一个伦理的例外事件。

偷别人的东西（钱包、小车）是刑事犯罪。对人身私有财产的法律性保护，是个人的外在自由的基本条件之一。

如果人心灵的私有财富不能得到法律的保护，个人是否可能获得内在自由？偷别人感情上的东西，算不算犯罪？算什么犯罪？

要确定什么叫做偷一个人心中的私有财富，相当困难，但在现实生活中，的确可能经常发生一个人偷另一个人心灵上的东西的事。例如，一个人对另一个人说爱他（她），得到了他（她）的感情，然后又转身走掉了，而他（她）却因为这些情话改变了自己的命运，从此跌入不幸，算不算心灵上的东西被偷窃？

梅依卡的母亲生梅依卡时难产，虽然母女俩最终都平安无事，梅依卡的母亲却再也不能生孩子，本来她很想再要孩子，为此她一直很伤心，怪罪梅依卡使她不能再生育。母亲经常对梅依卡无缘无故地发脾气，梅依卡得不到母爱，从小养成了忧郁的性情。父亲很爱梅依卡，梅依卡心里难过时，他就吹箫给她听。

梅依卡十七岁那年，快要高中毕业了，教艺术课的老师波伊特克对她说了好多含糊其辞的情话。忧郁了十几年的梅依卡在波伊特克的情话中得到了从父亲那里无法得到的安慰，而波伊特克却让她怀了孕。波伊特克对梅依卡说，自己还没有当父亲的心理准备，有了孩子会断送自己的艺术创作前程。他劝梅依卡堕胎，梅依卡无法接受。

梅依卡的母亲也反对堕胎，但对梅依卡说，她还是个学生，怎么可以有孩子？

为了梅依卡的前途，母亲说当作是自己的女儿给梅依卡的孩子报户口，问题就可以解决了。

▲ 梅依卡亲吻自己的女儿

孩子生下来,是个女孩。如今,梅依卡已大学毕业,女儿玛嘉已经六岁。梅依卡想要回女儿,母亲回答说:"你可以每周看一次玛嘉,但她属于我,我死后属于你。"梅依卡觉得母亲当初说为她好,其实是偷走了自己的女儿,波伊特克是她母亲的偷窃行为的同谋,他们为了各自的意愿偷了自己的感情。"实际上,波伊特克是为了避免一宗丑闻。他与我的恋情只是他的无数次恋情经历之一。他对我说过,艺术家需要不断有新的感情经历的刺激,才能保持艺术生命力的旺盛。承担感情的后果,不是艺术家的事。"

梅依卡决心带着玛嘉出国。

她申请了护照,乘一次儿童联欢会的时机,抱着玛嘉哄她去公园玩,把玛嘉"偷"走了。

梅依卡带玛嘉找到波伊特克,想拾回过去的爱情。波伊特克很冷淡,不愿意归还当初从梅依卡身上借去的情感。

他对梅依卡说,要么把玛嘉送回去,要么他去别处。波伊特克与梅依卡的母亲一样,不愿归还当年从梅依卡那里偷去的女儿。

谁是偷窃者?

按法律,玛嘉是梅依卡母亲的女儿,从孩子的情感经历来说,梅依卡的确算偷了孩子,甚至偷了孩子的感情。玛嘉一直叫梅依卡的母亲"妈妈",梅依卡央求玛嘉叫她"妈妈",玛嘉总对她直呼其名。玛嘉经常在半夜哭,说是梦中遇上恶鬼,梅依卡的哄抱不管用,她已经习惯了梅依卡母亲的哄抱。

梅依卡的母亲拒绝承认偷了梅依卡的女儿,她说当初梅依卡自己同意把女儿给她。波伊特克也拒绝承认偷了梅依卡的情感,说梅依卡当时自愿同他发生感情。梅依卡当时只有十七岁,还不懂得什么事。她母亲和波伊特克不认为这是一个理由。他们问,说偷另一个人心灵上、情感上的东西,这个问题真实吗?被偷的人会说,自己不小心、年幼,就像一个人没有把钱包放好,没有太提防(小心心灵扒手)。可是,人们会不小心随意放置心灵和情感?心灵和情感需要保管好?人与人的感情纠葛可以用"偷"来界定?

顺手随便拿走别人的情感和心灵,算不算偷?

基斯洛夫斯基会说,这样的问题不易回答。

偷的人不会说东西是偷来的,而是说顺手拿来的。偷是趁别人没有防备时拿走东西,如果一个人趁别人情感脆弱或疲惫时拿走情感,就是偷一个人的情感。可是,母亲当初说为梅依卡好的那些理由都是真的,并没有要欺骗她。波伊特克当初对梅依卡说的情话,也是真的,只是后来对她的情感变了。要寻找到这件事在道德上的对错，根本没有可能；人与人之间情感上、心灵上的牵缠和受伤，是无法追究道德罪过的。

梅依卡只好带着女儿出逃。第二天早晨，母亲和波伊特克在一个小火车站追上了梅依卡和玛嘉——玛嘉对梅依卡的母亲叫着"妈妈"，奔了过去。

梅依卡带着被偷得空荡荡的心，独自上火车走了。她母亲在站台上喊："女儿，你回来。"从梅依卡紧贴在车窗玻璃上的那双也想对玛嘉这样喊的眼睛来看，忧郁症会陪伴她一生。

生命个体的偶在性与社会的伦理秩序的规范性不相吻合。对伦理问题的思考，是从伦理秩序的规范性出发，还是从生命个体的偶在性出发，完全不同。基斯洛夫斯基和皮斯维茨的伦理思考从生命个体的偶在性出发，但他们又以"十诫"来命名自己的思考，而"十诫"的伦理思想明显是从伦理秩序的规范性出发的。

《十诫》的叙事是依据旧约《申命记》中的"十诫"的诫命之意来编写的。基斯洛夫斯基和皮斯维茨花了一年半的时间，研究了好些释经书，才写出脚本。但是，他们并不想为摩西传达的耶和华的"十诫"做现代注疏，也不采取道德律法论或道德理想主义的立场来思考现代伦理问题。找寻《十诫》与"十诫"的释经学关系，不仅徒劳，而且会错过理解《十诫》的机遇。旧约的"十诫"只是基斯洛夫斯基用来激发现代社会生活中个体的伦理感觉的符号，如他所说："确定《十诫》与圣经的'十诫'的关系最恰切的字眼应是借口。"

在波兰，既有社会主义的人民道德，又有天主教的教规道德，它们都是社会的规范性伦理秩序，离开了这样的规范性，个体偶在性的道德裂缝就显露出来。从这样的意义上看，自由的伦理必然会是艰难的伦理。基斯洛夫斯基说："我相信每个人心中都有一些神秘的结。隐秘不可告人的一隅。"《十诫》的叙事关乎的不仅是道德意识的冷漠，更多的是道德行为的艰难。

《十诫》的伦理思考从生命个体的偶在性出发，避开了社会制度及其意识形态与伦理问题的牵连。《十诫》以人民民主制度的波兰为叙事背景，但基斯洛夫斯基有意抹去社会主义意识形态的生活符号，避免可以让人联想到社会主义生活场景的细节。这不是为了躲过意识形态检察机关的审查，而是要让《十诫》的叙事探讨"纯粹"的伦理问题——作为现代性问题的伦理问题，成为一种叙事的元伦理学。

这种思考对于现代社会——无论哪种政治制度——中个体的人，都是有效的，无论在人民民主社会还是自由民主社会，什么叫诚实、谎言、友爱、亲情、负疚，都是每个人在自己的生活中时时面临的私人问题：

什么是对？什么是错？什么是谎言？什么是真相？何谓诚实？何谓不诚实？它们的本质如何？我们又该以什么样的态度来对待它们？

基斯洛夫斯基说，这就是《十诫》提出的基本问题。

我想信任却没有能力

在浪漫主义时代,施莱尔马赫曾经写过浪漫的"十诫",其中有一条戒律说:"你不该缔结必然要破裂的婚姻。"这显然是一句浪漫的废话。谁愿意缔结必然会破裂的婚姻?谁在结婚时会设想婚姻的破裂?

可是,在现代社会,人们缔结的必然要破裂的婚姻越来越多,因为实际已经破裂的婚姻越来越多。

为什么?

传统的婚姻是由神性或天意的绳索系起来的,人们把婚姻看作姻缘也好,看作上帝的安排也好,看作八卦排得顺也好,总之不是个人能够单独决定的。婚姻自由最能表明现代的个人自由伦理的精髓:婚姻是由人意的绳索系起来的,这人意就是个体人的性情——所谓两情相悦。然而,个体人的性情恰恰最不可靠。这还不是说人的性情易变,因此不可靠;而是说,个体性情极具差异,个体性情中的欲望极其多样,如果婚姻以性情为基础,就是不可靠的。缔结以性情为基础的婚姻,几乎就等于缔结必然要破裂的婚姻,除非两个人运气好,碰巧性情相合。

在传统的婚姻关系中,信任并不太重要。自从婚姻由人意的绳索系起来后,相互之间的信任就变得重要起来,它成了以个人性情为基础的婚姻的安全网。如果这网破裂了,人意的,而非神意的婚姻的碎裂可能性就大大提高了。

洛麦克是个外科医生,那天他从老同学——一位性科医生那里回来,已经走不动了。

▲ 一天，洛麦克听见汉嘉接电话的声音有些紧张

老同学告诉洛麦克，他身上突然出现的性无能不是心理性的，而是功能性的，很难医治。洛麦克觉得这无异于宣判了自己婚姻的死刑，作为一个医生，他科学地认为没有性能力的婚姻是不可能继续下去的。

这天晚上，洛麦克与妻子汉嘉躺在床上，望着窗外懒洋洋的月光，不停抽烟。夜过三更，洛麦克终于对妻子说，自己的性无能已难治愈，她最好改嫁。

"夫妻之爱并不仅是每周两三次的五分钟呻吟，不在两腿之间，而是在心里。我只要能抱着你就满足了。"

汉嘉说完这话，就趴到洛麦克身上，紧紧抱着他。

"你还年轻，会有需要。"

"我会自己解决。重要的是我们已经拥有的，而不是没有的。"

现代的生活感觉中，性归属了个体人的性情，而且是自在自为的性情。有每周五分钟的呻吟，不等于有夫妻之爱，没有这五分钟的呻吟，也算不上夫妻之爱。洛麦克相信汉嘉不是说的假话，她的确爱他。他们已是十多年的夫妻。但汉嘉的性需要很真实，她真能忍受？洛麦克不想骗自己。

性的需要归属于个体的总体情愫，要抑制它比较容易，一旦性欲成了自在自为的性情，要抑制它的渴求，就相当艰难了。洛麦克不太相信汉嘉能自己解决性的渴求，因为他自己清楚这种需求的自在自为。现代文化对性渴求的塑造，使它成了人的自我人格的标志。

汉嘉果然陷入情与欲的挣扎。一天，洛麦克听见汉嘉接电话的声音有些紧张，开始监听汉嘉的电话，发现汉嘉在与过去的同学斯普勒约会。斯普勒以前喜欢汉嘉，被汉嘉回绝了。如今，汉嘉借父母空置的住房与斯普勒偷偷相会。

洛麦克跟踪汉嘉，坐在汉嘉和斯普勒幽会的房门外的楼梯上，尖起耳朵倾听他们在房间里展开肉体之欢的声音。洛麦克觉得吃醋是衡量两性之爱的天平，不吃醋，也就等于对汉嘉没有欲望了。洛麦克干脆偷偷配了汉嘉父母的房子钥匙，潜入房内躲在衣柜里。

那天，洛麦克从衣柜的门缝中看到汉嘉先进来，她显得有些慌张。一会儿斯普勒也进来了，他要抱汉嘉，汉嘉把他推开："我今天约你来，是要告诉你，我们不要再来往了……在你的怀抱里我感到感情受到伤害。我不是说你对我不好，你对我再温柔不过了。我指的是自己对自己的伤害，我会失去已经拥有的想与他一起生活的人的拥抱。"

斯普勒闷闷不乐地走了。

汉嘉突然看到洛麦克藏在衣柜里的眼睛:"监视我?为什么监视我?我软弱,但我在挣扎。我想得到你的信任,而不是监视。"

婚姻就这么破裂了。

也许,如果汉嘉没有与斯普勒幽会,洛麦克会信任她。

洛麦克对妻子的信任以什么为基础?以汉嘉的清白为基础?

基斯洛夫斯基会说不是这样。信任不以什么为基础,它是对汉嘉的爱,包含体谅她的软弱和过错,理解她的挣扎,理解她选择的艰难。信任不是猜疑的反面,而是爱的支撑,对方跌倒时抱住对方。无论汉嘉会做或做过什么,如果洛麦克爱汉嘉,就应该信任她。洛麦克一开始就没有信任汉嘉,那夜里的交谈后,洛麦克心里留下的是恐慌和不安。他担心汉嘉会守不住自己的身体,而不是信任汉嘉对他的爱。汉嘉与斯普勒的幽会,不是洛麦克对汉嘉失去信任的原因,而只是印证了他对汉嘉的猜疑,然后以搜查、窃听、跟踪来对待汉嘉的挣扎。信任的丧失是爱的丧失,猜疑、不安、恐慌只是爱的丧失的结果。

爱的丧失往往是因为一个人把自己的爱的对象想象为天使,想象为诗歌或小说中的语言,想象为一个自己梦想出来的人,总之是自己的性情虚构出来的一个人。

对于现代人来说,伦理行为变得艰难,首先不是因为社会的道德观念秩序混乱,何谓善、恶已经没有了社会共识,人们难以找到可以遵循的道德品质,而是虽然知道什么是善、什么是诚实、什么是信任,却做不到。自由伦理的艰难表现为个体的道德能力的软弱,有心愿,甚至有意志向善,却没有体力为善。就像有爱的欲望,却没有抱住爱者的能力。这有些像保罗说的人的罪。

> 我竟不明白我所做的;因为我所愿意的,我不去做;我所恨恶的,我倒去做。……既然这样,我所做的并不真的是我在做,而是我里面的罪在做的。……我真苦啊!谁能救我脱离这使我死亡的身体呢?……我的情况就是这样:我自己只能在心灵上顺服上帝的法则,而我的肉体却服从罪的法则。(保罗,《罗马书》,7:15 – 25)

身体在性的罪不是一种道德的恶,而是个体人的身体性情的欠然,这欠然的身体性情使人做不到自己所意愿的。由于个体人的身体性情成了现代人的自由伦理的基础和首要的根据,现代人往往看不到身体性情中的在体性欠然。

什么是个体人身体性情中的在体性欠然?——个体欲望。

如果从生命个体的偶在性出发思考伦理问题,首先得面对个体人的性情,而不是一些已成文的教导人应该如何的道德命题。人的性情在传统伦理学中从来就是基要问题,只不过在中古时代的伦理学中,所谓性情主要指人的自由意志,在现代伦理学中,所谓性情主要指个体人的欲望。中古时代的人的伦理意识认为,人的自由意志是有欠缺的,只有上帝的自由意志才是整全的;现代人的伦理意识以为,人的自由欲望就像从前上帝的自由意志。

虚构的亲情

麦克今天早上离开安卡走了,好像不打算再回来。要是安卡还把他当作父亲,他是不会离开安卡的。

安卡叫麦克父亲,从小就这么叫。但麦克是否真是安卡的亲生父亲,安卡不知道。她生下来时,并不知道谁是自己的父母,与麦克的父女关系是在共同生活中形成的,他们一直以父女关系相处。但人伦关系还有别的形式,比如两个性情契合的朋友、两性之间的情侣。麦克与安卡尽管是父女关系,却好像是两个性情契合的朋友,甚至两性之间的情侣。

安卡在艺术学院表演系学艺,念三年级。上小品课时,老师对安卡在爱情场景中的做戏总不满意,说她搞不清亲情与爱情的差异,掌握不好自己的感情意向。

从表演理论上讲,亲情之亲有三种可能的基础:血缘的、两性的和随机的共同经历。但这些都只是机缘性的基础,并不牢靠。真正牢靠的亲情基础是个人的性情。性情的契合并不需要用前世因缘之类的理由来解释,由此产生的亲情也不是一种自然的血缘亲情或两性自然联姻的亲情。自然之情其实脆弱得很,自然的本质上是随机的,并非亲情的必要条件。恶劣的母子、母女、父子、父女关系或令人厌恶透顶的夫妻关系,任何时候都不少见。两个性情相契的人的相逢产生的亲情,不是由既有的人伦关系构成的,相反,性情相契的相逢产生的亲情在构成关系。但由此构成的关系又是随机的,可能是血缘亲情式的(父女、兄

▲ 安卡欲望更深、更彻底的幸福

妹),可能是情爱式的,可能是朋友式的。

世界上相契的个人性情可能不少,但绝少的是相契性情的相逢。

安卡觉得自己与麦克就是这种难逢的相契,但她对已经养成了习惯的父女关系感到不满足,她想、她要、她渴望成为……

麦克以前告诉过安卡,她出生五天,母亲出了事。具体什么事,麦克没有讲,不是车祸、船难,就是空难。小时候安卡爱哭,也许因为没有母亲抱,她想有温暖的手臂抱。安卡哭的时候,麦克总是轻轻抚摸她的背,给她唱歌。

麦克的歌声有些混浊,嗓音不好,但温暖极了。安卡喜欢他的抚摸、他的抱、他唱的歌。为了让麦克多抚摸、抱、唱歌,有的时候安卡假装哭。有一天,麦克突然发觉安卡的乳房长大了,就不再抱她。

两年前安卡开始有男朋友。

当时,安卡有一种背叛谁的感觉,与男朋友有过肉体之欢有一种负疚感。她问自己,是谁让她有这种背叛感,她感到对谁负疚?

安卡得出的结论是麦克。每当男朋友抚摸安卡,她感到幸福,是因为觉得这被抚摸的感觉就是麦克的手在抚摸;安卡与男朋友亲近,有重复与麦克在一起的感觉。

"他有相同的感觉吗?为什么他有一次撞见我与男朋友在床上,好些天闷闷不乐?为什么他一直没有再婚?他还不到五十岁,他在等待,等待谁?等待我长大?"安卡想。

麦克上周出差时提醒安卡别忘了付放在抽屉里的房租和电话费账单。第二天安卡却在抽屉里发现一个橘黄色信封,上面写着"给安卡,请在我死后拆开",字迹完全陌生。

安卡带着信来到河边的树林里,用剪刀剪开信封。里面装着一个小小的白色信封,上面写着:"若我出事,请把它交给我女儿安卡。"

为什么写的不是"我们的女儿"?安卡一阵子激动,跑回家去翻麦克的旧物。这些旧物放在阁楼的皮箱里,安卡一直没有碰过,那是麦克的私隐。安卡忍不住要侵入这些私隐,打开了皮箱。里面有一些女人的什物:女式皮包、首饰、小艺术品之类。还有一张发黄的照片,是两个女人和三个男人在一起的照片。"其中一个是母亲,"安卡想,"麦克跟她是好朋友,也许还恋过她,但她已经另有所属。我的父母肯定出了什么事,把我托付给麦克。"

麦克出差回来,安卡对他说拆开了那封信,信的内容是母亲的遗言：

"亲爱的女儿，你长大了，不知你是什么样子，是黑头发？我要告诉你一件重要的事：麦克不是你的父亲。谁是你的生父，已经不再重要。错误已经铸成，请不要责备我，这是无法挽回的。麦克会把你当亲生女儿看待，你们在一起会幸福。幸福，你知道吗？那是在一起神怡的感觉。"

背诵完母亲的遗言，安卡对麦克说："幸福？我知道什么是幸福，可是幸福就在我身边，我抓不住它。为什么你要骗我，要让我失去幸福？我说要马上结婚，与随便哪一位男朋友，有许多男同学追求我。我这样说是要刺激你，我害怕你说，这是你自己的事，你结婚吧。难道你真的不懂一个女人对你说要与别人结婚是什么意思？意思是把我抱紧点。我想要你而不是别人抱紧我，我只要你的抚摸……"

麦克承认见到安卡与男朋友在一起心里难受，而且他也不知道安卡的母亲在信中写了些什么。他指着那张发黄的照片上的一个女人对安卡说："这是你母亲，她身后的两个男人中的一个是你父亲。哪一个是，我也不知道。我有时甚至嫉妒你的生父，有时怀疑你母亲是否弄错了，但她毕竟把你托付给我，我只能把你当女儿来爱。"

"我害怕你再婚，你也害怕我与别的男人结婚，我们都害怕失去属于我们两个人的幸福。你知道，去年我与男朋友有了一个孩子后把孩子打掉了，因为这不是你的孩子……我不是你的女儿，我想给你生孩子。我要你抚摸我的感觉，只有你的抚摸才让我兴奋。我不能与别人有孩子，不能做不可挽回的事……"

那天晚上，安卡和麦克点着蜡烛谈了很久。

安卡想改变同麦克的关系的性质：不再是父女关系，而是情侣关系。她脱去内衫，把自己的身体呈露给麦克。

安卡的身体很美，她自己清楚这一点。安卡渴望自己的身体属于麦克，他最熟悉自己的身体，不是一般意义上的熟悉，而是一种相属的亲熟，为之而兴奋的亲熟，激活生命感觉的亲熟。安卡的身体呈现在麦克面前，她感到向上翘起的变得坚硬、炽热的乳头在渴望麦克的抚摸："我不是你的女儿，我已长成成熟的女人。你想不想抱我？"麦克走到安卡身边，没有抱她，拿起内衫披在安卡身上。

麦克不愿意进入安卡的身体，不是他不欲进入，而是不愿划破现有状态的幸福光晕。

至今的父女关系是幸福的条件，尽管这种父女关系可能是虚构的，但他不敢拆除这种虚构。他知道欲望的限制，欲求太多，失去的可能更多。安卡欲望更深、更彻底的幸福，对更美好的生活的欲望促使她要改变与麦克的关系；她感觉到欲望抵挡不过时间，如果作为女儿，自己总有一天会嫁出去。

那天夜里，安卡整夜在做噩梦。

第二天清晨，安卡被出门声惊醒了。

她从床上跳起来，发现麦克走了。她在窗口呼喊他，对他说，那封信是虚构的，她没有拆开母亲的信。她只是骗他，就像小时候假装哭，为了求得他的抚摸和歌声。

"我不再要求别的，我仍然叫你父亲，我还是你的女儿，只求你别离开我。我已经把信烧掉了，不让它再妨碍我们的幸福。"

真有那封信吗？

基斯洛夫斯基觉得，这并不重要。

这信只是一个生命线团,生活中的各种可能性机缘碰巧缠结在一起的线团。要清楚地认识、理清这个线团,人的知性力不能及。重要的是安卡对幸福的欲望,这欲望要求更多真实的亲情。

什么是亲情的真实,什么是幸福的真实?——两个人切身感受到的心怡的性情状态。

无论父女,还是夫妻,只是一种伦理规序,不一定会产生幸福,没有那种神怡的性情状态,纵有父女、夫妻之名,也不算幸福。

问题是,欲望是不是完全自由的?现代伦理意识在肯定个体欲望的自然权利时,是否同时夸大了个体欲望的自由?

自由伦理的根基是依自不依它的自如欲望,所谓的自律伦理是道德上自我立法的伦理,自我立法的正当性根据就是个体对自身幸福的欲望。出埃及时,摩西召聚心神惶惶的以色列人到自己身边,对他们颁布"十诫"。摩西说自己是传达上主的话,所以"十诫"尽管出自摩西之口,经上记的却是上主的"我说"语式。"十诫"因这种语式具有了神性权威,摩西的道德从形式上看是神定的,就好像儒教道德从形式上看是天—生的。无论神定的还是天—生的伦理规定,都是他律伦理,以观念的和社会宗法秩序的形式规范人伦行为的道德准则,限制个体人的自如欲望。

现代人看破了种种传统上宣称神定或天—生的伦理规例和教训不过是人的产物,把道德准则的立法权交给每一个体人的性情的自然权利——所谓依据个人的良心,传统的伦理禁忌就被打破了。按康德极度抽象的大脑概括,自由伦理意味着个人遵从自己理性的道德良知去生活。现代之后，理性的道德良知演变成了感觉的道德良知。从理性的良知到感觉的良知的转变，就是从自由意志到自由欲望的转变——意志的向善成了感觉的自适。情感在康德的学问分类中被归入审美学的范畴，意志的心性属于伦理学领域。在现代之后，情感成了伦理学中的唯一要素。"伦理学与科学的不同在于，它的基本材料不是知觉，而是情感和激情。"（罗素）

用现代人类学的说法，宗法道德准则是社会生活内在地形成的生活网络，一个人的身体进入这样的网络，就从自然状态进入社会机体，成为一个社会的人。道德准则规范个体的生存感觉的食色性欲，个体的生存感觉通过道德准则认识自我、塑造自我。现代伦理的基本诉求是，要人成为自在自为的人，这就怂恿个体欲望的自由想象突破传统的宗法道德的规约，神定或天—生的道德秩序没有了社会法权的力量，其人伦关系的规定也飘浮在不确定之中。

法国电影艺术家 Olivier Assayas 拍过一部叫 "*Paris s'eveille*"（《巴黎睡醒了》）的电影，讲一个现代的乱伦故事。

Adrien 十七岁那年上大学去了里昂。几年后的夏天，他回到巴黎，才知道父亲 Climent 与母亲离了婚，眼下正与年方二十的 Louise 生活在一起。Louise 是现代社会中那种独立性强、明智、幽默而又不乏质朴、天真的女孩子。

Climent 工作很忙，在家的时候不多。Adrien 与 Louise 经常一起待在家里，相处融洽。有一天，Adrien 禁不住搂着 Louise 的肩，想吻她的脖子。

Louise 正色说："我是你母亲！"

Louise 与 Climent 常常因各种原因吵架，很伤和气。

Adrien 看着自己的继母与父亲吵架，有些悻悻然。Louise 心情愈来愈恶劣，她需要抱慰。

有一天，Climent 与 Louise 大吵一场，怒气冲冲地走了。Louise 走到 Adrien 的房间，搂着 Adrien 的双臂，把头靠在了 Adrien 的肩上，想纾解吵架后的不快。

Adrien 正色说："你是我母亲！"

后来，Louise 还是带着自己的细软和象征生命情趣的小仙人掌，与 Adrien 在火车站抱吻，搭火车一同去往他方。

这是不是乱伦？

道德规范是缠绕在个体人身体上的价值观念，由此形成的生存感觉成为人伦关系的基础。如果生存感觉中的价值观念变了，人伦关系随之而变，身体感觉跟着也变。在个体自由至上的社会，价值观念不过就是个体自身的感觉。现代人的无所禁忌就是出于个体感觉的道德自由，这种个体欲望的自由仍是人的生存感觉中的价值观念，塑造着个人的生存感觉的价值偏好——个人对于善与恶、幸福与不幸乃至人伦关系的分辨。

Louise 和 Adrien 依自己的自如感觉改变了两人的关系，按自如的感觉伦理来看，他们不是乱伦。生命感觉的经脉私人化、个人肉身化后，既然生命感觉的价值经脉是遵从自己的欲望感觉去生活，而每一个体人的身体感觉是有差异的，依我在的身体感觉的自然权利为自己订立道德准则，社会的人伦秩序就感觉化了。现代的生活伦理中，神性权威不是没有了，而是生活伦理的立法者更换了。新的立法者是身体有差异的个人的自我感觉，每个人都是给自己颁布"十诫"的"我"。

遵从欲望感觉去生活，会不会使人成了自己的身体感

觉的奴隶,而不是获得了想象的自由?基斯洛夫斯基对于欲望自由的伦理同样十分沮丧:

> 我不相信我们是自由的,我们总在为争取自由而奋斗,也果真争得了某种程度的自由——尤其是外在的自由……即便如此,我仍相信我们是自己激情、生理状况与生物现象的囚徒。这和几千年前的情况没有两样。同时,我们也是所有复杂且经常是相对的分界的囚徒……我们不断地想为自己找一条出路,但又永远为自己的激情与感觉所禁锢。你没有办法抛开它们。

所谓"外在的自由"是 liberty,内在的自由是 freedom,限制 liberty 的是社会化的各种条件,人们可以通过各种社会制度安排、政治行动改变这些条件;限制 freedom 的是人自身,而人的自身是无法按人的欲望或意志来改变的。这就是自由主义伦理学认为任何政治制度都不可能改变的个体人的道德处境。

"我们自己的激情、生理状况与生物现象"就是保罗所说的"罪的法则",就是我在身体的欠然,用哲学理论的说法,就是人身的有限性。现代伦理意识中,我在身体的欠然、人身的有限性成了具有自然权利的个体欲望的无限性。内在的自由是从个体的欲望意志的无限性开始的,人身的有限性已经是自由的事,它开放了个人的生活想象看似无限的维度。然而,欲望自由的想象世界飘浮在纯粹属于人身的、对人来说不可解释、无可把握的偶然性之中。

个体幸福的自由想象不可能是随心所愿的,而是易碎的激情。如果安卡成熟了,她就会懂得,人实际上也是

"所有复杂且经常是相对的分界的囚徒",就会像麦克那样,守住相对的分界。

不可模仿自己没有的激情

基斯洛夫斯基不是一个传统的道德主义者,他不觉得应该回到宗法伦理的网络中去,他说"道德不见得总是对的",道德规戒往往是荒谬的。然而,人也不可完全依赖自己欲望的自由想象,必须对人身的有限性诚实,这是自由伦理的基本德性。

什么叫诚实?诚实指一个人与另一个人的关系的道德品质?

不错。但在基斯洛夫斯基看来,更重要的是自己对自身要诚实。

亚瑟被推进手术室做肾脏切除的时候,心情不禁有些激动。亚瑟要切除自己的肾脏,不是因为他的肾脏坏了,而是因为它太好了,要用它换取一枚邮票。

亚瑟的父亲是个老集邮家,一生献给了集邮,收藏了好多第二次世界大战前意国、奥国和德国的邮票。老集邮家没有遗传给他的两个儿子——亚瑟和杰西收藏邮票的激情,兄弟俩从小就搞不懂,父亲为什么对那些陈旧得发黄的小纸片入迷。几个月前,老父亲死了,亚瑟和弟弟继承了这笔邮票遗产。

这些邮票对亚瑟和杰西有什么用?

商品的价值是依个人的主观欲求来决定的。制造商可以制造对商品的欲望,但制造欲望也还要依据欲望去制造,让某个商品尽可能符合欲求者的欲望,才可以提高商品的价格。一件东西的价值,只为欲望者的欲望而存在。

生命的激情同样如此。某个人对某种事业或活动的激情,在另一个没有这种欲望的人看来,只是一种可笑的痴迷。欲望无法模仿,对一种事物的激情也无法模仿。模仿别人的欲望或激情,都可以叫做一个人对自身不诚实。

兄弟俩商量后一致同意把这些邮票拿去卖掉。

在邮票拍卖店里,老邮票商吃惊的眼神令兄弟俩吃惊:这些邮票值几十万元,可以买几栋楼房。老邮票商告诉他们,尽管这些邮票很值钱,物品的价值不等于金钱。生命热情的对象是无价之宝,可以让热情者倾家荡产去获取,一旦获得,就是金不换的。他们把老父亲的邮票卖掉,等于把老父亲一生的激情卖掉了。老邮票商说他不能买这些激情。

老邮票商的激情没有让兄弟俩感动,倒是这些"价值几十万元"的邮票搞得兄弟俩激动起来。兄弟俩放弃了自己喜欢做的事,给收藏室安装警报器,窗户装上铁栏,买来一条大狼狗,整天守护着这些邮票。这些他们本来根本没有感觉的邮票,激起了兄弟俩的热情,或者说邮票的市值,引发了他们的欲望。

老父亲死之前一直在寻找一套意大利的蓝、黄、红三色飞船邮票,费了十几年已经弄到蓝色和黄色的两枚,但至死都没有弄到红色飞船。兄弟俩开始模仿起父亲的集邮激情,四处搜寻那枚红色的意大利飞船邮票。

兄弟俩打听到有一位邮票商可以弄到红色飞船邮票。但那邮票商说,有这枚邮票的人不卖,因为无价之宝从来不出售,只可以交换,比如用红色飞船邮票换一枚自己更喜欢的邮票。那邮票商说自己刚好有那人想要的这张邮票，但这是他的无价之宝，没有必要非换红色飞船不可。不过，邮票商说他女儿的肾坏了，他爱女儿胜过爱那张邮票。如果亚瑟愿意用自己鲜红的肾来换红色的邮票，他就愿意用自己的无价之宝去换红色飞船……

要自己的肾，还是要邮票？亚瑟真还有几分犹豫。弟弟杰西说，自己的肾不如亚瑟的好，邮票商要的不是他的肾，不然……言下之意，亚瑟还不够激情。亚瑟听了这话，鼓起激情躺到手术车上去了。

换肾手术被安排在一个寒冷的夜晚。手术刀把亚瑟的肾脏切割下来时，他感觉到对邮票的激情。弟弟守在手术室门外，好像手术刀也割开了自己的身体。手术很顺利，两兄弟拿着那枚陈红色的邮票回家，发现收藏室的窗户铁栏被电锯割断，全部父传的邮票被盗窃一空。两兄弟开始相互猜疑，分别向警方举报，说是对方设计独占了老父亲的遗产。

这是《十诫》中唯一的幽默叙事，但不是昆德拉那种轻薄的幽默，而是对人性的弱点带有深切理解的幽默。

昆德拉幽默神性，基斯洛夫斯基幽默人性。

每个人都是自己欲望的囚徒。激发起某个人的欲望的某物，与欲望本身构成充满张力的网，在这张力中，个体人要获得自由，意味着不是自己欲望的囚徒。如果个体欲望是个体生命热情的来源，重要的就不是摆脱而是掌握自己的生命欲望，对自己诚实。

对自己诚实就是清楚地知道自己的生命热情，虚伪则是模仿自己身上没有的生命热情。

基斯洛夫斯基觉得，要做一个纯粹诚实的人很难，自

由伦理就是艰难的伦理:

我们永远不能十分笃定地说"我很诚实"或"我不诚实"。我们所有的行为和曾经面临过的状况,都是我们没有其他出路的结果。

为什么很难?

不仅因为很多时候人不易把握自己的欲望,而且因为个体人的欲望想象的实现可能性是多样的,个体人没有能力知道,哪一种可能性是自己的欲望想象的真实实现。一个欲望想象既可能这样实现,也可能那样实现,就像一个人穿过一片树林,他只能走一条道路,而不能同时走几条不同的道路。一个人的生命只有一次,但一次的生命本来有想象中无限多的生活可能性。当欲望想象面对各种可能性时,只能选择其中的一种可能性,别的所有可能性就被放弃(或用哲学语言说否定)了。

欲望想象的实现与可能性、随之与在可选择的可能性中的选择是不可分的,个体人并没有能力知道哪个选择是最好的,只能相信某个选择是最好的,如果个体人不愿意像古代智者教导的那样,放弃或限制欲望想象,只是选择相对的绝对物的话。于是,个体欲望的任何选择都是一次生命的冒险。一个女人要找这世界上最好或自己最喜欢的男人做丈夫,她唯有相信自己碰到并选择了的这个男人是这个世界上最好或自己最喜欢的男人,她的这一欲望想象才会圆满;而实际上,在这个世界上有比这个男人更好或更让她喜欢的男人的可能性始终存在。

相信在这里为可能性的选择提供信念性支撑,可以让人不至于心死于遗憾。要是一个人在可能性面前老是选择不定,就会因为生命时刻的延误而患上致死的忧郁症。

自由伦理的艰难也在于选择幸福时的艰难。

谁可以替我选择

据中国最老的智者老子说,生存中的偶然相当平均。就拿死来说,顺自然生息享尽天年而亡的人,大约有三分之一;先天不足,体质较差或生病伤残而未尽天年夭折的人,大约有三分之一;恣情纵欲、贪生过厚、死于暴病的人,大约也有三分之一("出生入死。生之徒十有三,死之徒十有三,人之生,动之死地,十有三。"《道德经》,五十章)。就算这种划分是智能的,对于一个人的自我生命的理解也毫无意义,因为我并不知道自己属于哪一类,从而决定自己选择什么样的幸福。

瓦伊达是自然姿色优越的那类女人:金发大眼、身材修长、体质丰盈,在市立交响乐团担任小提琴手。

红颜薄命不一定是条规律,但瓦伊达的确遇到了不幸。她丈夫不属于恣情纵欲、贪生过厚的一类人,但才三十出头就患了癌症。好些天来,瓦伊达时常在自己楼下的邻居——一位老医生门前徘徊,他是瓦伊达丈夫的主治医生。

这天,老医生下班回家,见到瓦伊达站在自己家门前,不停地吸烟,修长的、夹着香烟的手指在颤抖,叼烟的嘴唇慌张地蠕动着。

"你病了?"

"……我想问我丈夫是不是活不过来了?"

"我不知道。"

"我们是老邻居,有些事就不瞒你了。你知道我丈夫有不育症,我们一直没有孩子。他患癌症后,我以为他活不久了,就与别人有了一个孩子。现在看来,我丈夫好像还能活过来。如果丈夫能活过来,我宁可堕胎,不想让他知道我同别人有了一个孩子。不过,我的医生告诉我,如果我堕胎,可能再不能怀孕。我自己很清楚,并没有对两个男人产生同样的一份感情。我对垂死的丈夫有生命相依的感情,要是他能活过来,我愿意陪伴他;至于对那个男人,我只是因为渴望一个孩子才……要是你能告诉我实情,我丈夫是不是活不过来了,如果真是那样,我就不堕胎。也许孩子出生前,他已经死了……"

"你会说我不该犯这个错误,丈夫未死之前,就怀了别人的孩子,我应该耐心等待。可是,生活不就是在过错中过来的吗?偶然凌驾人的感情、思虑和计算,有的事情是无法挽回的……况且,我自己的年龄也不堪拖延了……"

"你想把自己的艰难抉择转交给我?从职业的角度讲,我帮不了你的忙。我能诊断病人的病理状况,但不能诊断病人的意志状况。生靠意志,死也靠意志;意志可以推延死亡。你丈夫肯定活不过来了,但我无法知道他是不是明天就死,也许他还会活上好几年,这样的病例不是没有过。你得自己决定:为了丈夫垂死的平静,还是为了自己的另一个生命。"

"选择哪一个生命才是道德的?垂死的生命,还是新生的生命?"

"什么叫道德?道德把生活中的事分为善和恶,善是完满的,恶是有欠缺的。人的生活不可能是完善的,人的生命总有欠缺。这样看来，你如今的两种选择都会是恶的。不过，你用什么尺度来衡量一件事是完满的还是有欠缺的？给事物的自在目的排上等级秩序，某物的存在目的高于另一物。靠这样的等级秩序，你才可以知道善的选择——更高的（等于更完满的）存在目的，譬如说新生命的存在权利高于垂死生命的存在权利。可是，这样的目的等级秩序在如今的生活中很难建立起来。你没有看到现在的报纸和杂志上经常在问：谁来给善的等级秩序建立正当性？如今人们相信每一事物的价值都是平等的。这种平等指的不是自然质料的平等，垂死的生命与新生的生命在自然机体上绝不平等。平等指价值上的平等，并不因自然机体上随机的差异而有价值上的分别。当你面临两个看起来同样有价值并且联系在一起的存在目的时，选择任何一个目的就成了对另一个目的的伤害，你就无法避免选择带来的恶。你的麻烦在于，不同的、相互冲突的欲望想象的可能性是平等的，一种可能性——比如新生命的生或死——没有比另一种可能性——比如垂死的丈夫可能活过来——更强的理由，在感情上无法考量（现在这个词正时髦，请原谅，我就顺便用）。人的愿望不是单一的，一个人会有多种不同的愿望，每一种愿望有自己的完满。实现这一愿望是一种善，对另一愿望就可能是恶，反之亦然。选择这一事物的善（幸福），也就选择了另一事物的恶（不幸）。谁可以告诉你，在为了丈夫与为了孩子之间，哪一个选择更道德？我吗？我不是上帝。即便上帝恐怕也没有能力知道。至少耶稣基督没有能力做这样的判定，告诉你哪个选择是道德的，不然他的天父也没有必要让他在十字架上与人一同受苦，陪伴世人在不可避免的恶（欠缺）的处境中的苦楚。"

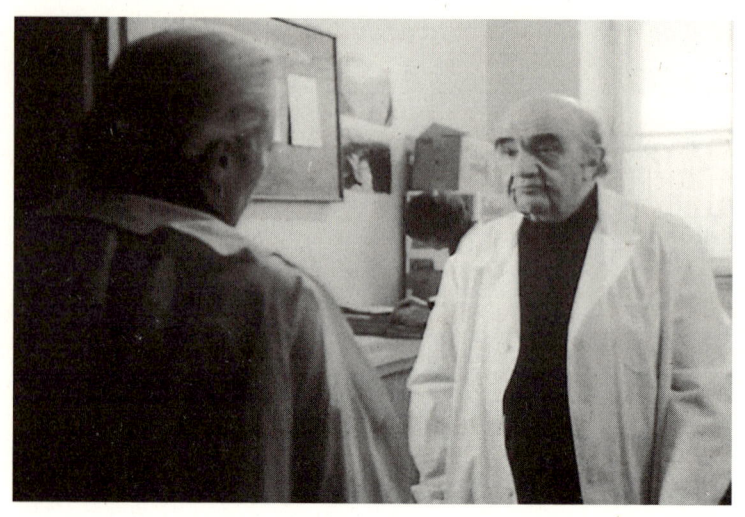

▲ 瓦依达问老医生:"我要不要去堕胎?"

"用道德来判定人生的复杂性和可能性不仅是徒劳的,我觉得这恰恰才是不道德的。重要的也许是,知道什么样的选择是真实的。真实的选择未见得是善的,真实并不会顾及道德。'十诫'中'不可妄称耶和华你的神的名'的意思是说,不能随意以道德神的名义为自己的选择提供理由。耶和华是善恶之神,那些自称按耶和华的旨意选择生活中的可能性的人,不过在自己给自己的选择提供正当的、善的理由,其实是逃避自己的选择必得要承负的负担。你也许可能找到一个善的理由来支撑自己的选择,好让自己心安理得,其实只是在自己欺骗自己。我们没有办法逃避自己生命中的挣扎处境。挣扎就是在两种都有欠缺的愿望中必须自己做出选择,你选择任何一种决断——堕胎还是不堕胎,都不会心安理得。"

两个月后,老医生在楼道里撞见瓦伊达。她朝老医生苦笑了一下，对他说："堕胎的限期马上就要过了，丈夫的生命意志好像一天天强起来。看来孩子出世之前，他可能不会死，我不想让他带着感情的受伤离开人世。我明天去堕胎……"

这天夜里老医生一夜没有睡好。他想，与其对瓦伊达讲关于选择的重负，不如自己做出一个沉重的选择。

第二天一大早，他在医院妇产科门口拦住瓦伊达，对她说了谎："你丈夫马上就要死了。"

只要做出一个伦理选择，就会出现恶的问题。从这一意义上说，自由伦理与恶（欠缺）分不开，自由伦理之艰难让人的身体伤痕累累。

伦理困境是生存性的。作为伦理思想家，基斯洛夫斯基想要搞清楚这些生存性要素是怎样的。在他看来，构成伦理困境的生存性要素主要是欲望和偶然：

> 偶然是非常重要的，命运也是一样。偶然总叫我惊叹不已，我们的行为总是与偶然相联系。

卢克莱修说，所有的被造物都是虚空和物体这两种东西的特质所产生的偶然事件。

对于基斯洛夫斯基来说，虚空就是现代社会的复杂织体，其中的物体就是欲望的个体，两者的交织就孵出偶然。用伦理学的语言讲，偶然是生活中各种可能性的相逢，或者由生活中两个或者更多本来不会相交的可能性意外地碰到一起构成的可能性。任何一个可能性之所以是可能性，就在于它被否定的可能性总是存在的。个体生活是可能如此或可能不如此的生活，可能的生活的可能性作为偶然因素碰巧决定了一个人的生命运程。

基斯洛夫斯基如此理解的"偶然"很像亚里士多德所谓的ἐνδέχεσθαι（偶在，这个词后来被拉丁语思想家译成contingenz）。按照亚里士多德的形而上学，偶在的生活世界不是可能性与必然性的对比，而是可能性与现实性的对比：偶在不是在必然性的逻辑关联中出现的，而是在现实性的生成中出现的。

从生存论上说，偶在就是个体生命潜在的、尚未实现的可能性；身体欲望的实现可能是这样，也可能是那样。偶在的个体生命是正在成为自己的现实性的欲望生命，而这现实性是始终可以选择其他（always—possible—otherwise）可能性的现实性。个体欲望是偶在的基本动力因素，或者说，其他可能性的现实性都是由个人关于自己身体的幸福的自由想象引出来的。

正因为个体人的欲望的实现具有含混性，个体生命才是自由的生命、会毁灭的在者。亚里士多德说，所有永在的在者都不是潜在，因为它没有"可能是"什么的可能或不可能（参见《形而上学》，1050 b）。可能性中的选择是生命的冒险，从伦理学的角度看，就是个人化的道德两可状态中的可能犯恶（作出有欠缺的选择），而如此犯恶本身在这种可能性中却是一种善。自由主义伦理观承认不同的善在生活中的冲突——承认这种冲突不可解决，道理就在这里。这与道德相对论不相干，倒可以说是一种道德牵缠论：对个体人的选择来说，善与恶是相互牵缠在一起的。在道德牵缠中，个体人必须作出自己的选择，它不可推卸或转让。

自由主义伦理观要求个人对自己的伦理选择必须自己

承担责任，不可推给道德规戒。基斯洛夫斯基说："我想要表达的是，在每天的生活当中，我们都会面临抉择，并对其负责。"在可能性中作出抉择，才是自由的人。自由伦理不是干脆等于个体欲望的实现，而是个体欲望在从自身的潜在向可能如此在的实现过程中的能够选择。在道德可能性的选择中，个人的自由伦理就出现了。所谓自由伦理不是自如，而是个人承负自己的伦理抉择。

囚徒没有自由，因为他们没有做道德或情感选择的可能。他们的选择少之又少，不必面临每天都会落在我们肩上的日常问题。他们没有爱的机会，只拥有对爱的渴望。他们没有满足自己的爱情的可能。

即便在人民民主的伦理秩序中，道德理解仍然是私人性的，伦理抉择仍然是个人自己的决断。《十诫》的叙事讲的都是社会主义伦理国家中的个人故事，但这些故事好像与这个伦理国家的制度因素没有一丁点瓜葛。基斯洛夫斯基这样做的意思很可能是说，即便是在伦理国家中生活的个人，也没有理由把自己的道德选择推诿给伦理国家，声称是政治制度让我这样选择的，我没有别的办法。

这样看来，基斯洛夫斯基的伦理观不是与海德格尔或萨特的自由决断的伦理观差不多？

当然不是。

为什么当然不是？

根本区别在于：基斯洛夫斯基的自由伦理观关注和强调的不是自由决断本身——似乎无论如何只要作出一个抉择就可成为自由的个体，而是自由决断背后的道德承负。

这道德承负牵涉到两个问题：自由决断的依据究竟是什么以及决断之后的道德处境。

偶在个体是一个从无中被创造出来又注定要衰亡的生命，但这不是个体人的道德抉择可以无所依凭和无需承负其伦理结果的理由。相当简厄地讲，个体人在自身的偶在中做出选择时，可以依据的信靠者有三种：拟人化的神，理性化（包括智能型如佛教、道教）的生命原则，自如的欲望。基斯洛夫斯基信靠哪一种？

哪一种都不信靠。

人生薄冰上的"除我以外……"

巴伯家门前有一个小湖，冬天他喜欢在上面滑冰。但冰的厚度是偶然的、不确定的，随季候而变化。八岁的巴伯经常问自己："谁可以告诉我什么时候冰厚到我可以在上面玩？"

个体人的欲望想象的实现需要靠某种信念来支撑。"除我以外，你不可敬拜别的神明。"摩西的上帝当初这样说，是要以色列人的垂危生命不要信靠别的神。诫命中的"我"必定是全能的，才有资格要求一个人不可信别的神。只要某个存在者能显示自己有无限的全能，就可以成为诫命中的"我"。

现代的自由伦理同样有"除我以外，你不可敬拜别的神明"的诫命，这个"我"就是理性的良知和感觉的良知。巴伯的父亲信奉理性良知的神明，因为理性被证明是全能者。他精通计算机，又是一个数学家，相信一切都可

▲ 小巴伯

以在计算机中用方程式计算出来,比如,门前那个小湖上的冰的厚度就可以用计算机计算出来。他以技术理性的新神——计算机这个计算精确的神取代了拟人化的旧神:计算机就像他的神明,是他的"除我以外"的那个"我"。

人生是可计算的,这就是自由决断赖以作出的信靠者。

需要全能者的个体也是一个"我",这个"我"需要"全能者",因为自己是无能者,不能把握自己的生命。如果某个人信靠了一位全能者,他自己也就差不多成了一个有全能感觉的人了——比如巴伯的父亲。如果一个人根本就不相信有这样的全能神——无论是机械神还是拟人化的神,这人对生命就会有如履薄冰感,战战兢兢,担心随时会冰破沉陷。担心是对生命没有把握的感觉,这种感觉过于私人化,很难传达和分享。

如履薄冰的担心是偶在个体的心性质素,它随机地在某个人身上出现。也许,从不曾有过如履薄冰感的生存担心的人是幸福的,人们也可以追求没有这种担心的人生,这都是个体性情的事。有或没有如履薄冰感的生存感觉的人是不同性情的人,一方不可能说服另一方相信自己的感觉。生存感觉只是个体性情随机性地禀有的,有就有,没有就没有,不可能习得。

巴伯父亲的妹妹——

巴伯姑姑就是有如履薄冰感的生存担心的人,她怎么也同自己的哥哥说不到一起去。

有一天小巴伯问他姑姑:"上帝是什么?"

姑姑把他搂在怀里问:"有什么感觉?"

"感觉到你的温暖。"

"上帝就在其中。"姑姑说。

这个上帝同巴伯的父亲信奉的新神以及他所对抗的旧神都不同,巴伯姑姑心中的"除我以外"的那位"我"不是担保之神,不是理性之神,而是在爱的自我牺牲中显身的基督。信靠他,并不会让巴伯姑姑有能力知道冰的厚度。巴伯父亲的新神(理性)与旧神(全知、全能的担保之神)没有实质的差别,为生存提供担保,只不过,提供担保的能力和方式不同。

新神靠计算,旧神靠人不知的法力。

圣诞节前一天,小巴伯想要滑冰,他按照父亲的教导打开计算机询问计算结果。计算机说:"I am ready。"

巴伯穿上父亲给他的圣诞礼物——冰鞋,上了冰湖。正当巴伯欢快的时刻,湖上的冰破了,巴伯葬身湖底。

巴伯的父亲走进教堂,看到圣母的眼泪。

基斯洛夫斯基要表明的不仅是一场理性与直观的决斗,

而且是理性信仰的欠缺："太过相信理性,当今的世界欠缺某种东西。"

偶在既是生存的可能性,也是生存的裂缝。在偶在的生存中,伦理自抉有各种可能性,就是没有可能有一个保障个体人生命完整的依托。基斯洛夫斯基觉得,偶在中的选择往往是个体人没有出路的结果,所以他说自己是"专业的悲观主义者"。

在海德格尔或萨特的自由决断伦理中,有一种强力意志,尽管它被看作有欠缺的。无神论实存主义伦理学并不否认,反而强调个体人的有限性。不过,作为个体欲望的主体性意志自由的有限性代替了作为人的罪性,人自身的欠然就变成了人的自由的一种肯定性能力,有限性不再是无限性的反面,而是自由的无限性的形式,人身的有限性就成了人的一种命定的自由。对于萨特来说,这命定的自由就是"你自由决断,你就存在";对于海德格尔来说,这命定的自由不像萨特的自由决断论那么主体主义,它被说成是所谓存在的命运。正因为如此,海德格尔的自由决断论有比萨特的自由决断论更强有力的支撑。

然而,对于这两种自由决断论来说,是人身让自己成为有欠缺的,而不是上帝让人身成为有欠缺的,这样,人自身的有限性就成了人的一种自由的命运。个人在伦理困境中的欠缺不过是早已知道自己有缺陷的人自身的本质特性,如此内在自由是从罪的有限性中转移出来的无所依凭,因而也是无所承负的自由。

如果说基督信仰理解的罪的有限性是非自然的、精神性的,自由决断论的有限性就是自然性的、非精神性的,恶也因此成为自然性的、与善没有关联的,甚至成为人的自由的本质了。恶与自由都是人自身的一种自然的本性，这是被放逐的本性，无所谓完美与欠缺的本性。如此伦理感觉是一种自在的生存感情、对偶在的生存裂伤没有感觉能力的感情，作为自如感觉的这种自由是既自足又不自足的，其有限性的自由本身既是其不幸又是其幸福。用肯定性的语言说，其生命感觉超越了悲观主义和乐观主义。如此内在自由不再像基督教的罪的自由那样背靠着一个完满的上帝的假定，把自身的本性上的欠缺变成了对自身完满的肯定。

昆德拉的自由伦理是这种自由决断伦理学的一个变种，它承认人自身的欠缺，承认人自身只是一个肉身的偶然存在，但乐于在自身的欠缺中沉醉，在既不知生又不知死的生存迷雾中找寻和选择兴奋的瞬间。在这种沉醉中由于并没有真正的生存选择，到头来人只有让自身沉入缓慢的兴奋，而这兴奋又恰恰是其唯一的选择。

在基斯洛夫斯基那里，选择的自由只是人性脆弱的结果：人性的脆弱无法为自己的伦理抉择提供自足的道德支撑，自由伦理不仅是艰难的，而且是欠然的自由。即便具有这既艰难又欠然的选择自由的人，也无从推开自己的自由选择的道德承负。

基斯洛夫斯基的自由仍然像基督教的罪的自由那样背靠着一个完满的上帝的假定：

罪恶的观念和我们常称之为上帝的这种抽象、绝对的权威密不可分。不过，对我而言，还有一种自觉的罪恶和前者的意义相同。通常，它源于我们的懦弱。我们不能抵抗诱惑：贪求更多的钱、逸乐，想拥有某个女人或某个男人，或想掌握更大权势。……另一个问题是：我们是否应该活在对罪恶的恐惧之中？这又是个完全不同的问题。它源于基督教的传统，这个传统和犹太教的传统不尽相同。这也是我为什么提出旧约及新约的上帝。我认为这样的权威的确存在。有人说过：如果上帝不存在，人类也会创造一个上帝。但我不认为这个世上有绝对的正义这回事，我们永远不可能得到它。唯一的正义存在于我们心中的那杆秤上，而我们的秤非常微小。我们既卑微又不完美。

基斯洛夫斯基的上帝不像那个古老的犹太——基督教的上帝，他不提供担保，既不能阻止薄冰不破裂，也不能预知薄冰在什么时候破裂，他只是搂抱着如履薄冰的生存者。如履薄冰的生存者依靠的不是理性良知和拟人化的神去承负薄冰，而是在如履薄冰的生存中紧紧拉着上帝在与人同苦时向人伸出的手。新神（理性）与旧神（全知、全能的担保之神）都是"人的规例和教训的产物"，这些规例和教训是人想解答生存根据的结果。新神只是对旧神的替代，想要解决生存的稳靠根据。人对生存根据的询问应该取消，不问"我从何处来"、"去往何处"、"我为何在此"一类的问题，这些问题不仅不可回答，而且没有意义。

但是，基斯洛夫斯基的上帝并不只是搂抱脆弱的个体人，他也用一双道德的眼睛盯着脆弱的个体人。基斯洛夫斯基的自由伦理是信念式的，相信有一个绝对的道德标准——他称为旧约的上帝。

这里，人们可以看到基斯洛夫斯基所谓"艰难的伦理时代"的又一含义：difficile liberte（艰难的自由——列维纳用这语词作为一本书的书名）不仅因为偶在中的自由选择是脆弱的，而且因为这即便是脆弱的自由选择也是有道德承负的。

正是在这一意义上，基斯洛夫斯基的自由伦理是神义论的自由主义伦理学：他深信有一位旧约式的道德上帝、唯一的正义者，个人必须面对这样的绝对仲裁者，个人在伦理抉择时，会感到"唯一的正义存在于我们心中的那杆秤上"。由于人的天性的软弱，信靠自己心中的"那杆秤"是艰难的，人站在绝对的仲裁者上帝面前称义是艰难的。

《十诫》中经常出现一个不说话的年轻人，只是用一双充满疑虑的眼睛凝视着故事中的主角。基斯洛夫斯基设计这个空白人物象征或激发对自由选择的道德承负：

> 当他出现时，会引导剧中人去思考他们正在做的事，他是一个思考的源头。他注视剧中的角色人物，让他们对自己提出问题。

在伦理自觉的思考中，个人才能找回自己心中的那杆秤。

在这里，基斯洛夫斯基的自由伦理就与昆德拉的自由伦理区别开来。对于昆德拉来说，自由伦理意味着超逾善恶的区分，拒绝道德的归罪，在道德的相对世界中自己如尔。

基斯洛夫斯基不仅相信善恶之分，而且是绝对的——有如旧约中的上帝。

> 我认为能够提供绝对仲裁的标准的确存在。不过当我说我想到的是上帝时，我指的是旧约，而非新约里的上帝。

旧约里的上帝是一位要求很多、很残酷的神。他毫不宽贷，残忍地要求子民服从他定下的一切规矩；而新约里的上帝却是一位蓄着白髯、宽容而善良的老头子，任何事都得到他的原谅。旧约的上帝赋予我们极大的自由与责任，他观察我们的反应，然后加以赏罚，想求得他的宽恕是不可能的事。他是永恒、明确、绝对（而非相对）的仲裁。一个仲裁的标准理当如此，尤其是对像我这样不断在寻觅、懵懂无知的人而言，更应如此。

基斯洛夫斯基这里说的其实并不是严格意义上的"旧约的上帝"，因为他指的不是一种某个群体与上帝的关系，而是单独个人与上帝的关系。他自己说："我并不上教堂，但我相信有类似上帝的东西存在，我与他的关系是个人化的，不须依靠别的凭借。"

再有，基斯洛夫斯基根本不接受律法道德观。谁可以来评定一个人的行为是道德的？评定道德者自身必须是义人，但人是有欠负的，没有谁是义人，也就没有人可以充当道德的评判者。只有上帝才是义，人没有能力作出道德评判。基斯洛夫斯基的上帝更像新约的上帝，只不过加重了道德色彩。

基督信仰本质上与宗法伦理相抵触。保罗自从认信了基督，就不再认为严守犹太教的宗法伦理有那么重要了。上帝唯一的儿子基督的个体生命改变了信奉他的个体人的生命感觉，耶稣在十字架上的牺牲带来的全新生活伦理不是"人的规例和教训的产物"，新的生命感觉的经脉是基督身体的负罪、受死、复活对人的脆弱的在世生命的承负。

既然你们跟基督同死，摆脱了那些星宿之灵，为什么仍然跟世俗一样去服从"不可动这个，不可尝那个，不可摸这个"这一类的禁忌呢？这类东西一经使用就完了，因为它们无非是人的规例和教训的产物。从表面看，崇拜天使、故作谦虚、苦待自己的身体等等，似乎是明智之举，究其实，对于抑制肉体的情欲是毫无价值的。（保罗：《歌罗西书》2：20 – 23）

不能把基督信仰与基督教道德搞混了，前者是支托着个体不堪摧残的身体的信靠，后者是历史社会中民俗宗法的基督教化。基督的上帝信仰突破了宗法式的道德禁忌，这种突破及其伦理后果与现代启蒙主义的人义论的自由伦理观对宗法式道德禁忌的突破不同，它并没有提出理性良知的主体化道德神。

在基督信仰看来，任何道德规例都是不自足的，在身体与伦理的牵缠中，受伤的身体最终只能在信仰中得到补救。基督信仰坚持不放过个体人的罪性，人义论自由伦理则把人的罪性转移成自足的有限性。作为人的罪性的欠然指的是这样一回事情：人自身不是自己的创造者，上帝才是人自身的创造者。这并不是在自然在性的意义上说的，好像上帝是人的欠然在性的造作者，相反，人的欠然在性倒是由人自身的自然在性造成的。我在身体的欠然既不是我选择的，也不是上帝创造的，而是自然而然的。上帝创造了人身的意思是，人自身的生命意义被上帝从自然在性的生命挪到非自然在性的生命——恩典——之中。

上帝的创造确定了人身的生命与不受自然在性的偶在性伤害的庇护的关系。罪作为人身的在体性欠然，不过说的是，从人与上帝的这种庇护关系来看，人自身的在体性欠然一旦离弃了上帝的手，就再又成为自然而然的欠然、心安理得的自由，而不是终究意难平的欠然的自由。欲望自由声称对人身的有限性负责，这意味着人身的有限性不是一种局限性，而是普罗米修斯式的自足性。

作为人的罪性的欠然与作为个体欲望的主体的有限性因此根本不同，罪性的欠然是相对于人作为上帝的子女具有的自由（freedom）而言的，个体欲望的主体的有限性是相对于自己作为自己的上帝（人的主体）具有的自由而言的。在这种有限的个体自由的自足性中，恶被推诿给了人自身有限的认识能力和条件，成了人的自由的善。

不可冻结的负疚

伊利莎白是犹太波兰人。

1939年纳粹占领华沙，犹太波兰人统统被送往集中营。伊利莎白只有六岁，父母已被送去集中营。一个好心的非犹太波兰人把伊利莎白藏起来。他单身一人，是个裁缝。

圣诞节快到了。盖世太保开始大搜捕，裁缝需要为伊利莎白搞一张出生证明书，才能躲过搜捕。时间很紧迫，戒严的时限只有几个小时。裁缝找到一对年轻的信仰天主教的夫妇，请他们为伊利莎白出具一张假的出生证明书。这对天主教夫妇毫不犹豫地答应了。

在约定好的时间，裁缝牵着伊利莎白来到法律事务所，那对年轻的天主教夫妇已经赶到了。他们看见裁缝和伊利

▲ 索菲娅和伊利莎白在一起。

莎白进来,那个男的站着一动不动,一双疲倦不堪的眼睛紧盯着裁缝的脸。那个女的脸上显出模糊不清的犹豫。她走过来,伸手摸着伊利莎白的头,仔细地看着她,想说什么又没有说出来。

过了好一会儿,她对裁缝说,他们很遗憾,不能为伊利莎白提供假的出生证明,因为天主教徒不能说谎、不能作假见证。

裁缝牵着伊利莎白的手离开法律事务所,伊利莎白觉得走在通往地狱的路上。"不能作伪证"的道德戒律使伊利莎白唯一的一线生命的希望破灭了,她浑身发抖,紧紧拉着裁缝的手。在"不能作伪证"的道德教条与这只温暖的手之间,是伊利莎白六岁生命的生或死。

在一个幼小生命生死存亡的时刻,"不能作伪证"的理由道德吗?一个幼小的生命与一个道德信条,哪一个更重要?

裁缝让伊利莎白在浴池里躲藏了两个星期,终于找到一位逃亡者带她逃离波兰去美国。裁缝牵着伊利莎白的手,穿过好多小巷,去找那个逃亡者。裁缝的手——令伊利莎白难忘的手,牵着她走过好多黑暗的小巷。

伊利莎白的生命得救了,心灵像清水染上混浊的颜色,一直被笼罩在不可说谎的道德教条对她幼小生命的欠负和一只温暖的手对她幼小生命的恩情之中。

她的生活沉重不堪,童年生死经历带来的恩与欠压在心头二十几年,像一道若明若暗的光晕,窒息了她的生命感觉。她觉得,生活在欠负和恩情之中是一种伦理上的不平等。伊利莎白心灵的受伤不仅因为被抛弃,也因为自己被人救护。他人的恩典是一种债务,伊利莎白感到欠债的重负。从念中学时起,伊利莎白就想找寻裁缝和那个自称天主教徒不能作伪证的女士。

那位年轻的天主教徒叫索菲娅。一天,伊利莎白在书店看到索菲娅写的伦理学著作,知道她如今是华沙大学哲学系的伦理学教授。伊利莎白决定马上去华沙找她。

索菲娅老了,不是自然的衰老,是生活摧残的老。她面相祥和,看起来还葆有温爱天性,沉毅的面色中透出隐隐的慈情。

索菲娅请伊利莎白到家里做客,让她住在一直为自己的儿子准备的空房中。她儿子在战争中死去了,索菲娅每天要在这间空房中放上一束补赎过去的鲜花。索菲娅对伊利莎白讲了过去的事。

"二十多年来,我当时的拒绝一直折磨着我,夜里时常因梦见你而惊醒。我的一生都为那次说谎不安。这倒不是因为说谎本身,而是说谎的后果。你一定记得,那个裁缝来找我们出具假出生证明书时,我们没有犹豫就答应了。就在我们去法律事务所之前接到消息说,收养你的裁缝是盖世太保的线民。当时我和丈夫参加了一个秘密组织,专门营救受纳粹迫害的人。知道这个消息后,我们就不敢为你出具证明书了。我当时以天主教徒不能作伪证为理由拒绝出具证明书,本身就是说谎。说谎都是有意的,生活的偶然事件让人一生要做到不说谎很难。为了我们的秘密组织不被盖世太保破坏,我说了谎。我们当时清楚地知道这样做对你的后果。

"尽管当时说谎是有理由的,你的生命毕竟因为我们被抛回险境。我们后来搞清楚了,说裁缝是盖世太保的线民的消息搞错了。就算这消息是真的,我的一生也被这有理由的说谎伤害了,令我负疚终身,一生都带着它的伤痕。一个生命的受伤,经常是出于一场偶然的误会。但我并不觉得自己当时有理由的选择是心安理得的。我一直在期待着你的出现,说明真相,虽然这并不能释解自己的负疚。

"什么是负疚?负疚是个人对自己生命的欠缺的道德承负。负疚出于如果我当初……那么就……的假设心愿,一种修改自己的生命痕迹的愿望。如果不是因为一个人心中有与自己实际有过的生活不同的生活想象,就不会有这样的心愿,也就不会有负疚。人尽管并不能支配生活中的各种机缘,偶然的误会造成生存裂伤,是生活中自然而然的事,但人应该以一种情感对待撞到自己身上的生存裂伤。负疚是信念性的情感,对生存裂伤感到歉疚的情感。我觉得心里有一双上帝的眼睛在看着自己,虽然我的上帝从来不说话,但他一直在我心里。"

昆德拉为了避免道德情感的政治化提出"冻结情感"的倡议。在基斯洛夫斯基的自由伦理学看来，有的道德情感是不可冻结的。

人义论自由伦理承认人自身就是难免的疾病，这疾病恰恰是个体有限的自由在伦理实践上的自足性的基质，使得我的身体伤痕累累，但我是无辜的，我在的身体不该承受这样的伤痕。

可是，谁应该为我在的身体不该承负的伤痕负责？

既不可能追究我在身体的欠然，也不可能追究上帝。唯一值得追究的似乎是自然而然的偶然，但自然而然的偶然恰恰是无法追究的。人义论自由伦理把罪性改写成有限性后，自然在性的欠然中的恶就终有一天会被看作是人自身的自由的表达或条件。对于神义论的自由伦理来说，不可避免的伦理处境中我在身体的受伤，是我在的身体不该承负的，这伤痕是紫色的伤痕。尽管如此，罪性的欠然中的恶仍然是反自然状态中的不安、挣扎和负疚，个体人的自由伦理"终究意难平"。

伊利莎白找到裁缝，他也老了。

伊利莎白其实已经记不清他的模样。伊利莎白告诉他，自己就是他当年救过的女孩子，想对他说一句感激的话。裁缝避而不谈过去的事，只愿谈做服装，他不觉得自己有让人欠恩的权利。

恩是一种义，对于基督徒来说，义在上帝手中，不在人手中。自己拥有的恩不过是另一个人生命中偶在的裂伤，老裁缝不接受伊利莎白的恩情。

自由伦理有两种不同的品质：昆德拉在道德相对性中沉醉的晕眩伦理和基斯洛夫斯基在道德相对性中的挣扎伦

理。基斯洛夫斯基把人们带入自己已经不在意了的伦理迷离处境,让人们记起自己在道德行为中的脆弱,指出"面对困境的人们"身体上的紫色伤痕,让人面对自己道德的私人理解的荒凉、贫瘠、无奈和由此产生的灵魂和身体上的病痛。

人义论自由伦理心安理得,神义论自由伦理"终究意难平"。

据昆德拉的看法,心安理得的自由尤其体现在"兴奋"的现在此刻的沉醉中。与此相反,"终究意难平"的自由在"兴奋"的现在此刻的沉醉中看到纯粹情感可能的受伤。

不可玩耍的情感……

十九岁的多米克爱上三十三岁的玛格达是从想知道她一个人关起门时的单独生活开始的。

多米克寄宿在喜欢常年漂游的同学家里,他住的房间窗户对面的公寓里正巧住着一位美丽的少妇。多米克在邮局找到一份临时工作,发放汇款、挂号信,这位少妇有时来邮局取挂号信,多米克知道她叫玛格达。

多米克隔着邮局的玻璃窗看到玛格达的眼睛好像隐忍着许多苦楚,这些好像由无端涩泪浸泡出来的苦楚激起了多米克想进一步看她的欲望。为了能多看到玛格达,多米克伪造汇款单塞进她的信箱,骗她来邮局。玛格达拿着多米克伪造的汇款单来邮局,少不了同局长大吵一场。

为了避免这些麻烦,多米克从附近的地质研究所偷了一架高倍望远镜,隔着广场看对面公寓的窗户里的玛格达。

▲ 多米克在偷看玛格达。

他想看到玛格达的内在,要看到一个人的内在,一开始只有偷看。

玛格达差不多每天八点半回家,进房后,脱掉外衣,只穿一件内裤和睡衣,多米克看得见她修长性感的大腿和在睡衣里颤动的乳房。玛格达在房间里做各种动作,显得好兴奋,像有另一个人在看她。玛格达有许多男朋友,那些动作其实是做给她的男朋友看的。男朋友的欲望目光激起玛格达的兴奋,多米克从玛格达情人的眼中看到玛格达兴奋,有的时候也看到,玛格达肉体的兴奋激起她的男朋友的欲望的兴奋。

这兴奋就是她的内在?——他想。

两个人的兴奋每次都以肉体之欢结束。

玛格达的男朋友到她那里来只是做爱,然后走掉。男朋友总是准时来,玛格达开门,抱住他,他迫不及待地把手伸进她的衣服里摸,俩人开始兴奋。有的时候,玛格达很主动,她脱掉衣服,再给他脱掉衣服,两个人就兴奋到床上,有时在地板上或厨房的餐桌上摊开肉体之欢,好像那样更兴奋。

"什么是情爱?"多米克想,"情爱是两个人之间距离的改变。肉体之欢不一定是情爱。情爱中的两个人可能身体离得很远,心灵的距离却很近;没有情爱的肉体之欢,两个人的身体虽然扭在一起,距离其实很远。没有爱的肉体之欢,只是陌生中的兴奋。"

多米克觉得玛格达在糟蹋自己,想阻止她。这天,多米克看到玛格达的男朋友进门,俩人靠在门上开始兴奋地摸起来。多米克给煤气公司打电话,说煤气炉漏气,并说了玛格达的门牌号。十五分钟后,煤气公司的人来了。玛格达和男朋友已兴奋到脱衣后亲吻身体的阶段。煤气公司的人敲门,两个人正在进行的兴奋中止了。

多米克透过对玛格达的兴奋的看,了解到一种在陌生的距离中的肉体的兴奋,他还没有亲身体验过兴奋。兴奋中两个人之间的距离消失了,但在兴奋中一个人是否真能触摸到另一个人的内在?看是欲望的起点,看到对象有形的身体很容易,看到无形的内在却很难。

有一天,多米克从望远镜中看到玛格达伏在厨房的桌子上伤心地哭,整个身子都在颤抖,没有男朋友在身边。

这是多米克第一次看到她哭,看到她内心的苦楚。"为什么她要一个人的时候哭?她把自己的身体放逐出去,灵魂却在哭。爱是相互的注视和关注。在那些男人手中,她只是碎片、物品。为什么她要这样?有无数的兴奋,还不感到幸福?她的男朋友们虽然同她有肉体之欢,却从来没有看见她的眼泪。"

多米克第一次透过灵魂受折磨的人的眼睛了解到爱。多米克想从望远镜中伸手过去抱住玛格达，跟她坐在一起，陪着她哭。

多米克额外找了一份清晨送牛奶的工作，为的是每天早上可以在玛格达门前站一会。一天早上，玛格达忘了把空奶瓶放在门外，多米克敲门，玛格达穿着睡衣开开门。

多米克告诉她是自己伪造的汇款单，为了见到她。多米克还承认偷看她。

"为什么偷看我？"

"因为我爱你。"

玛格达笑了，她问多米克进不进房间去，说只有她一个人在。多米克说不进去。玛格达问多米克想要什么，吻她？和她上床？

多米克说只想和她在一起。

玛格达请多米克喝咖啡。在咖啡店，玛格达对多米克说，世上没有爱，只有做爱。男人只是想做爱。多米克说，自己也是男人，但只想看到她，和她在一起。玛格达说，那是因为他还年轻，不懂得什么是兴奋。多米克告诉她，有一次看见她在哭。

"人为什么会哭？"他问玛格达。

"人哭有许多原因，譬如失去了心爱的人，觉得寂寞，不能承受……"

"承受什么？"

"再活下去！"

"既然你有爱，为什么不能承受再活下去？"

玛格达把手伸给多米克，让他把手放在她的手上，她又把另一只手放在他的手上,再让他的另一只手摸她的手背,说这是有经验的男人的做法。多米克用手轻轻摸她的手,感到身体在发抖,有些兴奋。

玛格达带多米克回到她的房间。

她脱掉外衣,穿上睡衣,就像多米克在望远镜中看到她迎接男朋友的样子。她慢慢教多米克学习兴奋,要他模仿她的男朋友的动作。玛格达进了一趟浴室出来,蹲在多米克面前说自己下面什么也没有穿,渴望的时候,下面会湿。你的手很温暖,放进来罢。玛格达把多米克的手放在自己的大腿根上,多米克的手禁不住开始摸起来,摸进去,浑身颤抖,下身一阵抽搐。

"过了?这就是爱。去浴室洗洗吧。"玛格达说。

人义论的人民伦理通过国家道德阉割了人的道德意识,人义论的自由伦理通过兴奋道德阉割了人的道德意识。

人民民主社会的日常生活的艰辛、疲乏、存活在生活边缘的苦楚以及外在自由的短缺,不是个人的道德意识萎缩的根本原因——自由民主社会日常生活的舒适、富足、存活在生活边缘的散荡以及外在自由的充裕,并没有让个人的道德意识变得敏感。

基斯洛夫斯基和昆德拉这两位中欧的叙事伦理思想家都超逾了冷战意识形态,既不讴歌资本主义伦理,也不为民族社会主义情感抒情。他们都很幽默,但基斯洛夫斯基从来不像昆德拉那样写幽默美好的感情。基斯洛夫斯基探求能让人们知道如何生活,最简单、最基本、最原始的生存原则,昆德拉的人义论自由伦理认为,不存在这样的原则。在不同的时代,这样的生存原则的重点也许是不同的。在现代之后的时代,基斯洛夫斯基会认为这样的原则就是:

不可轻浮。

不仅有美好的感情,而且这感情不可轻慢、猥亵。这是两种自由伦理的性情差异。

多米克跑回家,在浴室里用刀片划破手腕上的动脉。

从医院出来,多米克接到玛格达打来的电话,她说自己错了。

玛格达曾经像多米克那样爱过一个男人,那个男人——一个颇有才华的艺术家——在她身上制造了兴奋后,转身找另一个女人制造兴奋去了。

这个男人的兴奋焚毁了玛格达的爱,空虚的肉体为了捱过黑夜的锋利寻求种种陌生的兴奋,灵魂在破碎的想象中哭。

如今,玛格达以同样的兴奋焚毁了多米克的爱。

她感到伤心,想找回多米克的爱。

被玛格达焚毁了的多米克的爱,让玛格达找回了自己的被焚毁了的爱。

玛格达到邮局找多米克,多米克冷漠地看着玛格达:"我已经不再偷看你了。"

多米克和玛格达都变了……

图书在版编目（CIP）数据

沉重的肉身 / 刘小枫著.-- 2版.-- 北京：华夏出版社有限公司，2020.7（2024.6重印）

（刘小枫集）

ISBN 978-7-5080-9949-1

Ⅰ.①沉… Ⅱ.①刘… Ⅲ.①哲学—文集 Ⅳ.① B-53

中国版本图书馆 CIP 数据核字（2020）第 088584 号

沉重的肉身

作　者	刘小枫
责任编辑	王霄翎
封面设计	殷丽云
责任印制	刘　洋
出版发行	华夏出版社有限公司
经　销	新华书店
印　装	北京汇林印务有限公司
版　次	2020 年 7 月北京第 2 版 2024 年 6 月北京第 4 次印刷
开　本	880×1230　1/32 开
印　张	10.75
字　数	240 千字
定　价	78.00 元

华夏出版社有限公司　　地址：北京市东直门外香河园北里 4 号
邮编：100028　电话：（010）64663331（转）　网址：www.hxph.com.cn
若发现本版图书有印装质量问题，请与我社营销中心联系调换。

刘小枫集

设计共和

以美为鉴：注意美国立国原则的是非未定之争

古典学与古今之争〔增订本〕

这一代人的怕和爱

沉重的肉身

圣灵降临的叙事〔增订本〕

罪与欠

儒教与民族国家

拣尽寒枝

施特劳斯的路标〔增订本〕

重启古典诗学

共和与经纶

现代性与现代中国：现代性社会理论绪论

诗化哲学〔重订本〕

拯救与逍遥〔修订本〕

走向十字架上的真

卢梭与我们

西学断章

现代人及其敌人

好智之罪：普罗米修斯神话通释

民主与爱欲：柏拉图《会饮》绎读

民主与教化：柏拉图《普罗塔戈拉》绎读

巫阳招魂：《诗术》绎读

编修〔博雅读本〕

凯若斯：古希腊语文读本〔全二册〕

古希腊语文学述要

雅努斯：古典拉丁语文读本

古典拉丁语文学述要

危微精一：政治法学原理九讲

琴瑟友之：钢琴与古典乐色十讲